सम्पूर्ण नाटक

सम्पूर्ण नाटक

भगवतीचरण वर्मा

राजकमल प्रकाशन

ISBN : 978-81-267-0934-2

मूल्य : ₹ 650

पहला संस्करण : 2004
दूसरा संस्करण : 2018

प्रकाशक : राजकमल प्रकाशन प्रा. लि.
1-बी, नेताजी सुभाष मार्ग, दरियागंज
नई दिल्ली-110 002

शाखाएँ : अशोक राजपथ, साइंस कॉलेज के सामने, पटना-800 006
पहली मंजिल, दरबारी बिल्डिंग, महात्मा गांधी मार्ग, इलाहाबाद-211 001
36 ए, शेक्सपियर सरणी, कोलकाता-700 017

वेबसाइट : www.rajkamalprakashan.com
ई-मेल : info@rajkamalprakashan.com

मुद्रक : बी.के. ऑफसेट
नवीन शाहदरा, दिल्ली-110 032

SAMPOORNA NATAK
by Bhagwati Charan Verma

भूमिका

मैंने सृजनात्मक साहित्य की प्रायः सभी विधाओं को समय-समय पर अपनाया है और मुझे सन्तोष इस बात का है कि उन विधाओं में रची हुई कृतियों में पाठकों ने रुचि ली है। प्रस्तुत संग्रह सम्पूर्ण नाटकों का संग्रह है।

मैंने नाटक बहुत कम लिखे हैं, हिन्दी में किसी सुनियोजित रंगमंच के अभाव में नाटक लिखने की प्रेरणा ही नहीं मिली मुझे। मित्रों के और समय-समय पर अपने ही आग्रहवश कुछ नाटक लिख डाले हैं और अभी तक लिखे हुए अपने समस्त नाटकों का संग्रह मैं प्रस्तुत कर रहा हूँ। बिखरी हुई छोटी-छोटी कृतियों को बटोरने में लोगों को कठिनाइयाँ होती हैं।

इस संग्रह में मेरे अपने गद्य में लिखे हुए नाटकों के साथ मैंने पद्य में लिखे नाटकों को भी सम्मिलित कर दिया है। जहाँ तक गद्य में लिखे नाटक हैं वे सब-के-सब रंगमंच पर प्रस्तुत हो चुके हैं और किए जा सकते हैं। पद्य नाटक मैंने रेडियो के लिए लिखे थे—उनमें नाटकीयता के साथ कवित्व है और रंगमंच पर प्रस्तुत करने के लिए उनमें थोड़ा बहुत हेर-फेर किया जा सकता है।

गद्य नाटकों में, दो तो सम्पूर्ण नाटक हैं, बाकी एकांकी हैं। पद्य नाटकों में 'तारा' मेरा सबसे पहला नाटक है जो रंगमंच पर जैसा का तैसा प्रस्तुत किया जा सकता है। अन्य नाटक, जैसा मैं निवेदन कर चुका हूँ, रेडियो पर प्रसारण के लिए लिखे गए हैं और उनमें रंगमंच की विधा पर ध्यान नहीं दिया गया है। लेकिन है तो वह नाटक ही और मैं पहले ही बता चुका हूँ कि कुछ परिवर्तनों के साथ वे अभिनीत हो सकते हैं इसलिए मैं उन्हें भी इस संग्रह में सम्मिलित कर रहा हूँ।

—भगवतीचरण वर्मा

सम्पूर्ण नाटक

अनुक्रम

दो कलाकार

पात्र-परिचय

(एकांकी)

चूड़ामणि	:	एक कवि
मार्तण्ड	:	एक चित्रकार
परमानन्द	:	एक प्रकाशक
रामनाथ	:	एक रईस
बुलाकीदास	:	मकान मालिक

स्थान—किसी बड़े नगर के एक बड़े मकान का एक कमरा।

समय—दिन में कोई समय।

एक बड़ा-सा कमरा। कमरे में किसी प्रकार का कोई फर्नीचर नही है। अन्दर की तरफ कमरे के आधे भाग में तसवीरें बिखरी पड़ी हैं और दूसरे आधे भाग में पुस्तकें बिखरी पड़ी हैं। फ़र्श पर स्टेज के एक विंग से लेकर दूसरे विंग तक एक चटाई बिछी है। चटाई के बीचोबीच एक तकिया है जो स्टेज के सामने न होकर दोनों विंगों के सामने है। तकिए को अपनी पीठ पर रखकर विंग की ओर मुँह किए एक ओर पंडित चूड़ामणि बैठे हैं और दूसरी ओर मिस्टर मार्तण्ड बैठे हैं। चूड़ामणि के आगे एक मोटा सा रजिस्टर है जिस पर एक अधबनी तसवीर लगी है। मार्तण्ड के हाथ में एक तूली है और वह तसवीर बना रहा है।

चूड़ामणि : **लिखते-लिखते कलम रोककर, पर उसकी आँखें रजिस्टर पर ही लगी हैं**

सुना मार्तण्ड ! आज मैं प्रकाशक परमानन्द के यहाँ गया था। वह बोला कि किताबें बिकती ही नहीं, पैसा कहाँ से आवे ! एक पैसा मेरे पास नहीं। और बदमाश ने कल ही एक मोटर खरीदी है।

मार्तण्ड : **तूली रोककर और तसवीर की ओर ध्यान से देखते हुए**

भाई, यह तो बुरी सुनाई। मैं तो सोचता था कि तुम रुपए ले आए होगे, नहीं तो मैं ही लाला रामनाथ के हाथ सात रुपए में ही तसवीर बेच देता।

चूड़ामणि : **रजिस्टर पर आँखें गड़ाता है, मस्तक पर बल पड़ जाते हैं।**

क्या कहा ? तुम भी रुपए नहीं लाए ?

मार्तण्ड : **चित्र पर तूली से रंग देते हुए**

लाता कैसे ? भला बताओ, पचास रुपए की तसवीर के अगर कोई पचीस तक दे, तो भी वह बेची जा सकती है। लेकिन जब कोई यह कहे कि मैं सात रुपए के ऊपर एक कौड़ी भी नहीं दे सकता, तब भला तुम्हीं बतलाओ मैं क्या कर सकता था।

चूड़ामणि : **लिखता हुआ**

हूँ ! ऐसी बात है ! तुम्हारी जगह अगर मैं होता तो मैं उससे साफ कहता कि तुम्हारे बाप ने भी कभी तसवीर खरीदी है कि तुम्हीं खरीदोगे–और यह कहकर मैं सीधा वापस आता।

मार्तण्ड : **तसवीर बनाता हुआ**
अच्छा होता यार कि तुम्हीं मेरी जगह वहाँ होते।

चूड़ामणि : **लिखता हुआ**
तो क्या तुम बुद्धू की तरह चले आए ?

मार्तण्ड : **तसवीर बनाना रोककर तसवीर की ओर देखता है**
नहीं यार ! मैंने तो उठने की तैयारी करते हुए सिर्फ इतना कहा—तुम चोर हो। और जब उसने सिर उठाया तब मुझसे न रहा गया और मैंने उससे कहा—तुम उठाईगीर हो ! और जब उसने मेरी तरफ देखा तब मैं उससे इतना कहने का लालच न रोक सका और मैंने उससे कहा—तुम गिरहकट हो !

चूड़ामणि : **हँसते हुए रजिस्टर को देखता है**
बात तो तुमने बेजा नहीं कही।

मार्तण्ड : **मुसकराते हुए तसवीर पर तूली चलाने लगता है**
नहीं, बात तो बेजा नहीं थी, लेकिन जा, बात कहने के जोश में मैं यह भूल गया था कि मैं उसके घर में बैठा हूँ और उसके दस-पाँच नौकर भी हैं।

चूड़ामणि : **कलम ज़मीन पर ठोंकते हुए**
तो फिर तुम पिटे भी ?

मार्तण्ड : **तूली रोककर**
अगर पिटता, तो भी अच्छा था क्योंकि इधर बहुत दिनों से पिटा नहीं हूँ, लेकिन इसकी नौबत ही न आई। उसने नौकरों को आवाज़ दी और चार आदमी कमरे में घुस आए। उसने कहा—मारो। और मैं समझा कि मुझसे कह रहा है। लिहाजा मैंने ताना घूँसा, और वह बैठा था सामने। सो घूँसा ठीक उसकी नाक पर पड़ा।

चूड़ामणि : **चौंककर हाथ ऊपर उठाते हुए**
वेल डन ! शाबाश !
फिर लिखने लगता है
लेकिन तुम बच कैसे आए ?

मार्तण्ड : **तूली नीचे रखते हुए**
यह बात हुई कि नौकरों ने सम्हाला उसे, और मैं तसवीर उठाकर वहाँ से भागा। लोग ले-दे करते ही रहे—और मैंने सीधे घर पहुँच कर साँस ली।
कुछ रुककर
लेकिन आएगा वह जरूर ! गलती से मैं अपनी तसवीर की जगह

उसके बाप की तसवीर, जो उसी दिन विलायत से बनकर आई थी, उठा लाया हूँ।

चूड़ामणि : **लिखते हुए**

खैर, चिन्ता न करो। मैं परमानन्द की सोने की घड़ी उठाकर यह कहता भागा कि अगर दो घंटे के अन्दर रुपया न दिया तो घड़ी मैं बेच दूँगा।

जेब से घड़ी निकालकर वह देखता है। बाहर से दरवाज़ा पीटने की आवाज़ आती है। दोनों अपना काम रोककर दरवाज़े की ओर देखते हैं।

आवाज़ : चूड़ामणि जी !

मार्तण्ड : नहीं हैं।

मुँह फेरकर तसवीर बनाने लगता है।

आवाज़ : मार्तण्ड जी !

चूड़ामणि : नहीं हैं।

मुँह फेरकर लिखने लगता है।

आवाज़ : आप दोनों मौजूद हैं। किवाड़ खोलिए।

दोनों : नहीं खोलेंगे !

आवाज़ : हम दरवाज़ा तोड़ देंगे।

चूड़ामणि : बड़ी खुशी से ! आपका दरवाज़ा है।

मार्तण्ड : और अपनी चीज़ अगर आप तोड़ें तो भला हम रोकने वाले कौन होते हैं।

आवाज़ : हम आपसे प्रार्थना करते हैं कि दरवाज़ा खोलिए।

चूड़ामणि : किससे ? चूड़ामणि से या मार्तण्ड से ?

आवाज़ : दोनों से !

मार्तण्ड : दरवाज़ा खोलने का काम सिर्फ एक आदमी ही कर सकता है।

आवाज़ : अगर आप लोग दरवाज़ा नहीं खोलते तो मैं बाहर से ताला बन्द किए देता हूँ।

चूड़ामणि : इसी हालत में दरवाज़ा हमें तोड़ना पड़ेगा।

मार्तण्ड : और नुकसान आपका होगा !

आवाज़ : मार्तण्ड जी, आपसे प्रार्थना करता हूँ कि दरवाज़ा खोलिए।

मार्तण्ड : हाँ, अब तुमने बात ढंग-की की।

मार्तण्ड उठकर जंज़ीर खोलता है। बुलाकीदास का प्रवेश। मार्तण्ड जंज़ीर खुली छोड़कर लौटता है और अपनी जगह बैठकर तसवीर बनाने लगता है।

बुलाकीदास : **बीच कमरे में खड़े होकर**

छह महीने हो गए। मुझे किराया चाहिए ! **दोनों चुप रहते हैं**

बुलाकीदास : आप लोग सुनते हैं ?

चूड़ामणि : **बुलाकीदास की ओर मुड़कर**
कृपा करके आप बात मार्तण्ड जी से करें !

बुलाकीदास : क्यों ? आपसे क्यों नहीं ?

चूड़ामणि : इसलिए कि आपने किवाड़ खुलवाया है मार्तण्ड से, मेरा किवाड़ अभी तक बन्द है ! लिहाजा आपको मुझसे बात करने का कोई अधिकार नहीं !
लिखने लगता है।

मार्तण्ड : **बुलाकीदास की तरफ मुड़कर**
लाला बुलाकीदास, आपने पहले आवाज़ दी चूड़ामणि को। वे यहाँ मौजूद हैं, आप उनसे बातचीत करें।
तसवीर बनाने लगता है।

बुलाकीदास : मैं आप दोनों से कहता हूँ कि जब से आप लोग इस कमरे में आए हैं तब से आप लोगों ने एक पैसा भी नहीं दिया। छह महीने हो गए। पच्चीस रुपए के हिसाब से डेढ़ सौ रुपए होते हैं।

चूड़ामणि : **लिखना बन्द करके बुलाकीदास की ओर घूमता है**
बिलकुल झूठ ! आपके नाती के मुंडन के निमंत्रण-पत्र पर मंगलाचरण की कविता मैंने लिखी थी, एक महीने का किराया वह अदा हुआ।
चूड़ामणि फिर लिखना शुरू कर देता है, बुलाकीदास आश्चर्य से चूड़ामणि की ओर देखता है।

मार्तण्ड : **तेज़ी से घूमकर**
और आपको पूजा करने के लिए राधाकृष्ण की तसवीर मैंने बना दी थी, दूसरे महीने का किराया वह अदा हुआ !
यह कहकर तसवीर बनाने लगता है। बुलाकीदास आश्चर्य में मार्तण्ड को देखता है।

चूड़ामणि : **घूमकर**
आपके छोटे लड़के के विवाह पर मैंने कवि-सम्मेलन करवा दिया था, तीसरे महीने का किराया वह अदा हुआ !
कहकर लिखने लगता है। बुलाकीदास आश्चर्य से चूड़ामणि को देखता है।

मार्तण्ड : **घूमकर**
जन्माष्टमी में आपके मन्दिर की झाँकी मैंने सजवा दी थी, चौथे महीने का किराया वह अदा हुआ !

कहकर तसवीर बनाने लगता है। बुलाकीदास आश्चर्य से मार्तण्ड को देखता है, फिर कुछ चुप रहकर

बुलाकीदास : अजी वाह ! इतने ज़रा-ज़रा से काम के रुपए ? वह तो आपने अपनेपन में कर दिया था।

मार्तण्ड : **तसवीर बनाता हुआ**

हमने काम तो किया, आप तो बिना काम किए हुए ही रुपया माँगते हैं !

चूड़ामणि : **लिखता हुआ**

और आप भी अपनेपन में किराया जाने दीजिए !

बुलाकीदास : आप लोग अजीब तरह के आदमी हैं। अच्छा यह चार महीने का किराया हुआ। अब दो महीने का किराया दीजिए और मकान खाली कीजिए।

चूड़ामणि : **घूमकर**

संसार का एक महाकवि आपके इस चिड़ियाखाने-नुमा मकान में रहा पाँचवें महीने का किराया वह अदा हुआ।

मार्तण्ड : **घूमकर**

संसार का एक श्रेष्ठ चित्रकार आपके इस जानवरों के रहने काबिल मकान में रहा, छठे महीने का किराया वह अदा हुआ !

परमानन्द का प्रवेश। उन्हें देखते ही चूड़ामणि उठ खड़ा होता है।

चूड़ामणि : आइए परमानन्द जी, पधारिए आपका स्वागत है। अभी-अभी आपकी कीर्ति-कथा पर एक पुराण आरम्भ किया है।

बैठकर पढ़ता है।

झूठ, दग़ाबाजी, मक्कारी, दुनिया के जितने छल-छन्द नहीं बचे हैं इनसे कोई, धन्य प्रकाशक परमानन्द ! इसीलिए हम लिखने बैठे लम्बा-चौड़ा एक पुराण...

परमानन्द : **हाथ जोड़ता है**

चूड़ामणि जी, अब बस कीजिए। मैं आपके रुपए लाया हूँ।

चूड़ामणि : **घूमकर**

अच्छा ! रुपए लाए हैं !

मुसकराता हुआ रजिस्टर की कविता काटता है

तो फिर यह पुराण लिखना बन्द किए देता हूँ।

परमानन्द जेब से कुछ नोट निकालकर देता है। चूड़ामणि बैठे ही बैठे नोट लेकर बिना गिने उन्हें अपनी जेब में रख लेता है।

परमानन्द : अच्छा, अब मेरी घड़ी ?

चूड़ामणि : **आश्चर्य से परमानन्द को देखता है,**

तो आप घड़ी वापस ले जाएँगे ?

परमानन्द : जी हाँ !

चूड़ामणि : बहुत अच्छा !

बाएँ हाथ से घड़ी निकालकर परमानन्द को देता है, दाहिने हाथ से रजिस्टर पर लिखता है

यह लीजिए अपनी घड़ी और यह शुरू हुआ परमानन्द पुराण !

उनकी बीबी मना रही है हो जाए वह जल्दी राँड़ !

परमानन्द : **हाथ जोड़ते हुए**

नहीं, नहीं, यह घड़ी मेरी ओर से आपको भेंट है !

चूड़ामणि घड़ी वापस लेता है। इसी समय लाला रामनाथ का प्रवेश। लाला रामनाथ के हाथ में एक चित्र है ! मार्तण्ड उठ खड़ा होता है।

मार्तण्ड : आइए, पधारिए लाला रामनाथ साहेब ! कैसे कष्ट करना पड़ा ?

रामनाथ : मार्तण्ड जी, आप अपनी तसवीर की जगह मेरे पिताजी का चित्र ले आए हैं ! यह लीजिए और मेरे पिताजी का चित्र वापस कीजिए !

मार्तण्ड : अरे हाँ, बड़ी गलती हो गई, मैं क्षमा प्रार्थी हूँ।

बगल से चित्र उठाकर रामनाथ को देता है

यह लीजिए अपने पिताजी का चित्र।

रामनाथ : **चित्र देखता है फिर क्रोध में**

यह आपने क्या किया ? नाक गायब कर दी ?

मार्तण्ड : लाला जी, नाक तो आपने अपने पिताजी की कटवा दी पचास रुपए के चित्र के दाम सात रुपए लगाकर !

मार्तण्ड सब लोगों की ओर घूमता है

आप लोग जानते हैं—ये हैं लाला रामनाथ ! आपके पिता बड़े दानी थे, बड़े पुण्यात्मा थे, और आप, उनके सुपुत्र ने उनकी नाक कटवा दी ! आपकी तारीफ...

रामनाथ : **बात काटकर**

अच्छा-अच्छा ! यह तसवीर मैंने ले ली। यह लीजिए पचास रुपए और यह तसवीर ठीक कर दीजिए।

रामनाथ मार्तण्ड को नोट देता है। मार्तण्ड बिना गिने ही नोट अपनी जेब में रख लेता है, फिर रामनाथ के हाथ से चित्र लेकर तूली से नाक ठीक कर देता है।

मार्तण्ड : यह लीजिए उनकी नाक सही-सलामत वापस आ गई।

रामनाथ चित्र लेकर जल्दी-जल्दी जाता है और पीछे-पीछे परमानन्द जाता है।

बुलाकीदास : अब आपके पास रुपए आ गए हैं। किराया अदा कर दीजिए !

चूड़ामणि : कह तो दिया कि किराया हमलोग दे चुके। अब जब चढ़ेगा तब ले लेना !

बुलाकीदास : किराया चढ़ने की नौबत ही न आवेगी। आपलोग अभी यह मकान खाली कीजिए !

मार्तण्ड : बुलाकीदास, हम आपकी तसवीर बनाकर प्रदर्शनी में भेजेंगे। और आपकी उस तसवीर में आपकी नाक का होना या न होना हमारे इस मकान में रहने या इस मकान से जाने पर निर्भर है।

चूड़ामणि : और अगर हम इस मकान से गए तो परमानन्द पुराण को हम बुलाकी पुराण बना देंगे ! समझे !

बुलाकीदास : आप दोनों बड़े बदमाश हैं। हम आपलोगों को समझ लेंगे।

तेजी से जाता है।

चूड़ामणि उठकर दरवाज़ा बन्द करता है। फिर अपनी जगह बैटकर लिखने लगता है। मार्तण्ड चित्र बनाने लगता है।

पटाक्षेप

सबसे बड़ा आदमी

पात्र-परिचय

गजाती	:	दूकानदार
चिरौंजी	:	गजाती का नौकर
राधे	:	विश्वविद्यालय के
शंकर	:	विद्यार्थी
शर्मा जी	:	कांग्रेस के कार्यकर्ता
मिस्टर वर्मा	:	एक वकील
कामरेड अहमद	:	एक कम्यूनिस्ट
रामेश्वर प्रसाद	:	एक अनजान व्यक्ति

स्थान—गजाती का रेस्टोराँ

समय—संध्या

गजाती का रेस्टोराँ। सामने वाली दीवार को ढके हुए दो अलमारियाँ कोनों से मिली रखी हैं। एक अलमारी में पाव रोटी, मक्खन, शक्कर, चाय आदि सामान है, दूसरी में चीनी के बर्तन, काँटे, छुरी, चम्मच आदि है। दोनों अलमारियों के बीच में एक मेज़ रखी है, जिसमें शीशे के ढकने लगे हैं। मेज़ में केक, मिठाइयाँ आदि हैं। कमरे की दाहिनी दीवार पर तीन दरवाजे हैं जिन पर परदे पड़े हैं। ये दरवाजे सड़क पर खुलते हैं। कमरे की बाईं ओर बीचोबीच एक दरवाज़ा है जो अन्दर खुलता है। कमरे के बीचोबीच सामने की दीवार की सीध में दो लम्बी-लम्बी मेज़ें पड़ी हैं, इन मेज़ों पर तख्तों की जगह सीमेण्ट के टुकड़े जड़े हैं। मेजों के ऊपर इधर-उधर कुर्सियाँ पड़ी हैं। दाहिनी तरफ दरवाज़े से मिली हुई एक मेज़ है जिसके सामने एक कुर्सी पड़ी है। उस कुर्सी से मिली हुई एक आराम कुर्सी पड़ी है। आराम कुर्सी की पीठ मेज़ की तरफ है। गजाती आराम-कुर्सी पर लेटा हुआ एक अखबार पढ़ रहा है। कद नाटा, शरीर दुबला-पतला। स्पोर्ट शर्ट और पतलून पहने है, पैरों में मोजा नदारद, केवल चप्पल पहने है। दाढ़ी-मूँछ साफ-उम्र 25 वर्ष से 40 वर्ष तक अन्दाजी जा सकती है। चिरौंजी का बाईं ओर वाले दरवाज़े से प्रवेश

चिरौंजी : बाबू जी !...बाबू जी !

गजाती : **अखबार से नज़र उठाकर चिरौंजी की ओर देखते हुए**
क्यों बे ?

चिरौंजी : चाय लै जाई ?

गजाती : हाँ !

अखबार पढ़ने के लिए उठाता है।

चिरौंजी दरवाज़े तक जाता है।

गजाती : चिरौंजी, इधर आओ !

चिरौंजी लौटता है।

गजाती : क्यों जी, आज तुमने एक पावरोटी में आठ स्लाइसें क्यों निकाली हैं जबकि मैंने बारह निकालने को कहा था ?

चिरौंजी : बाबूजी !...बाबूजी !

गजाती : बाबूजी—बाबूजी क्या कहता है !

उँगलियों पर हिसाब लगाते हुए

एक, दो-तीन...सात , आठ—हाँ अभी तक आठ रोटियाँ ज़्यादा खर्च हुईं। ये आठ आने तुम्हारे तनख्वाह से काटे जाएँगे।

चिरौंजी : बाबूजी मर जाएँगे !

गजाती : अबे, बाबूजी नहीं मरेंगे, मरेगा तू !

चिरौंजी : अब की दफा बाबूजी माफ करें, आगे से बारह नहीं, सोलह स्लाइस निकासब !

बाहर से आवाज़ें आती हैं-गजाती आवाज़ें सुनने लगता है।

एक आवाज़ : तुम मेरी बात नहीं समझते !

दूसरी आवाज़ : अगर तुम ठीक बात कहो तो वह सब की समझ में आ सकती है !

गजाती : **चिरौंजी से**

जा बे, काम कर !

चिरौंजी जाता है। दाहिनी ओर से शंकर और राधे का प्रवेश। शंकर एक पोलो शर्ट और हाफ़ पैंट पहने है। हृष्ट-पुष्ट खूबसूरत युवक। राधे रेशम का कुर्ता और महीन धोती पहने है। आँखों पर चश्मा-एकहरे बदन का दुबला-सा-युवक। राधे और शंकर गजाती के पास वाली मेज़ के इर्द-गिर्द पड़ी कुर्सियों पर आमने-सामने बैठते हैं।

राधे : मिस्टर शंकर, आप शेली को समझे ही नहीं। नेपोलियन की क्या हस्ती जो शेली की समता कर सके।

शंकर : हाँ जनाब, वह पिनपिनाने वाला शेली ! उसकी नेपोलियन के साथ तुलना करना नेपोलियन का अपमान करना होगा !

राधे : अच्छा आप बतलाइए कि इतनी उँचाई, इतनी गहराई, इतनी पवित्रता, इतना विद्रोह और इतना सत्य जितना शेली की पंक्तियों में है, कहाँ मिलेगा ? उसने जो सन्देश संसार को दिया है वह नेपोलियन के बस की बात कहाँ थी ? शेली ने हमें प्रेम का मार्ग दिखलाया, उसने बर्बरता और पशुता के उन सिद्धान्तों का खण्डन किया जिनका वह तुम्हारा नेपोलियन प्रवर्त्तक था !

शंकर : देखो जी राधे, शेली ने जो कुछ कहा वह सब पागलपन था। किस पवित्रता और सन्देश की बातें कर रहे हो ? इनका दुनिया में कोई अस्तित्व नहीं। नेपोलियन शक्ति का प्रतिनिधि था, और शक्ति ही सत्य है, नित्य है ! कल्पना के लोक में जो आदमी विचरता है वह कायर है। इस वास्तविक जगत् से मुँह छिपाकर वह कल्पना

का जगत् बनाता है। आदमी तो वह है जो इसी दुनिया को अपनी कल्पना की दुनिया में बदल सके ! नेपोलियन में वह ताकत थी, वह व्यक्तित्व था !

राधे : नेपोलियन पशु था !

शंकर : शेली अपाहिज था !

गजाती अपनी कुर्सी से उठता है और इन दोनों के पास आकर खड़ा होता है।

गजाती : किस बात पर बहस छिड़ी है ?

मेज़ के सिरे की कुर्सी पर बैठ जाता है

चाय मँगाऊँ ?

शंकर : दो प्याले चा !

गजाती : **ज़ोर से पुकारता है**

तीन प्याले चा !

राधे से

हाँ साहेब किस बात पर बहस छिड़ी है ?

राधे : मिस्टर गजाती, मिस्टर शंकर नेपोलियन को शेली से बड़ा बताते हैं। शैतान की तारीफ कर रहे हैं फरिश्ते की निन्दा करके !

शंकर : जी हाँ गजाती साहेब ! ये मिस्टर राधे उस जनाने शेली की तारीफ कर रहे हैं, एक बौने की एक दानव से तुलना कर रहे हैं !

चाय आती है।

गजाती : **सर पर हाथ फेरते हुए और कुछ सोचते हुए**

मामला तो बड़ा टेढ़ा है।

राधे : मिस्टर गजाती, आपने आन्द्रे मोराव की 'एरियल' पढ़ी है ?

गजाती : ओह, वह एक महान् ग्रंथ है और शेली महान् व्यक्ति था।

शंकर : और गजाती साहेब, आपने एबट की लाइफ नेपोलियन पढ़ी है ?

गजाती : ओह वह एक महान् ग्रंथ है और नेपोलियन महान् व्यक्ति था !

शर्मा जी का प्रवेश। मोटे से आदमी, खद्दर का कुर्ता-धोती पहने हैं। कांग्रेस शाही झोला कुर्सी की पीठ पर लटका देते हैं, टोपी मेज़ पर रख देते हैं, कुर्सी पर बैठ जाते हैं।

राधे : **चाय पीता हुआ**

मिस्टर गजाती, आपकी चा उतनी ही सुन्दर है जितना शेली था !

शंकर : **चाय पीता हुआ**

मिस्टर गजाती, आपकी चा उतनी ही तगड़ी है जितना नेपोलियन था !

शर्मा जी सतर्क होते हैं, कनखियों से राधे और शंकर को देखते हैं

फिर गजाती को इशारे से बुलाते हैं। गजाती पास जाता है।

शर्मा जी : बन्धुवर, एक प्याला चा !

गजाती : **आवाज़ देता है**

एक प्याला चा !

फिर लौटकर जहाँ से उठा था वहीं बैठ जाता है।

राधे : शंकर, मुझे दुःख है कि तुम जीवन की महत्ता नहीं समझते !

शंकर : जी हाँ, मैं बेवकूफी से दूर रहना ही ठीक समझता हूँ।

राधे : बेवकूफी ! --तुम शैतान के उपासक !

शंकर : देखो राधे ! ज़रा सोच-समझकर ! योद्धा का उपासक यदि कुछ क्षणों के लिए स्वयं बन जाय तो इसमें कोई आश्चर्य की बात नहीं !

गजाती : मिस्टर शंकर ! साधारण बातचीत में इस तरह गरम हो जाना ठीक नहीं !

शर्मा जी : **इन दोनों की तरफ मुखातिब होकर**

भ्राताओ, वन्दे। आप लोगों को इस प्रकार कलह करना शोभा नहीं देता !

दोनों आश्चर्य से उस ओर देखते हैं।

शर्मा जी : क्या मैं यह पूछने की धृष्टता कर सकता हूँ कि आप महानुभावों में विवाद का विषय क्या है ?

शंकर : यह झगड़ा हमारा परसनल है, आपकी दस्तन्दाजी की कोई जरूरत नहीं !

शर्मा जी : गांधी-गांधी ! कितना भयानक पतन हो गया है हमारे नवयुवकों का ! वे विशुद्ध मातृभाषा का प्रयोग तक नहीं कर सकते, शिष्ट होना तो दूर रहा !

राधे : मैं अपने अशिष्ट मित्र की ओर से माफी माँग लेता हूँ।

मिस्टर वर्मा एडवोकेट का प्रवेश। सफेद पतलून जो काफी मैली हो चूकी है और काला कोट, जो अब जवाब देने लगा है, पहने हैं। टाई अस्त-व्यस्त। कालर इतना ऊपर चढ़ गया है कि कमीज और कालर के बीच गरदन साफ दिखलाई देती है।

मिस्टर वर्मा : एक प्याला चा !

मिस्टर वर्मा मेज़ के पास खड़े होकर तीनों सज्जनों को गौर से देखते हैं, ठंडी साँस भरते हैं और शंकर की बगल में बैठ जाते हैं।

गजाती : **आवाज़ देता है**

एक प्याला चा !

शंकर : राधे, तुमने मुझे अशिष्ट क्यों कहा ? मुझसे माफी माँगो !

गजाती : अरे जाने भी दीजिए !

शंकर : नहीं इन्हें माफी माँगनी ही पड़ेगी !

राधे : **शर्मा जी की तरफ इशारा करते हुए**
पहले इनसे माफी मँगवाइए मिस्टर शंकर !

शंकर : **शर्मा जी से**
देखिए, आप कौन हैं जो हम लोगों की बातचीत में कूद पड़े ? आप माफी माँगिए।

शर्मा जी : मैं सत्याग्रही हूँ ! देश का सेवक हूँ ! मैंने कभी सरकार तक से माफी नहीं माँगी और जेल चला गया। पिता से लड़कर घर छोड़ आया हूँ पर उनका फिर मुँह नहीं देखा, और परिणाम यह हुआ कि भूखों मर रहा हूँ। सत्याग्रह करते समय पुलिस ने मुझे डंडों से मारा, शराब की पिकेटिंग करते समय शराबियों ने मुझे लातों से मारा और करबन्दी आन्दोलन के समय जमीन्दारों ने मुझे जूतों से मारा पर मैंने कभी क्षमा-प्रार्थना नहीं की !
शर्मा जी कहते-कहते कुछ अकड़ जाते हैं।

मिस्टर वर्मा : **शंकर से**
आप इनके ऊपर मानहानि का मुकदमा दायर कर दीजिए !

शर्मा जी : गांधी ! गांधी ! इन वकीलों के कारण तो हम सब अधःपतन की ओर बढ़े चले जा रहे हैं। वकील साहेब ! आपको मानहानि की परिभाषा भी विदित है ?
चिरौंजी चाय लाकर शर्मा जी के सामने रखता है।

राधे : **मिस्टर वर्मा से**
आप शायद एडवोकेट हैं ?

मिस्टर वर्मा : मुझे एडवोकेट होने का सौभाग्य प्राप्त है !
छाती पर हाथ रखता है और गर्दन झुकाता है।

राधे : आप अच्छे आ गए। हम दोनों में यह तय नहीं हो रहा है कि शेली बड़ा था या नेपोलियन !

शर्मा जी : दोनों ही पतित थे ! इस संसार में सबसे बड़े हैं महात्मा गांधी !

मिस्टर वर्मा : महात्मा गांधी बड़े हैं। उन्होंने अपना जीवन वकील की हैसियत से आरम्भ किया था और बिना वकालत पढ़े कोई आदमी बड़ा हो ही नहीं सकता। न शेली ने वकालत पढ़ी थी, न नेपोलियन ने।
कामरेड अहमद का प्रवेश

अहमद : हेल गजाती ! चाय !

गजाती : **आवाज़ देता है**
एक प्याला चा !

थोड़ी देर सब चुप रहते हैं। अहमद सब लोगों को ध्यान से देखता है फिर बैठ जाता है।

शंकर : जी हाँ, आप वकील हैं, ज़रा आपकी हुलिया तो देखिए !

मिस्टर वर्मा अपना कालर-टाई ठीक करते हैं।

राघे : **शंकर से**

देखिए, आप किसी शरीफ आदमी का अपमान मत कीजिए !

अहमद : **हँसता है**

वकील और शराफत ! मज़ेदार बात है !

शर्मा जी से

कहिए जनाब ! वकील और शराफत ! इतनी मजेदार बात आपने कभी सुनी ?

शर्मा जी : अवश्य भ्राता ! आप उचित कथन करते हैं। हमारे देश के एकमात्र नेता और विश्व के एकमात्र महापुरुष महात्मा गांधी का कहना है कि वकालत छोड़ देनी चाहिए ! गांधी ! गांधी। ये वकील कितने पतित होते हैं !

अहमद : गांधी ! वह 'अहिंसा-अहिंसा' पुकारने वाला गांधी ! वह खुद गलत रास्ते पर चलने वाला और दूसरों को गलत रास्ते पर चलाने वाला गांधी ! अरे वह खब्ती फकीर—वह महात्मा—क्या कहा ? दुनिया का सिर्फ अकेला बड़ा आदमी ?

शंकर : खूब कहा ! खूब ! तो जनाब, आपको ज़रा देखिए, आप कह रहे थे कि गांधी नेपोलियन से भी बड़ा है। शर्म नहीं आती।

अहमद : **शंकर से**

देखो जी, मुझे जनाब-वनाब मत कहना, वरना आदमी मैं बिगड़ैल हूँ। मुझे सिर्फ कामरेड कहो !

रामेश्वर प्रसाद का प्रवेश। नाटे कद का दुबला-सा आदमी, शेरवानी और चूड़ीदार पाजामा, पैरों में चप्पल। बाल बड़े-बड़े और बिखरे हुए। बैठ जाता है।

रामेश्वर प्रसाद : एक प्याला चा !

गजाती : **आवाज़ देता है**

एक प्याला चा !

शर्मा जी : **कान में उँगली देते हुए**

महाशयो, मेरी एक प्रार्थना है कि आप लोग एक देवता का अपमान न करें, नहीं तो आप एक भयानक नरक के भागी होंगे !

अहमद : नरक ! हा ! हा ! हा ! इस नरक को तो लेनिन ने बहुत पहले ही नेस्त-नाबूद कर दिया है !

राधे : दूसरा हत्यारा !

अहमद : क्या कहा—हत्यारा ! हाँ अगर हत्यारा कहते हो तो मुझे कोई एतराज नहीं। लेकिन यह तै है कि लेनिन-सा बड़ा आदमी न कभी पैदा हुआ है और न कभी पैदा होगा।

मेज़ पर हाथ पटकता है।

रामेश्वर प्रसाद : आप ठीक कहते हैं ! लेनिन में बिखरी हुई शक्तियों का प्रबल संग्रह, उनका व्यक्तीकरण, उनकी उग्रता ये सब मिलेंगे ! लेनिन !—नियति के क्रम और विकास में उसका प्रमुख हाथ है !

शर्मा जी : घोर पतन है भारतमाता का ! देश के कपूतो, तुम अपने देवता, अपने इष्टदेव महात्मा गांधी को नहीं पहचान रहे हो—धिक्कार है !

रामेश्वर प्रसाद : महात्मा गांधी देवता थे, इसमें कोई भी शक नहीं। उनकी गणना अवतारों में की जा सकती है !

शंकर : लेकिन ये दोनों नेपोलियन की बराबरी नहीं कर सकते !

रामेश्वर प्रसाद : नेपोलियन हीरो था, हीरो ! उसका नाम विश्व के इतिहास में अमर है ! अहा हा ! वह तूफ़ान की भाँति आया और पतझड़ की भाँति चला गया !

राधे : क्या नेपोलियन शेली से भी बड़ा था ?

रामेश्वर प्रसाद : शेली ! शेली फरिश्ता था—फरिश्ता ! अहा हा ! शेली—उसने दुनिया को एक नया सन्देश दिया !

चिरौंजी चाय का एक प्याला रामेश्वर के सामने रखकर चला जाता है।

रामेश्वर प्रसाद : **चाय पीते हुए**

ये लोग दानव थे—दानव ! मानव-समाज में दानव ही मान पा सकते हैं !

अहमद : **रामेश्वर से**

आप शायद शायर हैं !

रामेश्वर प्रसाद : जी हाँ, मैं कलाकार हूँ।

शर्मा जी : आपने कौन-कौन-सी पुस्तकें लिखी हैं ?

रामेश्वर प्रसाद : अभी नहीं लिखीं, लिखने वाला हूँ ! अभी तो मैं लिखने के लिए मसाला ढूँढ़ रहा हूँ।

चाय पीता है।

शंकर : वैसे आपका पेशा क्या है ?

रामेश्वर प्रसाद : मेरा पेशा क्या है ? क्या आप यह पूछना चाहते हैं कि रोजी कमाने के लिए मैं क्या करता हूँ ?

चाय पीता है, सर उठाकर हँसता है

हा ! हा ! हा ! बड़ा मजेदार सवाल है। तो जनाब इस सवाल का जवाब यह है कि मैं सब कुछ करता हूँ और कुछ भी नहीं करता ! मैं घूमता हूँ, मौज करता हूँ, और यही घूमना, मौज करना ज़िन्दगी है। मैं लोगों को देखता हूँ, उन्हें समझता हूँ—और उसके बाद ? और उसके बाद की बात न कोई जानता है, न कोई जान सकता है !

चाय खत्म कर देता है।

राधे : आप अजीब तरह के आदमी हैं !

रामेश्वर प्रसाद : जी हाँ ! मैं अजीब तरह का आदमी हूँ ! लेकिन दुनिया में यह जरूरी है कि हरेक आदमी अजीब तरह का हो ! दुनिया में यह जरूरी है कि अजीब तरह का आदमी बना जाय ! और जो अजीब तरह का आदमी नहीं बन सकता वह दुनिया में बढ़ भी नहीं सकता ! समझे !

उठता है, चलकर अहमद के पीछे खड़ा होता है

आप लोग जिन-जिन लोगों के नाम ले रहे थे वे सब अजीब तरह के आदमी थे न !

चलकर मिस्टर वर्मा के पास रुकता है

और आप लोग चूँकि अजीब तरह के आदमी नहीं हैं, इसीलिए इन लोगों की तारीफ करते हैं, इन लोगों पर लड़ने के लिए आमादा हो जाते हैं। लेकिन मैं एक बात जानता हूँ, बड़ा वह है जो दुनिया को देने के बाद उससे वसूल कर सके।

शर्मा जी के पास खड़ा होता है

इन सब लोगों ने दुनिया से वसूल ही किया है, दुनिया को दिया कुछ भी नहीं है !

शंकर के पास खड़ा होता है

लेकिन मैं समझता हूँ कि वे सब-के-सब मर गए—और जो मर गया वह समाप्त हो गया ! बड़ा वह है, जो वसूल कर सके—रुपया-पैसा, दीन-ईमान सब-कुछ आप से छीन सके; और जो मर गया वह कुछ नहीं वसूल कर सकता ! आज उसकी कोई हस्ती नहीं, और जब उसकी कोई हस्ती नहीं तब उसका नाम ही क्यों ?

गजाती के सामने इकन्नी फेंकता है फिर दरवाजे और मेज़ के बीच खड़ा होता है

और इसी से जनाब मैं यह कह सकता हूँ कि आप सब गलती करते हैं। शेली, नेपोलियन, गांधी, लेकिन ये सब-के-सब नाम हैं,

केवल नाम ! इन सबों से बड़ा, कहीं बड़ा मैं हूँ—अभी आप लोगों पर यह साबित हो जाएगा ! अच्छा दोस्तो, सलाम !

जाता है

शंकर : मैं तो समझता हूँ इसका दिमाग खराब हो गया है !

अहमद : **हँसता हुआ**

बहुरूपिया था !

मिस्टर वर्मा : मगरूर लौंडा !

शर्मा जी : वह हमारी दया का पात्र है !

राधे : लेकिन बोलता खूब था !

शंकर : चलो जी राधे ! अभी हमारा मामला तय नहीं हुआ !

शंकर उठता है और राधे भी उठता है। दोनों अपनी जेबों में हाथ डालते हैं और निकाल लेते हैं।

शंकर : मेरा पर्स गायब है !

राधे : मेरी तो जेब ही गायब है !

कुरते की जेब दिखाता है।

मिस्टर वर्मा : **एक के बाद एक अपनी सब जेबें देखते हैं**

अरे ! एक हफ्ते बाद आज पाँच रुपए का नोट मिला था, वह भी उड़ गया !

शर्मा जी : अरे ! मेरा झोला कहाँ गया ? आज ही 50) चन्दे के लाया था—उसमें पड़े थे।

अहमद : ऐं, मेरी जेब से रुपए कहाँ गए ?

सब एक-दूसरे का मुँह देखते हैं।

गजाती : **सामने से इकन्नी उठाकर**

ऐं—कैस बाक्स भी नदारद !...दोस्तो, मेरी राय है कि वह साहेब वाकई सबसे बड़े आदमी थे।

पटाक्षेप

चौपाल में

पात्र-परिचय

(एकांकी)

पंडित सत्यनारायण	:	(सत्तू पंडित) पुरोहित
ठाकुर बच्चूसिंह	:	(बच्चू ठाकुर) सम्पन्न किसान
मुंशी किस्मत राय	:	(किसमत मुंशी) पटवारी
लाला बुद्धू लाल	:	(बुदू साहू) दूकानदार
मौलाना जाहिद हुसेन	:	(जाहिद मियाँ) उर्दू स्कूल के मुदर्रिस
जानकी	:	कांग्रेस कार्यकर्त्रियाँ
माधवी		
पंडिताइन	:	सत्तू पंडित की पत्नी

स्थान–एक बड़े गाँव में बच्चू ठाकुर की चौपाल।

समय–संध्या।

बच्चू ठाकुर बैलों को चारा दे रहे हैं। एक लम्बा कुरता और घुटने तक धोती पहने हैं, सर पर सफा बाँधे हैं। उम्र प्रायः 50 वर्ष। शरीर हृष्ट-पुष्ट और इकहरा, बाल खिचड़ी। मूँछ बड़ी-बड़ी और ऐंठी हुई। पैरों की आहट होती है और बच्चू ठाकुर सर उठाकर देखते हैं। इसी समय सत्तू पंडित का प्रवेश। सत्तू पंडित धोती और बंडी पहने हैं, नंगे सर। कंधे पर एक दुपट्टा पड़ा है। उम्र प्रायः 55 वर्ष; शरीर मोटा और थुलथुल। बाल अधिकांश सफेद। मूँछ बड़ी-बड़ी और होंठों को ढके हुए।

बच्चू ठाकुर : पालागी सत्तू पंडित ! बैठो चल के; हम अबहीं बैलवन से निपट के आवत हन !

सत्तू पंडित : आशीर्वाद बच्चू ठाकुर ! कौनो जल्दी की आवश्यकता नाहीं ! **गदेली वाली सुरती फाँकते हैं**

का बताई, एक चक्कर माँ पड़ गयेन। तौन हमहूँ ज़रा सोचा-विचारा चाहत हन !

बच्चू ठाकुर : कुशल तो है ?

सत्तू पंडित : कुसलै समझो ! वैसे तो ई कलजुग माँ कौनो बात असम्भव नाहीं, मुला मामला इहाँ तक पहुँच जइहे यू कबहूँ न सोचा रहे। बुद्धि चक्कर माँ पड़ गई।

बच्चू ठाकुर : आखिर हमहूँ तो ज़रा सुनी कि ऐसी कौन सी बात आय जो सत्तू पंडित का चक्कर माँ डाल दीन्हिस !

सत्तू पंडित : अरे तुम पंचन की सलाह तो आवश्यक आय ! सब लोग इकट्ठा हुई जायँ तो बतावन ! लेव, किसमत मुंशी आय रहे हैं। आशीर्वाद किसमत मुंशी।

किसमत मुंशी का प्रवेश। बन्द गले का कोट और पाजामा पहने हैं। सर पर फेल्ट कैप जिस पर बेतहाशा मैल जमी है। नाटे-से और दुबले-से आदमी; उम्र करीब 35-36 वर्ष। छोटी-छोटी चुनी हुई मूँछ।

किसमत मुंशी : पालागी सत्तू पंडित ! आज बड़े फिकरमन्द नज़र आवत हौ !

सत्तू पंडित : अरे जहाँ तुम लोग हो वहाँ जो फिकिर न होय तो आश्चर्य ! अच्छा, ज़रा दोहरा तो निकासो !

किसमत मुंशी जेब से गिलौरीदान निकालकर सत्तू पंडित की ओर बढ़ाते हैं।

किसमत मुंशी : लेव सत्तू पंडित, पान खाओ ! तहसील गए रहन तौन पाँच ढोली पान लेत आएन ! एक ढोली तुम्हारे यहाँ भिजवाय दीन है, एक ढोली जाहिद मियाँ के यहाँ !

बच्चू ठाकुर : कौनों से ऐंठ लाए हुइ हो ! हराम के माल का सदाबरत बँट रहा है। नाहीं तो किसमत मुंशी पान खरीद के बँटिहें !

किस्मत मुंशी : नाहीं बच्चू ठाकुर, नकद रुपैया दीन है। हाँ, सस्ते जरूर लीन है। बजार माँ अठन्नी ढोली बिकत है और हम लीन रुपैया की पाँच ढोली। यकीन न आवे तो बुद्धू साहू से पूँछ लीन्हेव ! वहौ हमारे साथ रहे ! लेव, आय गए बुद्धू साहू !

बुद्धू साहू का प्रवेश। दोहरे बदन के और मझोले कद के आदमी, उम्र 40 और 54 वर्ष के बीच में। दाढ़ी-मूँछ साफ। खुले गले का कोट और धोती पहने हैं; सर पर गांधी टोपी।

बुद्धू साहू : राम-राम पंचो ! पालागी सत्तू पंडित ! कहो बच्चू ठाकुर आज तो गेहूँ का भाव रुपए का डेढ़ सेर हो गया !

बच्चू ठाकुर : भगवान की कृपा आय ! लेकिन भाव अबहीं और चढ़ी !

मुँह पर मुसकराहट आती है

अबहीं हज़ार मन गेहूँ है हमरे पास। जब सेर भर का हुइ जाई तब निकासब !

किसमत मुंशी : डटे रहो बच्चू ठाकुर ! किसान और मजदूर राज आयगा। तीन साल माँ लखपती बन जइहौ, कौनो सार रोक नाहीं सकत ! काहे हो बुद्धू साहू ?

बुद्धू साहू : **बात बदलने का प्रत्यन करते हुए**

जाहिद मियाँ अबहीं तक नहीं आए !

किसमत मुंशी : सैतान का नाम भर लेव कि वह हाजिर ! लेव, जाहिद मियाँ आय गए। सलाम जाहिद मियाँ।

जाहिद मियाँ का प्रवेश। शेरवानी और पाजामा पहने हैं। लम्बे-से-आदमी, दाढ़ी और मूँछ दोनों ही मौजूद हैं। उम्र प्रायः 50 वर्ष। सर पर दुपल्ली टोपी।

जाहिद मियाँ : सलाम पंचो ! ज़रा देर हुइ गई आवे माँ ! का बताई !

सत्तू पंडित : काहे कौन सी विपदा आय पड़ी ?

जाहिद मियाँ : का बताई सत्तू पंडित ! ई सार अंजुमन वाले नाक माँ दम कर राखिन हैं। हम लाख कहा कि हमरे कुरबजवार माँ मजहबी तास्सुब कबौं नाहीं रहा। इहाँ न कौनो मजहबी झगड़ा कबी माँ

और न होई। लेकिन भला नक्कारखाना माँ तूती की आवाज़ ? मुस्लिम लीग टूट गई तो का अन्दर-अन्दर काम तो हुइ रहा है !

सत्तू पंडित : ई तो बड़ी बेजा बात है ! सरकार का ई बात की खबर दीन चाही !

किसमत मुंशी : अरे सरकार का रत्ती-रत्ती खबर है। बस जाहिद मियाँ ऐस और दस-बीस आदमी अंजुमन माँ पहुँच जायँ तो किस्सा पाक ! काहे हो जाहिद मियाँ ?

जाहिद मियाँ : हाँ, बात तो ठीक है। हम लोगन की तादाद अब धीरे-धीरे बढ़ रही है। देखो-देखो ! या अल्ला ! ई कौन सी बलाय नाजिल भई ? **(जानकी और माधवी का प्रवेश ! जानकी गठे बदन की और खुले हुए गेहुँए रंग की नवयुवती है। उम्र प्रायः 21-22 वर्ष। खादी की छपी हुई धोती पहने है, और एक झोला कंधे से लटक रखा है। पैरों में ऊँची एड़ी के सैंडल। माधवी प्रायः तीस वर्ष की सुडौल स्त्री, रंग साँवला लेकिन चेहरे की बनावट सुन्दर ! खादी की सफेद साड़ी पहने है, पैरों में चप्पल।)**

जानकी और माधवी : जय हिन्द भाइयो ! ज़रा प्यास लगी है। यह नहीं मालूम था कि यह गाँव शिवपुर से सात मील है।

बच्चू ठाकुर : तो का आप लोग तहसील शिवपुर से आय रही हैं ?

माधवी : हाँ ! और सवारी नहीं मिली तो पैदल ही चल पड़ीं। बुरी तरह थक गई हैं।

बच्चू ठाकुर : आप लोग बैठें। हम अबहीं जल लाएन !

बच्चू ठाकुर का प्रस्थान।

माधवी : यहाँ कोई पंडित सत्यनारायण रहते हैं ?

सत्तू पंडित चौंक उठते हैं लेकिन चुप रहते हैं।

किसमत मुंशी : हाँ ! हाँ ! पंडित सत्यनारायण ई गाँव के बड़े भारी पुरोहित है, लेकिन अव्वल नम्बर के पाजी और बदतमीज, दकियानूसी और पुराने ख़यालों के !

सब लोग अपनी हँसी दबाने की कोशिश करते हैं।

जानकी : उनके सुपुत्र ने तो उन्हें सिर्फ दकियानूसी और पुराने खयालों का बताया था, पाजी और बदतमीज की बात तो नहीं कही थी !

माधवी : अरे जो दकियानूसी और पूराने खयालों का होता है वह पाजी और बदतमीज भी हो सकता है। फिर पंडित रामनारायण अपने ही पिता को पाजी और बदतमीज कैसे कहते ?

सत्तू पंडित : कौन रमनरइनां ! उसे आप लोग जानती आयँ ?

माधवी : कौन नहीं जानता पंडित रामनारायण को ! तहसील कांग्रेस कमेटी

के मंत्री हो गए हैं वे अब ! बड़े निर्भीक और साहसी कार्यकर्ता हैं वे ! अभी उस दिन उन्होंने अछूतों का भोज कराया था ! बड़े-बड़े ब्राह्मण और ठाकुरों को उन्होंने बंसी मेहतर के हाथ से खाना परसवा कर खिलाया था ! कितना बड़ा उत्सव था वह !

बुद्धू साहू : अच्छा ! मेहतर के हाथ से खाना परसवाय के खिलाइस ! तो खुदहुँ खाइस हुइहै।

जानकी : **(हँसती है)**

आप भी कैसी नादानी की बात करते हैं ! पंडित रामनारायण को आप जानते नहीं ! मेरा बड़ा भाई परदेसी उनके यहाँ खाना बनाता है ! परदेसी चमार का नाम तो आप लोगों ने सुना होगा—कांग्रेस का प्रसिद्ध स्वयंसेवक !

जाहिद मियाँ : बुद्धू साहू ! हमारे साथ जब तुम तहसील गए रह्‌यो तो रामनरायन के यहाँ ठहरे रह्यो न ! वहैं तुम खाना खाए रह्यो ! है न ऐस ?

दो तश्तरियों में मिठाई और दो गिलासों में पानी लिए हुए बच्चू ठाकुर का प्रवेश

बच्चू ठाकुर : लें, आप लोग थोड़ा जलपान कर लें !

जानकी और माधवी तश्तरियाँ लेकर खाने लगती हैं। पानी के गिलास उनके सामने रखकर बच्चू ठाकुर अकड़कर बैठ जाते हैं।

किसमत मुंशी : सुनेव बच्चू ठाकुर ! पंडित सत्यनारायण के बरखुरदार पंडित रामनारायण के घर माँ परदेसी चमार रसोइया का काम कर रहा है।

सत्तू पंडित : देखो किसमत मुंशी, हर बखत की मसखरी अच्छी नाहीं होत है !

किसमत मुंशी : मसखरी करै वाले पर लानत ! काहे हो बच्चू ठाकुर ! काल तहसील माँ जाय के तुम रामनारायण के यहाँ ठहरे रह्यो कि नाहीं और उनके यहाँ खाना खाये रह्यो की नाहीं !

बच्चू ठाकुर : ठहरेन और भोजनौ कीन ! तुम्हार इजारा !

किसमत मुँशी : हमार इजारा काहे का ! हम तो फकत इतना कहा कि तौन तुम काल चमार के हाथ का बनावा खाना खाय आयेव, एक माँ नाहीं हज़ार माँ ! यकीन न होय तो ई देवी जी से पूछ लेव ! इनकेर सगा भाई परदेसी रामनारायण के यहाँ खाना बनावत है और ई जात की चमारी आयँ !

बच्चू ठाकुर : तुम चमार आओ ? पहले काहे नहीं बताएव ?

बुद्धू साहू : बच्चू ठाकुर ! अब पूछे-ताछे से का फायदा ? जात-पाँत पूछें का तो पहले पूछ लेतेव !

बच्चू ठाकुर : हम तुमसे पूछा कि का तुम चमार आव ? बुलती काहे नाहीं ?

जानकी पानी पीकर गिलास और तश्तरी सामने रख देती है।

जानकी : जी हाँ ! भगवान ने मुझे अछूत के घर जन्म दिया है !

सत्तू पंडित : **माधवी से**

अच्छा देवी जी ! रमनरइना के खान-पान की तो सुन लीन ! कहूँ सादी-विवाह की तो बात नाहीं चल रही है ?

माधवी : **कुछ सोचते हुए**

चल भी रही है, नहीं भी चल रही है। इसीलिए हम लोग यहाँ आई हैं।

जाहिद मियाँ : ऐस बात ! ज़रा हमहूँ लोग सुनी अगर हरज न होय !

माधवी : बात बस यह है कि पंडित रामनारायण इस जानकी से प्रेम करते हैं, लेकिन उनका कहना है कि उनके पिता जानकी से उनका विवाह न होने देंगे, सर पटक कर जान दे देंगे ! तो यह विवाह उनके पिता के मर जाने पर ही हो सकता है !

बच्चू ठाकुर : और तब तक तुम कुँआरी रहि हौ ?

जानकी : मैं तो वैसे भी शादी नहीं करना चाहती, लेकिन क्या करूँ, मैं पंडित रामनारायण से इनकार नहीं कर सकती ! उनके कहने से समुद्र में कूद सकती हूँ, आग में जल सकती हूँ ! मैं तो उनकी हूँ, उनकी जोगिन हूँ ! उनकी पुजारिन हूँ ! वह आदमी नहीं, देवता हैं !

सत्तू पंडित : बड़ा देवता बना है सार ! कुल-कलंकी कहूँ का !

जाहिद मियाँ : ई माँ कलंक की कौन बात ? सत्तू पंडित जमाना बदल गवा ! अब ई छुआछूत का ढोंग नाहीं चलैं का !

जानकी की तरफ गौर से देखते हैं।

लड़की तो चौकस है ! कैसे टपर-टपर बतियात है ! ऐसी बहू न मिली सत्तू पंडित !

जानकी : क्या आप ही—आप ही...

सत्तू पंडित : हाँ, हमही आन पंडित सत्यनारायण, रामनारायण के बाप जिनके मरै की राह देख रहे हौ, तुम लोग !

माधवी : क्षमा कीजिएगा पंडित जी ! हम लोग आपके ही यहाँ आई हैं, आपका पैर छूकर मनाने के लिए !

सत्तू पंडित : और तुम लोग समझत हौ कि सत्तू पंडित मान जइहैं ! प्राण छोड़ देब ! हम आहिन ब्राह्मण !

माधवी : और आपका लड़का भी ब्राह्मण है पंडित जी ! तो उन्होंने भी जनेऊ पकड़कर कसम खाई है कि अगर आपने उन्हें जानकी से विवाह करने की इजाजत नहीं दी तो परसों से वे आमरण अनशन शुरू कर देंगे और प्राण त्याग देंगे।

सत्तू पंडित : मरै सार, अधार्मिक कहूँ का ! हमरी जान माँ तो वह वहै दिन मरिगा जौने दिना वह भंगी-चमार के हाथ का बनावा खाना खाइस !

किसमत मुंशी जाहिद मियाँ के कान में कुछ कहकर चले जाते हैं। अन्य लोग उनके जाने पर ध्यान नहीं देते।

बुद्धू साहू : राम ! राम ! ऐसी बात जबान पर न लाओ ! तुम्हारा इकलौता लड़का आय !

जाहिद मियाँ : जानकी से

तुम समझौती काहे नाहीं कि इस तरह की खुराफात में जान देना अकलमन्दी नहीं !

जानकी : सिसकती हुई

मैंने तो उन्हें इतना समझाया, इतना समझाया ! लेकिन वे आदमी हों तो समझें। वह तो देवता हैं, देवता ही नहीं, कोई बहुत बड़े अवतार हैं। अपनी बात पर अड़ गए तो "प्राण जायँ पर बचन न जाहीं !"

सत्तू पंडित : देखेव चुड़ैल का ! कारन करैं चली है ! ई कारन से पिघल जइहैं सत्तू पंडित, अपन धरम छोड़ देहैं, अपन परलोक बिगाड़ लेहैं ! आवै तो सार गाँव माँ, बीच बजार जब हम पचास जूता न लगावन तब की बात !

बच्चू ठाकुर : ई जूता-वूता से काम न चली ! हम तो सोच रहे हन कि आज रात माँ जाय के ओहिके हाथ-पैर तोड़ देई। अपन धरम दीन्हिस तो दीन्हिस, हमरौ धरम लै लीन्हिस !

जाहिद मियाँ : काहे बच्चू ठाकुर, अछूत के हाथ से खाय के धरम चला गा और जो रुपया के डेढ़ सेर गेहूँ बेच के इन्सान की हत्या कर रहे हौ वह बड़ा पुन्न कमाय रहे हौ।

बच्चू ठाकुर : जाहिद मियाँ, हम अपन धरम अच्छी तरह जानित हन, तुम्हें बतावै की कौनो जरूरत नाहीं !

लाठी उठाकर खड़ा होता है।

हम आहिन ठाकुर बच्चूसिंह !

सत्तू पंडित : बच्चू ठाकुर का हाथ पकड़ते हुए

नहीं, नहीं ! ईकी कौनो आवश्यकता नाहीं; हम अकेले रमनरइना के लिए काफी आन !

माधवी : जानकी से

जानकी, अपने ससुर के पैर पकड़कर मनाओ !

जानकी सत्तू पंडित का पैर पकड़ लेती है। सत्तू पंडित बल लगाकर

पैर को झटका देते हैं, जानकी गिर पड़ती है।

सत्तू पंडित : दूर हट चुड़ैल ! राम-राम ! साम के वखत फिर से नहाँय का पड़िगा !

माधवी जानकी को उठाकर बिठलाती है, फिर खुद सत्तू पंडित के पैर पकड़ती है।

माधवी : मैं आपके पैर तब तक न छोड़ूँगी, जब तक आप मान न जाएँगे !

सत्तू पंडित : अरी छोड़-छोड़ ! देख, पण्डिताइन आय रही हैं !

किसमत मुंशी के साथ पण्डिताइन का प्रवेश। 50 वर्ष की मोटी-सी स्त्री, सर खुला हुआ। धोती पहने है।

पंडिताइन : काहे हो बुढ़ऊ ! लड़का के परान लेन पर तुले हौ ! जाहिद मियाँ, मुलुर-मुलुर का देख रहे हौ, हटाओ ई राँड़ का इनके पैरन से !

जाहिद मियाँ और बुद्धू साहू जबरदस्ती माधवी को सत्तू पंडित के पैरों से हटाते हैं।

पंडिताइन : का बात है, ज़रा हमहूँ तो सुनी !

किसमत मुंशी : जानकी की ओर संकेत करते हुए

रामनराइन इनहीं के साथ अपन बिआह किया चाहत हैं !

पंडिताइन बड़े गौर से जानकी को देखती हैं।

पंडिताइन : ई करमुँही के साथ रमनरइना बिआह करी ! का कह्यो, ई जात की चमारी आय ! हे भगवान्-देखौ कैस बनी-ठनी है !

किसमत मुंशी : अरे पण्डिताइन ! चमार तो चमार, रामनरायन तो मेहतर के हाथ का बनावा खाय चुका है।

पंडिताइन : सत्तू पंडित से

देखो ! अब रमनरइना अगर हमरे घर माँ पैर राखिस तो हम ऊकेर पाँव तोड़ देब ! हम तो ऊकेर लच्छन देख के पहिले ही समझ गई रहन। अब उसे हमका कौनो वास्ता नाहीं !

माधवी : लेकिन अगर उन्होंने जानकी से विवाह किया तो उसमें तो आपको कोई शिकायत न होगी ?

पंडिताइन : सिकाइत होय हमरी बलाय का ! हटौ हमरी आँखिन के आगे से !

जानकी : लेकिन पण्डितजी तो कहते हैं कि वे अपनी जान दे देंगे।

पंडिताइन : बड़े जान देंय वाले आए हैं, जैसे इनका कौनो जानत नाहीं ! इनकेर बस चलै तो...**सत्तू पंडित से**

काहे, बड़े गौर से ई राँड़ का **माधवी की तरफ इशारा करके** देख रहे हौ ! चलो, समझौ कि रमनरइना हमेशा के लिए मरिगा !

सत्तू पंडित : ऐसी बात न कहो पंडिताइन ! हमरे कुल माँ कौनो पानी देन वाला अब नाहीं है !

पण्डिताइन : तो फिर बनाओ ई लाड़ली का बहू ! और ई राँड़ का खुद बैठाय लेव !

हाथ पकड़कर सत्तू को घसीटती है।

चलत हौ कि नाहीं ! चमारिन पैर छू लीन्हिस, नहावौ चल के !

विवश भाव से सत्तू पंडित पण्डिताइन के साथ चलते हैं।

पंडिताइन : **चलते-चलते**

रमनरइना से कहि दीन्हेव कि ऊ अब ई घर माँ पैर न राखै। और ऊके बिआह पर परान देय हमरी बलाय ! हम समझ लीन कि वह हमरी कोख से जनमै नाहीं !

सत्तू पंडित और पण्डिताइन का प्रस्थान।

माधवी : चलो, हम लोगों के आने से यह काम तो बन गया।

जानकी : हाँ दीदी ! लेकिन अब रात हो रही है, इस वक्त कहाँ जाएँगे हम लोग ?

माधवी : किसमत राय पटवारी के यहाँ ! कहा न कि वे हमारे देवर लगते हैं। किसमत राय पटवारी का घर कहाँ है ? आप लोग बता सकते हैं ?

किसमत मुंशी : किसमत राय पटवारी तो हम ही आन, लेकिन हमने तुमको कभी नहीं देखा ! तुम ?

माधवी : मैं आपके मामा घिर्राऊ लाल की पतोहू हूँ जिसे उन्होंने विधवा हो जाने के बाद दस साल पहले घर से निकाल दिया था !

किसमत मुंशी : ओह ! झाऊलाल की बीबी ! तुम्हीं हो ! मामा ने तुम्हीं को बदचलनी के लिए निकाला था !

माधवी : बिलकुल झूठ ! उन्होंने मुझे इसलिए निकाला की खाना-कपड़ा न देना पड़े ! पिशाच कहीं का !

बुद्धू साहू : वैसे आप लोग हमारे यहाँ चल सकती हैं। खाने-पीने, ठहरने का पूरा प्रबन्ध है।

बच्चू ठाकुर : अरे यहाँ से जाने की क्या जरूरत ? इतनी बड़ी चौपाल है- यह सामने बड़ी-सी दालान ? अभी खाने-पीने का प्रबन्ध कराए देते हैं !

किसमत मुंशी : **उठते हुए**

आप लोगन का तकलीफ करै की कौनो जरूरत नाहीं ! आखिर आएँ तो ई हमरी नाते-रिश्तेदार ! चलो !

तीनों चलते हैं।

पटाक्षेप

बुझता दीपक

पात्र-परिचय

राधेश्याम शर्मा	:	कांग्रेस कमेटी के सभापति
सुषमा	:	शर्मा जी की प्रेमिका
कृष्णकुमार	:	कांग्रेस एम.एल.ए.
निरंजन	:	शर्मा जी का बहनोई
सुधा	:	शर्मा जी की बहन
उदय	:	शर्मा जी का भाँजा
कमला	:	शर्मा जी की भाँजी
शिवलाल कोटानी	:	एक मिल मालिक
संध्या	:	शिवलाल की पत्नी
मदनमोहन 'मदन'	:	एक कवि
प्रभातकुमार, परमेश्वर	:	मजदूर कार्यकर्त्ता

स्थान : एक प्रमुख नगर

प्रथम दृश्य

परदा उठता है। राधेश्याम शर्मा की बैठक, ज़मीन पर फ़र्श बिछा है। तीन-चार आराम कुर्सियाँ जो काफी पुरानी और थोड़ी-बहुत टूटी-फूटी हैं, इधर-उधर बेतरतीब रखी हैं। दीवार पर महात्मा गांधी तथा अन्य कांग्रेस नेताओं के चित्र लगे हैं। फ़र्श पर गावतकिया के सहारे बैठे राधेश्याम शर्मा अखबार पढ़ रहे हैं। खद्दर की धोती और कुरता पहने हैं, उम्र 40 वर्ष। एकहरे बदन के तथा मझोले कद के आदमी, दाढ़ी-मूँछ साफ, बाल खिंचड़ी, अस्त-व्यस्त तथा बड़े-बड़े। सामने बैठी हुई सुषमा चाय बना रही है। सुषमा प्रायः 45 वर्ष की स्वस्थ और सुडौल स्त्री गोरी-सी, किसी हद तक सुन्दर। छपी हुइ मुर्शिदाबादी सिल्क की सुन्दर साड़ी पहने है। सुषमा के सामने चाय की ट्रे है और वह चाय के प्याले में शक्कर डाल रही है।

सुषमा : कितनी चीनी ?

शर्मा : वही दो चम्मच !

सुषमा : **हँसती है**

वही दो चम्मच, और चाय वैसी ही कड़ी ! तुममें ज़रा भी परिवर्तन नहीं हुआ है राधे !

चाय का प्याला शर्मा की ओर बढ़ाती है।

कोई खास खबर ?

शर्मा : वही हड़तालें, नेताओं के बयान, सरकारों की आलोचनाएँ।

पत्र बन्द करके रख देता है।

एक अजीब तरह की सड़न और दुर्गन्ध ! प्रगति का स्रोत ही मानो रुक गया है सुषमा !

सुषमा : **चाय का प्याला शर्मा को देती है।**

मैं अभी कुछ नहीं कह सकती राधे ! चीजों को देखना पड़ेगा, समझना पड़ेगा ! देखूँ...आज सात वर्ष बाद तुमसे मिली हूँ !

शर्मा : सात वर्ष—सात वर्ष ! सन् 1942 से लेकर सन् 1949 तक सात वर्ष ! और इन सात वर्षों में क्या-का-क्या हो गया ! सारी दुनिया

ही बदल गई ! और तुम तो बेतहाशा बदल गई ! मैं एकाएक तुम्हें पहचान तक न सका !

सुषमा : इतना तो कोई खास नहीं बदली हूँ। न मोटी हुई हूँ, न कुरूप ! हाँ सात वर्ष और मृत्यु के निकट आ गई हूँ।

एक ठंडी साँस भरती है।

शर्मा : नहीं, नहीं सुषमा ! मेरा यह मतलब न था। वैसे मैं कह सकता हूँ कि विदेश के प्रवास से तुम्हारी सुन्दरता और निखर आई है; तुम्हारे मुख पर एक आभा आ गई है, तुम्हारी आँखों में एक चमक आ गई है।

शर्मा चाय का प्याला रख देते हैं।

सुषमा ! हमारा अनुष्ठान पूरा हुआ, हमारा देश स्वतंत्र हो गया है। न जाने कितने दिनों से मैं तुम्हारी प्रतीक्षा कर रहा था !

सुषमा : **मुसकराती है**

और मैं आ गई राधे ! लन्दन और पेरिस के राग-रंग और आमोद-प्रमोद वाला जीवन छोड़कर मैं तुम्हारे प्रति अपने प्रेम से प्रेरित बरबस खिंची चली आई हूँ—नवीन आशा, आकांक्षा और उमंग लिए हुए। लेकिन राधे ! मैं फिर कहती हूँ कि तुममें ज़रा भी परिवर्तन नहीं हुआ। वही पुरानी धजा, वही पुराना मकान !

शर्मा : **सुषमा की बात काटता हुआ**

...सड़ा-गला, टूटा-फूटा और मेरा होते हुए भी महाजन के यहाँ रेहन !

हँसता है

लोग ठीक ही कहते हैं कि सब बदल गया लेकिन पंडित राधेश्याम शर्मा अभी तक नहीं बदले !

गम्भीर हो जाता है।

लेकिन शायद अब मैं भी बदल जाऊँ ! तुम्हें याद है सुषमा, जब हम दोनों साथ-साथ इस राजनीतिक कार्यक्षेत्र में आए थे। उस समय मैं एक प्रतिष्ठित कुल का होनहार युवक था। पिताजी मुझे डिप्टी-कलक्टर बनाना चाहते थे, और पिताजी की इच्छा के विरुद्ध मैं इस महायज्ञ में आहुति देने चला आया था !

सुषमा : अच्छी तरह याद है राधे ! तुममें प्रतिभा थी, तुममें व्यक्तित्व था ! अनुपुर कैम्प में जब तुमने व्याख्यान दिया था तब मैं बरबस तुम्हारी ओर आकृष्ट हो गई थी ! विसुध विभोर-सी मैं तुम्हारी ओर देखती रही, देखती रही !

एक ठंडी साँस भरती है।

राधे ! वह उन्माद, वह तन्मयता ! सदा के लिए मैं उन्हें खो चुकी हूँ।

शर्मा : कोई भी उन्माद चिरस्थायी नहीं होता सुषमा ! नशे को कायम रखने के लिए लगातार नया दौर चाहिए !

हँसता है

चाय का एक नया दौर फिर हो जाए !

सुषमा चाय बनाने लगती है।

हाँ, तो सुषमा ! उन दिनों हम दोनों में मानवीय प्रेम के उन्माद की अपेक्षा देश-प्रेम का उन्माद अधिक प्रबल था। याद है वह दिन जब हम दोनों ने प्रतिज्ञा की थी कि देश की स्वतंत्रता-प्राप्ति के बाद ही हम दोनों विवाह करेंगे।

सुषमा : **चाय बनाती हुई**

और उस प्रतिज्ञा को हम लोगों ने निबाहा !

हँसती है और फिर एकाएक गम्भीर होकर शर्मा की ओर देखती है।

राधे ! एक प्रश्न करूँगी, ठीक-ठीक उत्तर देना !

शर्मा : क्या तुम समझती हो कि मैं तुमसे झूठ बोलूँगा ?

सुषमा : नहीं राधे, मुझसे क्या, तुम किसी से झूठ नहीं बोल सकते ! हाँ, तो मैं पूछना चाहती हूँ कि क्या वास्तव में हमारे देश को स्वतन्त्रता मिली है ? क्या हम विदेशियों की गुलामी से निकलकर धन के पिशाच की गुलामी में नहीं फँस गए ?

शर्मा : क्या तुम भी...तुम भी सुषमा...

सुषमा : **हँसती है**

नहीं, मैं कम्युनिस्ट या सोशलिस्ट नहीं हूँ ! लेकिन राधे, मैं तुमसे पूछती हूँ कि तुम आज कहाँ हो ? आज चरित्रवान और ईमानदार आदमी का राजनीति में क्या स्थान है ? तुम्हारे ऐसा योग्य और निस्पृह और कल्याणकारिणी प्रवृत्तियों वाला आदमी एसेम्बली का सदस्य भी न बन सका, मिनिस्टर या पार्लियामेंटरी सेक्रेटरी बनना तो दूर रहा ! मैं आज तुम्हारी ओर देखती हूँ और मुझे तुम पर दया आती है। यह छोटा-सा सड़ा-गला मकान, यह टूटा-फूटा फर्नीचर, ये साधारण वस्त्र। तुम पैदल चलते हो, एक समय भोजन करते हो। और वे, न जिनके पास चरित्र था, न योग्यता थी, आज महलों में रहते हैं, हवाई जहाजों पर सफर करते हैं !

शर्मा : इस अप्रिय प्रसंग को बन्द करो सुषमा !

सुषमा : नहीं राधे ! बात अप्रिय भले ही हो पर सत्य अवश्य है ! तुमने

इतना त्याग किया, बलिदान किया। जब मैं हिन्दुस्तान के लिए रवाना हुई थी तब मैंने कल्पना की थी कि मेरे राधे अपने प्रान्त के मिनिस्टर या पार्लियामेंटरी सेक्रेटरी होंगे। उनके पास एक अच्छा बँगला होगा, एक शानदार कार होगी। लेकिन यहाँ पर आकर मैंने देखा गरीबी और अभावों से घिरे हुए राधे को। तुमसे पूछती हूँ कि तुम्हारे त्याग और बलिदान का पुरस्कार तुम्हें क्या मिला ?

शर्मा : यही तो विडम्बना है सुषमा ! हरेक आदमी पुरस्कार चाहता है, और आज हम पुरस्कार के रूप में सुख, सम्पत्ति तथा वैभव की कामना करने लगे हैं। पर हमारा देश अभी इतना सम्पन्न तो नहीं है कि हरेक त्याग और बलिदान करने वाले आदमी को वह सुख-सम्पत्ति के रूप में उसका पुरस्कार दे सके। इस गरीब देश को सम्पन्न बनने में अभी बहुत समय लगेगा ! देश के स्वतंत्रता संग्राम में लोगों ने जितना त्याग और बलिदान किया, आज पशुता और दानवता के विरुद्ध संग्राम में उससे कहीं अधिक त्याग और बलिदान की आवश्यकता है।

सुषमा : मैं तुम्हारी भावना समझती हूँ राधे, तुम्हारा तर्क स्वीकार करती हूँ। लेकिन क्या वे दूसरे, जिसके हाथ में शक्ति है, जो देश के भाग्य का निर्माण कर रहे हैं, उनमें यह त्याग और बलिदान की भावना मौजूद है ?

सुषमा कहते-कहते रुक जाती है और दरवाजे की ओर देखती है।

कोई आया है ! चले आइए, शर्मा जी मौजूद हैं। अरे आप कृष्णकुमार जी ! नमस्कार !

कृष्णकुमार का प्रवेश। हृष्ट-पृष्ट गोरे-से और दुहरे बदन के लम्बे-से आदमी। रेशम का कुरता तथा महीन खादी की धोती पहने है। कुरते के ऊपर रेशमी जवाहर जैकट है। रेशम की गांधी टोपी लगाए हैं। मूँछ घनी, लम्बी और ऐंठी हुई। अवस्था लगभग 48 वर्ष।

कृष्णकुमार : आप सुषमा देवी—मेरी आँखें धोखा तो नहीं खा रहीं ? आप कब आईं ? क्या यहाँ ठहरी हैं ?

एक अजीब ढंग से कमरे के चारों ओर निगाह दौड़ाता है।

शर्मा : नहीं कृष्णकुमार, इस टूटे-फूटे मकान में भला मैं कैसे इन्हें ठहरने को कहता ? यह रीजेन्ट होटल में ठहरी है—क्यों सुषमा—रीजेन्ट होटल कहा न !

कृष्णकुमार : भला होटल में ठहरने की क्या जरूरत थी। मेरा इतना बड़ा बँगला है—हर तरह का आराम ! इसके अलावा मेरी कार आपकी सेवा में !

सुषमा : बहुत-बहुत धन्यवाद कृष्णकुमार जी; लेकिन मैं होटलों में रहने की आदी हूँ; और मेरा यह अनुभव है कि दूसरों के घर की अपेक्षा होटल में अधिक आराम मिलता है। बैठिए न ! एक प्याला चाय आपके लिए भी बनाऊँ ?

कृष्णकुमार : **बैठता हुआ**

वैसे चाय पीने की ऐसी कोई इच्छा तो न थी, लेकिन सुषमा देवी के हाथ की बनाई चाय से इनकार न कर सकूँगा, यद्यपि वे भले ही सम्पूर्ण घर को पराया घर समझें।

सुषमा मौन चाय बनाने लगती है। अपनी बात के उत्तर की कुछ देर प्रतीक्षा करके कृष्णकुमार शर्मा की ओर घूरता है।

कृष्णकुमार : क्यों राधे ! क्या कलक्टर ने तुमसे फोन पर पूछा था कि शिवसेवक और कालीप्रसाद के मामलों को वे पुलिस के सुपुर्द करें या न करें ?

शर्मा : हाँ, पूछा था। पहले तो मैंने उनसे कहा था कि वे हमारे नगर के एम.एल.ए. श्री कृष्णकुमारजी से इस सम्बन्ध में बात कर लें, इस पर उसने कहा कि इस मामले को दबाने का ज़ोर उसी ओर से पड़ रहा है। उसने नगर कांग्रेस कमेटी के सभापति की हैसियत से मेरी राय चाही। इस पर मुझे कहना पड़ा कि जहाँ तक अपराध का प्रश्न है, वह पुलिस का मामला है, नगर कांग्रेस कमेटी को उसमें कोई हस्तक्षेप नहीं करना है !

कृष्णकुमार : राधे ! शिवसेवक और कालीप्रसाद कांग्रेस कार्यकर्त्ता हैं ! हम लोग तो समझते हैं कि इनका मामला नगर कांग्रेस कमेटी के सामने आना चाहिए था। इस मामले पर नगर कांग्रेस कमेटी या प्रान्तीय कांग्रेस कमेटी अनुशासन की कार्रवाई करती !

शर्मा : कृष्णकुमार ! चोरबाजारी और रिश्वतखोरी इतने भयानक अपराध हैं कि वे हमारे समाज को नष्ट कर देंगे। ये दुर्गुण महज अनुशासन की कार्रवाई से नहीं दूर किए जा सकते !

कृष्णकुमार : लेकिन राधे ! इन कांग्रेसमैनों पर चोरबाजारी का मुकदमा चलाने से कांग्रेस की बहुत बड़ी बदनामी होगी। इन लोगों पर से यह मुकदमा उठाना ही पड़ेगा ! मैं इस सम्बन्ध में गृहमंत्री से मिलने जा रहा हूँ।

शर्मा : गृहमंत्री से तुम्हारा मिलना बेकार होगा। वे मुझसे इस सम्बन्ध में बात कर चुके हैं, और मुझसे सहमत हैं !

कृष्णकुमार : मैं तुमसे प्रार्थना करने आया हूँ राधे, कि तुम इस मामले को उठा लेने पर जोर दो !

शर्मा : मुझे दुःख है कृष्णकुमार ! मेरा कर्तव्य है न्याय करना, बिना किसी भेद-भाव के।

कृष्णकुमार : राधे ! न्याय करके हम न अपनी पार्टी को सम्हाल सकेंगे और न सरकार को सम्हाल सकेंगे।

शर्मा : जो अन्याय पर स्थित है, मैं उसके विनाश में कल्याण देखता हूँ।

कृष्णकुमार : अच्छी तरह सोच-समझ लो राधे, आज तुम जिस बात पर अड़ रहे हो उससे विनाश अवश्यम्भावी है !

शर्मा : सोच-समझ लिया है कृष्णकुमार ! इसी विनाश में निर्माण के तत्त्व हैं !

कृष्णकुमार : तो फिर अपने ही विनाश के लिए तैयार हो जाओ, राधेश्याम शर्मा ! तुम जानते हो कि पार्टी में कुछ लोग तुम्हारे खिलाफ अविश्वास का प्रस्ताव लाने की बात चला रहे हैं !

शर्मा : जो कुछ होता है उसकी खबर तो मुझे मिलती ही रहती है कृष्णकुमार ! लेकिन मुझे पद से कभी भी मोह नहीं रहा है—यह तुम अच्छी तरह जानते हो !

सुषमा : इसीलिए तुम आवश्यकता से अधिक हठी और जिद्दी हो गए हो राधे ! जीवन में सफल वही हो सकता है जो अपने को परिस्थितियों के अनुकूल बना ले।

शर्मा : **हँसता है**

अपने को परिस्थितियों के अनुकूल बनाने के अर्थ होते हैं पशुता और हिंसा की लहरों में बह जाना ! बापू के हम उपासक बापू के सन्देश को इतनी जल्दी भूले कैसे जा रहे हैं ? परिस्थिति का निर्माण करने वाले हम लोग हैं, परिस्थिति जिसका निर्माण करती है वह कर्त्ता नहीं है, वह विवश है, अपाहिज है !

सुषमा : हरेक आदमी महात्मा गांधी नहीं है राधे ! मैं तुमसे पूछती हूँ कि आज कांग्रेस में कितने आदमियों के पास सत्य है ? कितने आदमियों के पास अहिंसा है ?

शर्मा : हरेक आदमी के पास सत्य है, हरेक आदमी के पास अहिंसा है सुषमा ! जो हरेक आदमी के पास नहीं है वह है आत्मिक बल, संयम और उचित पथ-प्रदर्शन !

कृष्णकुमार : **खड़ा हो जाता है**

राधे, मैं तुमसे बहस करने नहीं आया हूँ मैं एक भयानक संकट का निदान पाने आया हूँ।

शर्मा : मेरे पास कोई निदान नहीं है—मुझे दुःख है ?

शर्मा जी भी उ खड़े होते हैं।

कृष्णकुमार : तो फिर मुझे दोष न देना यदि तुम पर अविश्वास का प्रस्ताव मुझे ही पेश करना पड़े ! मैं तुम्हें आगाह कर चुका हूँ !

शर्मा : आगाह करने के लिए धन्यवाद ! और इतनी बातचीत के बाद तो अविश्वास का प्रस्ताव पेश करना तुम्हारा धर्म हो जाता है ! नमस्कार !

कृष्णकुमार का तेजी से बिना नमस्कार किए हुए प्रस्थान।

शर्मा : देखा सुषमा ! आज की दुनिया कितनी बदल गई है ! कृष्णकुमार मुझ पर अविश्वास का प्रस्ताव पेश कर रहा है।

हँसता है।

सुषमा उठ खड़ी होती है।

सुषमा : **खिन्नमना**

अब मैं भी चलूँगी राधे, बड़ी देर हो गई !

ठंडी साँस भरती है।

फिर कभी आऊँगी !

शर्मा : क्यों ? यह एकाएक उदास कैसे हो गईं ?

सुषमा : राधे ! जिस कल्पना को लेकर मैं आई थी वह नष्ट हो गई, जो सपना मैंने बनाया था वह टूट गया। बहुत सम्भव है तुम सही रास्ते पर हो, पर वह रास्ता बहुत कठोर है !

शर्मा : यह तुम्हें क्या हो गया है सुषमा ? आज तुममें यह कमजोरी क्यों दिखलाई देती है ?

सुषमा : कमज़ोरी—राधे !

हँसती है

साधना, त्याग, बलिदान ! जीवन के ये आवश्यक भाग अवश्य हैं, लेकिन इन्हीं को समस्त जीवन मान लेने से मैं इनकार करती हूँ। सुख, सम्पत्ति, वैभव ! दुनिया में सभी कुछ तो है—मैं इनके प्रति जबरदस्ती अपनी आँखें कैसे बन्द कर लूँ ?

आश्चर्यचकित शर्मा कुछ देर तक सुषमा को देखते रहते हैं फिर उनके चेहरे पर एक करुण मुसकराहट आती है।

शर्मा : शायद तुम ठीक कहती हो ! यही भावना उन अनगिनत आदमियों में काम कर रही है जो एक समय त्यागी थे, लेकिन जो आज सुख और वैभव के मोह में अपने को बुरी तरह खो चुके हैं ! सुषमा, मैं तुम्हें कुछ न दे सकूँगा ! मान, पद, धन, जीवन की अन्य सुविधाएँ यह सब जब सम्पूर्ण जीवन में ही नहीं हैं तब मैं इन्हें कैसे तुमको दे सकूँगा ! जाओ !

सुषमा : राधे ! मुझे गलत समझकर तुम प्रकृति के विधान को ही गलत

समझने की भूल कर रहे हो !

चलने लगती है।

शर्मा : **मुसकराता हुआ**

नहीं सुषमा ! मैं बिलकुल ठीक समझ रहा हूँ। मान, पद, शक्ति, सुविधा—यह प्रकृति का विधान भले ही न हो पर यह आज का विधान तो है ही !

शर्मा जिधर सुषमा जाती है एकटक उधर देखते रहते हैं।

दूसरा दृश्य

परदा उठता है। शिवलाल कोटानी का ड्राइंग-रूम। कमरा कीमती फर्नीचर से भली-भाँति सजा है। एक कुर्सी पर बैठे हुए शर्मा जी एक सचित्र पत्रिका के पन्ने उलट रहे हैं, टोपी सामने वाली गोल मेज़ पर रखी है। शिवलाल कोटानी का प्रवेश। शिवलाल कोटानी दोहरे बदन के तथा मझोले कद के आदमी हैं। माथे पर तिलक लगा है। मूँछ छोटी-छोटी और अच्छी तरह छँटी हुई। बन्द गले का सफेद कोट और महीन धोती पहने हैं। सर पर कश्मीरी टोपी है। अवस्था प्रायः पैंतीस वर्ष। शिवलाल कोटानी के मुख पर मुसकराहट है।

शिवलाल : ओ हो ! शर्मा जी हैं—प्रणाम। बहुत दिनों बाद आपके दर्शन का सौभाग्य प्राप्त हुआ।

शर्मा जी : नमस्कार कोटानी जी। क्या बतलाऊँ, आप तो जानते ही हैं हम लोगों का जीवन कितना व्यस्त है, दम मारने की फुरसत नहीं। कभी कोई मीटिंग, कभी कोई कमेटी, कभी कोई सभा ! यह राजनीति तो बिल्कुल बला है !

शिवलाल : आपके लिए या दूसरों के लिए ?

हँसता है

शर्मा जी ! आपके हाथ में शक्ति है और शक्ति वास्तव में बला होती है। दूसरों को बनाना-मिटाना आपके हाथ में है। नगर कांग्रेस कमेटी का सभापति बावजूद अपनी तमाम ताकतों के यह रोना रोए ?

शिवलाल बैठ जाता है।

शर्मा : बनाना-मिटाना !

एक व्यंग्य-हँसी हँसता है।

कोटानी जी, कौन बनाता है, कौन मिटाता है ? काश हम इतना ही जान सकते ! बनाने-मिटाने वाला कोई दूसरा ही है ! हम लोग तो केवल साधन भर हैं—और साधन भी स्वयं अपने में विवश—और अधिकांश में...खैर जाने दीजिए।

शिवलाल : नहीं शर्मा जी, यह जाने देने की बात नहीं है। आप तो अपने जीवन में इतने सफल हैं। हर जगह आप आदर के पात्र हैं, सब लोग आपको मानते हैं। फिर आपमें इतनी निराशा क्यों ? आपमें इतनी कटुता कैसे आ गई ? ताज्जुब है !

शर्मा : ताज्जुब आपको ही नहीं, ताज्जुब मुझे भी है !

मुसकराने का विफल प्रयत्न करता है।

मैं आदर का पात्र हूँ। सब जगह मेरा मान होता है, सब लोग मुझे शक्तिशाली समझते हैं। लेकिन शिवलाल जी ! एक अजीब तरह का सूनापन मैं इन दिनों अनुभव करने लग गया हूँ। निराशा की एक धुँधली छाया मेरे आगे घिर आती है। मेरी इतनी उम्र हो गई, लेकिन मैंने कौन-सा ठोस काम किया है ? मैं कहाँ हूँ ? एक साधारण श्रेणी का आदमी, अभावों से घिरा हुआ !

शिवलाल : लेकिन अपने अभाव तो आसानी से दूर कर सकते हैं ! मैंने आपके समाने एक नहीं, अनेकों प्रस्ताव रखे।

शर्मा : और मैंने आपके वे सब प्रस्ताव ठुकरा दिए—यही कहना चाहते हैं आप ? नहीं शिवलाल जी, अपने अभावों को दूर करने के लिए जो कीमत मुझे अदा करनी पड़ेगी, उसे देने को मैं तैयार नहीं।

संध्या कोटानी और मदनमोहन 'मदन' का प्रवेश। संध्या कोटानी प्रायः 30 वर्ष की सुन्दर स्त्री है, कुछ स्थूल, पाउडर और पेन्ट से अच्छी तरह सजी हुई। माथे पर लाल बिन्दी है। कीमती चौड़े बार्डर वाली रेशमी साड़ी पहने है। मदनमोहन 'मदन' प्रायः 26-27 वर्ष का युवक छरहरे बदन का, लम्बा-सा। बाल बड़े-बड़े और घुँधराले। रेशमी कुरता और चूड़ीदार पाजामा पहने है। नंगे सर, हाथ में चमड़े का बैग है।

संध्या : हलो अंकल, प्रणाम। मुझे क्या पता था कि आप बैठे हैं, नहीं तो मदन जी की सुन्दर कविताएँ सुनने आपको भी बुला लेती।

शर्मा : आशीर्वाद संध्या रानी !

मदन जी को गौर से देखता है।

अच्छा, तो आप ही मदन जी हैं। कवि हैं—दिखते भी हैं। आप शायद यहाँ के रहने वाले नहीं हैं।

मदन : जी, मेरा जन्म तो काशी में हुआ है। वैसे मैं कहाँ का रहने वाला

हूँ, यह मैं स्वयं नहीं बतला सकता। कवि तो समस्त देश, समस्त विश्व का हुआ करता है। वह एक सर्वव्यापी मानव है—देश-काल की सीमा से परे।

संध्या : सुना ! बड़े सुन्दर कवि हैं यह मदन जी !

शिवलाल : इसमें क्या शक है ! सिल्क का कुरता, घुँघराले बाल, छरहरे बदन के नौजवान आदमी ! क्यों शर्मा जी—मदन जी को असुन्दर कौन कह सकता है ? बैठिए कवि जी !

संध्या : आपको तो हर वक्त मजाक सूझा करता है ! ज़रा मदन जी की कविताएँ सुनिए तो आपकी आँखों में आँसू आ जाएँ।

शिवलाल : ना रानी जी ! रोना स्त्रियों को ही शोभा देता है।

मदन शर्मा की बगल वाली कुरसी पर बैठ जाता है। संध्या शिवलाल कोटानी की बगल में बैठती है।

संध्या : आज आप बड़े गम्भीर हैं अंकल ! इन्होंने फिर आपके सामने कोई प्रस्ताव रखा होगा। आप इनके चक्कर में न पड़िएगा, आप इन सबसे कहीं महान् हैं, उदार हैं।

शर्मा : धन्यवाद संध्या रानी तुम्हारी इस सलाह के लिए ! तुम्हीं लोगों के प्रोत्साहन के बल पर अभी तक मैं स्थित हूँ। नहीं तो मैं न जाने कब का गिर गया होता !

संध्या : **शिवलाल से**

दोपहर को प्रकाशचन्द्र जी का फोन आया था। एक आवश्यक कैबिनेट-मीटिंग की एकाएक खबर पाकर उन्हें चला जाना पड़ा। आज न आ सकने के लिए उन्होंने आप से बहुत-बहुत माफी माँगी है।

शिवलाल : यह तो बुरा हुआ। स्ट्राइक की नोटिस आज रात को खत्म होती है, मुझे आज ही फैसला करना होगा ! प्रभातकुमार और परमेश्वर के आने का समय हो रहा है। अब क्या होगा ?

संध्या : होगा क्या ? मिल आपकी है और मिल के सम्बन्ध में निर्णय करना आपके हाथ में है। आप इन लोगों से अपनी बातें साफ-साफ कह दीजिए, बिना किसी हिचक के, बिना किसी भय के। जो माँगें उचित हैं उन्हें आप स्वीकार कर लीजिए, जो अनुचित हैं उनसे आप इनकार कर दीजिए।

शर्मा : लेकिन क्या उचित है और क्या अनुचित है, इसकी कसौटी क्या है संध्या रानी ? और फिर उचित-अनुचित का निर्णय कौन करेगा ?

संध्या : क्या बुद्धि और तर्क इस दुनिया से उठ गए अंकल ? न्याय और

अधिकार एकतरफा तो नहीं होते ? उनका दूसरा पहलू भी होता है।

शर्मा : यही तो सबसे बड़ी विडम्बना है संध्या रानी ! इन्सान अपने स्वार्थ, अपने हित की ही नज़र से चीजों को देखता है, समझता है और तर्क करता है। यह बात दूसरों पर जितनी लागू होती है उससे कहीं ज्यादा आपलोगों पर लागू होती है क्योंकि आप लोग समर्थ हैं और यह निर्विवाद है।

शिवलाल : मदन मोहन से

आपकी कविताओं को सुनने के मूड में नहीं हूँ आज कवि जी ! मेरी हालत तो आप देख ही रहे हैं, स्वप्न लोक की दुनिया के बहुत नीचे वाले वस्तु-जगत के दलदल में फँस गया हूँ, जहाँ सारी चौकड़ी भूल जाती है। तो वह कविताओं की पुस्तक तो आप अपने साथ लाए ही होंगे।

मदनमोहन अपने बैग से कविताओं का संग्रह निकालता है।

मदन : जी हाँ, यह है ! श्रीमती संध्या रानी को मैं करीब-करीब अपनी सब कविताएँ सुना चुका हूँ।

संध्या : बड़ी सुन्दर कविताएँ ! तबीयत होती थी कि उन्हें सुनती रहूँ—लगातार सुनती रहूँ ! आप अगर इन कविताओं को सुनें तो सब-कुछ भूल जाएँ !

शिवलाल : ना रानी जी, मैं इस समय अपने को ज़रा भी भूलना नहीं चाहता। तो कवि जी—इस पुस्तक की छपाई में कितना खर्च होगा ?

मदन : जिस तरह की पुस्तक मैं छापना चाहता हूँ उसमें करीब आठ सौ रुपए कागज़ और छपाई में लग जाएँगे। समर्पण के लिए मैंने श्रीमती संध्या रानी का यह तिरंगा चित्र चुन लिया है।

मदनमोहन अपने बैग में से संध्या का तिरंगा चित्र निकालकर शिवलाल कोटानी को देता है। शिवलाल के मुख पर आत्म-संतुष्टि की एक हलकी-सी मुसकान आती है। चित्र को उलट-पुलटकर देखता है।

शिवलाल : यह चित्र अच्छे-से-अच्छा छपना चाहिए, अगर यहाँ न ठीक हो तो कलकत्ता या बम्बई से ब्लाक बनवाकर वहीं छपवा लो, करीब तीन-चार सौ खर्च होगा।

संध्या : हाँ, यह ठीक कहा। और इतनी सुन्दर पुस्तक की जिल्द भी सुन्दर होनी चाहिए, रेशमी कपड़े की। मेरा ख़याल है चित्र में और जिल्द में करीब सात सौ रुपए लगेंगे। आप इन्हें पन्द्रह सौ रुपए का चेक दे दीजिए, क्यों मदन जी ! चेक-बुक मैं साथ लेती आई हूँ।

शिवलाल : पन्द्रह सौ ?—लेकिन किताब बिकेगी भी तो ?

संध्या : खर्च तो बिकने के पहले होगा। फिर मदनजी की सहायता भी तो करनी है।

शिवलाल : अच्छा-अच्छा, पन्द्रह सौ सही।

शिवलाल चेक लिखता है

यह लीजिए, और अब आप मुझे क्षमा कीजिए कवि जी—मुझे शर्माजी से कुछ बहुत जरूरी बातें करनी हैं !

मदन : हाँ-हाँ कोटानी जी ! काम की बात पहले !

प्रफुल्ल-बदन उठ खड़ा होता है।

बहुत-बहुत धन्यवाद ! पन्द्रह दिन के अन्दर किताब तैयार हो जाएगी ! प्रणाम ! प्रणाम ! प्रणाम !

मदनमोहन का प्रस्थान।

शिवलाल : देखा आपने शर्मा जी ! साहित्य, कला, धर्म—इन सबों के लिए अधिक-से-अधिक करता हूँ। हमी लोगों के कारण देश में कला, साहित्य, धर्म का अस्तित्व है; और आज देशवाले हमें मिटाना चाहते हैं। हमारे मिटने के अर्थ होंगे देश से साहित्य, कला, धर्म, का लोप हो जाना।

हँसता है

आप अच्छी तरह जानते हैं कि कांग्रेस के चन्दे में मैं कभी पीछे नहीं रहा। इस वर्ष मैंने करीब पचास हज़ार रुपया दान में दिया है।

शर्मा : जी हाँ, दान आपका धर्म है, दान आपकी मुक्ति है। बड़े-से-बड़े पाप को काटने की दान एक महौषधि है !

मुसकराता है

शिवलाल जी, इस नगर के कुछ लोगों का अनुमान है कि कपड़े पर से कंट्रोल हटने के बाद आपने अकेले काले बाजार से करीब दस लाख रुपया पैदा किया।

शिवलाल : मुसकराता है

रकम की बात में थोड़ी-बहुत अतिशयोक्ति है, लेकिन काले बाजार वाली बात सरासर झूठ है। जब कंट्रोल नहीं तब काला बाजार कैसा ? हाँ, इस वर्ष लोगों ने कपड़े के धंधे में काफी अच्छा मुनाफा किया है। मैंने वह मुनाफा अन्य व्यापारियों को न देकर खुद किया है। लेकिन इन इनकम टैक्स और सुपर टैक्स वालों से जान बचने पावे !

संध्या : अंकल, आज आप खाना यहीं खाएँगे ! प्रभातकुमार जी और

परमेश्वर जी भी यहीं खाना खा रहे हैं !

शर्मा : मुझे दुःख है संध्या रानी कि मैं भोजन न कर सकूँगा। मैं आजकल केवल एक समय भोजन किया करता हूँ।

शिवलाल : इनसे कुछ कहना बेकार है संध्या ! मेरे पिता के घनिष्ट मित्र—मेरे पिता के तुल्य, ये आज हम लोगों से कितनी दूर हट गए हैं ! अजीब समय आ गया है कि अपने भी पराये हो गए !

शर्मा : अपना और पराया—पराया और अपना ! शिवलाल जी, दुनिया की सारी मुसीबत इस अपने-पराये में है। अपना वहाँ होता है जहाँ पराया होता है ! खैर छोड़िए भी ! हाँ, तो आपने अभी तक मुझसे अपनी बात नहीं कही।

शिवलाल : शर्मा जी, आपसे बात करते भी मुझे डर लगता है !

शर्मा : भय वहीं होना चाहिए जहाँ अन्याय हो, अनौचित्य हो। शिवलाल जी, आप इतने समझदार हैं कि आप मुझसे इस प्रकार की कोई बात नहीं कहेंगे।

शिवलाल : मुझे केवल इतना ही कहना है कि यह हड़ताल न होनी चाहिए। आप जानते ही हैं कि यूनियन की माँगें अनुचित हैं !

शर्मा : हाँ, जहाँ तक मैं समझता हूँ, माँगें अनुचित नहीं हैं। लेकिन इस हड़ताल को रोक सकना तो मेरे हाथ में नहीं है—यह मामला आपके और यूनियन लीडर्स के बीच का है। आप दोनों के अलावा सरकार भी इस मामले में पड़ सकती है। लेकिन नगर कांग्रेस कमेटी से इस हड़ताल का कोई सम्बन्ध नहीं है शिवलाल जी !

शिवलाल : श्रम-मंत्री श्री प्रकाशचन्द्र जी भी नहीं आए, नहीं तो मैं इस मामले को सरकार के हाथ में सौंप देता। अब आपका ही सहारा है शर्माजी, प्रभातकुमार और परमेश्वर—इन दोनों नेताओं को आपने ही आगे बढ़ाया है !

शर्मा : तो फिर अपने भ्रम में मैं अकेला नहीं हूँ शिवलाल जी, आप भी समझते हैं कि समाज में दो विध्वंसक और अकल्याणकारिणी शक्तियों को उत्पन्न करने के पाप का भागी मैं हूँ। और वे शक्तियाँ मेरे नियंत्रण से बाहर हो गई हैं। प्रभातकुमार सोशलिस्ट हो गया है और परमेश्वर कांग्रेस में मेरी विरोधी पार्टी का प्रमुख सदस्य है।

शर्मा एकाएक झटके के साथ उठ खड़े होते हैं और उनके मुख पर निराशा-जनित उत्तेजना आ जाती है।

मैं कुछ नहीं कर सकूँगा शिवलाल जी। नहीं, कहना यह उचित होगा कि मुझसे कुछ न हो सकेगा। सत्य निर्बल हो चुका है,

सद्भावना मर चुकी है। शक्ति मेरे हाथ से निकलकर प्रभातकुमार और परमेश्वर के हाथ में चली गई है !

शर्मा दरवाजे की ओर बढ़ते हैं। शिवलाल शर्मा का हाथ पकड़कर रोकता है और कुरसी पर बिठलाता है।

शिवलाल : बैठिए शर्मा जी ! इस तरह निराश होने से तो काम न चलेगा। आप यह क्यों भूले जाते हैं कि नगर कांग्रेस कमेटी के सभापति आप हैं। आप एसेम्बली के भी सदस्य बन सकते थे, लेकिन अपनी उदारता से प्रेरित होकर आपने ही अपना नाम वापस लेकर श्री कृष्णकुमार जी को भिजवा दिया !

शर्मा : कृष्णकुमार ! एक तीसरी अकल्याणकारिणी और विध्वंसक शक्ति। हाँ, कृष्णकुमार को भी मैंने ही आगे बढ़ाया, मैंने !

प्रभातकुमार और परमेश्वर का प्रवेश। प्रभातकुमार खादी का पतलून तथा कमीज पहने है, सर पर गांधी कैप। परमेश्वर खादी का कुरता और पायजामा पहने हैं। दोनों की अवस्था करीब 30-35 वर्ष के बीच है। शिवलाल उठकर दोनों का स्वागत करता है।

शिवलाल : आइए प्रभातकुमार जी, आइए परमेश्वर जी ! मैं तो आप लोगों की न जाने कितनी देर से प्रतीक्षा कर रहा था ! शर्मा जी न जाने कितनी देर से बैठे हैं !

परमेश्वर/प्रभातकु. : नमस्कार शर्माजी !

परमेश्वर : हम लोगों के आने में ज़रा देर हो गई। यूनियन की मीटिंग में शर्तें तय करनी थीं, काफी गरमागरमी रही।

प्रभातकुमार : श्रममंत्री माननीय श्री प्रकाशचन्द्र के आने की भी तो बात थी—वे नहीं आए ?

शिवलाल : उनका आना तो तय था, लेकिन मंत्रिमंडल की एक आवश्यक बैठक में उन्हें चले जाना पड़ा।

परमेश्वर : **हँसता है**

जाना नहीं पड़ गया, यहाँ आना वे टाल गए। शिवलाल जी, न्याय का गला घोंटने की हिम्मत बहुत कम आदमियों में होती है।

प्रभातकुमार : शिवलाल जी, क्या हम लोग आपस में किसी निर्णय पर नहीं पहुँच सकते जो दूसरों को और खासतौर से सरकार को बीच में डाला जाए ? यूनियन ने हम दोनों को, हम लोग जैसा भी चाहें, समझौता करने का अधिकार दे दिया है, और इस समझौते से यूनियन बाध्य होगी।

शर्मा : यूनियन तो आप दोनों सज्जन हैं और मैं समझता हूँ कि सद्भावनायुक्त आपसी समझौता जोर-दबाव से कहीं अधिक

श्रेयस्कर है !

शिवलाल : शर्मा जी, इस सद्भावना की कमी के कारण ही तो मध्यस्थ की आवश्यकता पड़ती है। आप लोग क्या इस मामले को शर्मा जी के निर्णय पर नहीं छोड़ सकते ?

प्रभातकुमार : शर्मा जी तो हम लोगों के पूज्य हैं, भला हम लोग शर्मा जी की बात कैसे टाल सकते हैं ? शिवलाल जी, आपने शर्मा जी को सारी स्थिति समझा दी होगी ?

शर्मा : नहीं प्रभातकुमार, शिवलाल जी ने मुझे स्थिति नहीं बतलाई। लेकिन मैं स्थिति समझे हुए हूँ। तुम लोगों से स्थिति को समझना मैं बेकार समझता हूँ।

परमेश्वर : यही आपकी जिद, आपकी सबसे बड़ी कमज़ोरी है शर्माजी !

शर्मा : **हँसता है**

क्या करूँ परमेश्वर, अपनी आदत से मैं मज़बूर हूँ। बनकर बिगड़ना जितना आसान है, बिगड़ कर बनना उतना ही कठिन है। तो मुझे यह कहना है कि विनाश से इस समय काम न चलेगा, हमें इस समय निर्माण की सबसे बड़ी आवश्यकता है ! हड़ताल विनाश का अस्त्र है।

परमेश्वर : लेकिन निर्माण कहाँ है शर्मा जी ? आप जिस सद्भावना की दुहाई देते हैं, वह है कहाँ ?

शर्मा : वह हरेक के हृदय में है, निर्बल, घुटी हुई, मृतप्राय ! उसे जीवित करना है, उसे जागृत करना है, उसे नवीन जीवन प्रदान करना है। यह हड़ताल नहीं होनी चाहिए !

प्रभातकुमार : शर्मा जी ! क्या यह आपका आदेश है ?

शर्मा : प्रभातकुमार, मैं आदेश देने का अधिकारी नहीं।

परमेश्वर : आप अपने अधिकार को पहचानते नहीं शर्मा जी और न पहचान सकने के कारण आप उसकी रक्षा नहीं कर सकते। फलस्वरूप आप अपने उस अधिकार का उचित उपयोग नहीं कर सकते।

शिवलाल : और उचित उपभोग भी नहीं कर सकते !

हँसता है।

शर्मा : तुम शायद ठीक कहते हो परमेश्वर ! मैं भी कभी-कभी यह अनुभव करने लगता हूँ। लेकिन फिर ऐसा लगने लगता है कि अगर इस बात में कोई सत्य है तो वह अपूर्ण है, अधूरा है।

एक ठंडी साँस भरता है।

खैर छोड़ो भी इस बात को। हम लोग यहाँ पर इस हड़ताल पर बात करने को एकत्रित हुए हैं। तुम दोनों—तुम दोनों पर मेरा कभी

कुछ अधिकार रहा है, और मैं तुम दोनों से प्रार्थना करता हूँ...

प्रभातकुमार : प्रार्थना नहीं, आज्ञा दीजिए, शर्मा जी ! जहाँ अधिकार है वहाँ प्रार्थना नहीं की जाती ! क्यों परमेश्वर ?

परमेश्वर : बिलकुल ठीक ! और मैं भी समझता हूँ कि इस हड़ताल से कोई विशेष लाभ न होगा, हम लोग आपस में समझौता कर लें। सिर्फ कोटानी जी ने जो लम्बा मुनाफा किया है अकेले डकार जाने की कोशिश न करें। क्यों शर्मा जी ?

शर्मा : यह भी आपस के समझौते की ही बात है ! जहाँ तक मेरा सवाल है, अब मैं चलूँगा। कोटानी जी, आपका काम पूरा हो गया, अब आप आज्ञा दीजिए।

शिवलाल : आप मेरे कहने से क्यों रुकेंगे, जब आप संध्या से इनकार कर चुके हैं।

संध्या : आइए अंकल, मैं आपको कार तक पहुँचा दूँ !

प्रभातकु./परमेश्वर : नमस्कार शर्मा जी !

शर्मा : नमस्कार !

संध्या के साथ शर्मा जी चलते हैं।

प्रभातकुमार : **दबे स्वर में**

मैं मान गया कोटानी जी ! आपने शर्मा जी को खूब फाँसा।

परमेश्वर : फाँसा क्या, यों क्यों नहीं कहते कि शर्मा जी को भी खरीद लिया।

शर्मा जी और संध्या विंग के पास हैं। संध्या एकाएक रुक जाती है।

संध्या : सुना अंकल ! कमीने कहीं के ?

शर्मा : क्रोध मत करो संध्या रानी ! दुनिया में दूसरे को खरीद कोई नहीं रहा, बेच सब अपने को रहे हैं।

प्रस्थान। हतप्रभ सब लोग शर्माजी की तरफ देखते हैं।

तीसरा दृश्य

परदा उठता है। एक बड़ा-सा कमरा जिसमें एक तरफ एक पलँग बिछा है। पलँग पर निरंजन लेटा है और हनुमान चालीसा का पाठ कर रहा है। कमरे में चारों ओर देवी-देवताओं के चित्र लगे हैं। बीच में फ़र्श बिछा है। सामने एक लोहे की आलमारी है जिसके ऊपर दीवार पर एक घड़ी लगी है। घड़ी में 9 बज रहे हैं। निरंजन की अवस्था 52-53 वर्ष, मोटा-सा और ठिगना-सा आदमी, मूँछ

बड़ी-बड़ी। सुधा का प्रवेश। सुधा करीब 45 वर्ष की दुबली-सी स्त्री है, एक सादी धोती पहने है। सुधा के एक हाथ में एक गिलास है और दूसरे में पान है।

सुधा : लो दवा पी लो, नौ बजे हैं !

निरंजन : नौ बजे हैं—सिर्फ नौ बजे हैं। लाओ—दवा पी ही लूँ, बिना दवा पीये काम नहीं चलता, और दवा से कोई फायदा नहीं होता। रात भर जागते रहना—अकेले !

निरंजन तकिया के सहारे बैठकर दवा पीता है, फिर पान खाकर लेट जाता है।

सुधा : कोशिश करो, शायद नींद आ जाय !

निरंजन : कोशिश करने में चूक कहाँ—लगातार कोशिश कर रहा हूँ, लेकिन नींद आवे तब न। दिनोदिन कमज़ोरी बढ़ती जा रही है। मैं कहता हूँ कि इस दवा से कोई फायदा नहीं हो रहा है, डॉक्टर मेरा मर्ज ही नहीं पकड़ पाया !

सुधा : कल डॉक्टर जीवनशंकर को बुलाया है, इलाज बदलना होगा !

निरंजन : डॉक्टर जीवनशंकर ! उनकी फीस तो बत्तीस रुपए हैं ! यह बत्तीस रुपए कहाँ से आवेंगे ?

सुधा : फीस की चिन्ता न करो। मैंने उसका प्रबन्ध कर लिया है। अब आँख बन्द करके सोने की कोशिश करो !

निरंजन : सोने की कोशिश तो कर ही रहा हूँ, लेकिन सब बेकार ! संकट-मोचन का पाठ किया, हनुमानचालीसा का पाठ किया, दुर्गा-सप्तशती पढ़ डाली। लेकिन उदय की अम्मा, दुर्दिन के समय देवी-देवता भी तो साथ नहीं देते !

बाहर से आवाज़ आती है।

आवाज़ : सुधा !

जल्दी से बढ़कर किवाड़ खोलती है। शर्मा जी का प्रवेश। शर्मा जी सुधा के सर पर हाथ रखकर खड़े होते हैं। सुधा अपने आँचल से अपने आँसुओं को पोंछती है।

शर्मा : अरे—यह आँखों में आँसू कैसे ? छी-छी ! इतना कातर होने की क्या आवश्यकता !

सुधा : भई—इनकी तबीयत ठीक ही नहीं हो रही। आज इनको पड़े एक महीना हो गया। इतनी दवा-दारू की, लेकिन फायदा होने की जगह इनकी तबीयत और बिगड़ती जाती है।

शर्मा : फायदा इन्हें तब तक न होगा, जब तक यह चिन्ता करना न छोड़ेंगे !

निरंजन आँखें खोलकर बैठ जाता है।

निरंजन : कैसे चिन्ता करना छोड़ दूँ, बीस हजार का घाटा कम नहीं होता। सर से पैर तक कर्ज से लदा हूँ !

शर्मा : निरंजन, सट्टे में हारना व्यापार का घाटा नहीं कहलाता। जो हो गया वह हो गया, फिर से लगकर अपना काम करो, और आगे से व्यापार करो, जुआ मत खेलो !

निरंजन : कान पकड़ चुका हूँ इस सट्टे से, लेकिन भाई साहब ज़रा तबीयत तो सम्हल जाए—व्यापार तो करना ही है !

सुधा : उदय को भेजा है डॉक्टर जीवनशंकर के यहाँ ! कल सुबह उन्हें दिखाऊँगी !

शर्मा : डॉक्टर जीवनशंकर ! बिलकुल ठीक ! उन्हें तो शुरू में ही बुलाना चाहिए था !

सुधा : कैसे बुलाती भैया, उनकी फीस बत्तीस रुपए जो है, घर में सोलह रुपए धरवा लेते हैं। फिर आज तीन महीने से इन्होंने दूकान जाना बन्द कर रखा है। उदय के पास भी कोई काम नहीं है। जो कुछ जमा-पूँजी थी वह खत्म हो गई। आज अपने गले की माला बेचनी पड़ी !

उदास भाव से बैठकर कुछ सोचने लगता है।

जिस नौकरी के लिए उदय कोशिश कर रहा था वह उसे मिली कि नहीं ?

सुधा : कहाँ मिली भैया, इतना दौड़-धूप, लेकिन सब बेकार ! वह नौकरी कृष्णकुमार के भतीजे को मिल गई।

शर्मा : कृष्णकुमार का भतीजा। वह तो सिर्फ इन्टरमीडिएट पास है, जब कि उदय एम.ए. पास कर चुका है !

सुधा : लेकिन उदय के पास उसके मामा का तो बल नहीं था भइया, जब कि कृष्णकुमार के भतीजे के पास कृष्णकुमार का बल था। आज के दिन अकेले योग्यता से काम नहीं चलता।

उदय का प्रवेश। उदय 23-24 वर्ष का गठे बदन का नाटा-सा युवक है, दाढ़ी-मूँछ साफ। कमीज और पतलून पहने है। बाल पीछे की ओर खिंचे हैं।

उदय : प्रणाम मामा जी !

शर्मा : आशीर्वाद उदय !

उदय : **अपनी माँ से**

एक सौ चालीस में वह माल बिकी है, माँ, यह लो रुपए ! डॉक्टर जीवनशंकर कल नौ बजे आ जाएँगे।

सुधा रुपए लेकर आलमारी की ओर जाती है।

शर्मा : उदय, कल तुम किसी समय मेरे यहाँ आ जाना, मैं शिवलाल कोटानी के यहाँ तुम्हें कोई अच्छी पोस्ट दिलवा दूँगा !

उदय : मामा जी, मुझे शिवलाल कोटानी के यहाँ नौकरी नहीं करनी है।

शर्मा : क्यों ? क्या बिना सरकारी नौकरी किए किसी का गुजारा नहीं हो सकता है उदय ?

उदय : नहीं मामा जी, मुझे अब सरकारी नौकरी भी नहीं करनी !

शर्मा : नौकरी नहीं करनी तो फिर करना क्या है ?

उदय : वर्तमान समाज को नष्ट करना है। इस ऊँच-नीच के भेद-भाव को मिटाना है, पूँजीवाद के गुलामों की इस वर्तमान सरकार को उलटना है ! मामा जी, एक बहुत बड़ी क्रान्ति करनी है !

सुधा रुपया रखकर लौटती है।

सुधा : सुना भइया, इस उदय को भी न जाने क्या बीमारी हो गई। जो दिन-रात यह विनाश-विनाश चिल्लाता रहता है !

शर्मा : उदय, यह घृणा और हिंसा का पथ अकल्याणकारी है !

उदय : लेकिन मामा जी, इस घृणा और हिंसा को जन्म देने वाले आप ही लोग हैं न ! मैंने एक साधारण-सी नौकरी के लिए महीनों चक्कर काटे, उस नौकरी के लिए मुझमें किस योग्यता की कमी थी ? मैंने आप पर सिफारिश के लिए ज़ोर नहीं डाला, मुझे यह आशा थी कि ये अहिंसा और सत्य के पुजारी न्याय करेंगे ! लेकिन मामा जी, कृष्णकुमार के भतीजे की नियुक्ति में मुझे जिस न्याय के दर्शन हुए उससे उन लोगों के प्रति मुझमें घृणा हो जाना स्वाभाविक ही है ! मैं कहता हूँ बिना इन लोगों के विनाश के देश की हालत सम्हलना असम्भव है !

शर्मा : **थोड़ी देर तक सोचता है, फिर ठंडी साँस भरता है।**
मैं तुम्हारी भावना समझता हूँ उदय; लेकिन दूसरों की गलतियों के कारण तुम जान-बुझकर गलत रास्ते पर चले जाओ, दूसरों की पशुता का उत्तर देने के लिए तुम भी पशु बन जाओ, इसमें तो तुम्हारा ही अहित है।

निरंजन गला साफ करके अपनी ओर शर्मा का ध्यान आकर्षित करता है।

निरंजन : भाई साहब--पैसे की मार सबसे बड़ी मार है। लोहे और सीमेन्ट की जिस परमिट की बात मैंने कही थी वह आप मुझे दिलवा दीजिए, मैं उदय को अपने साथ व्यापार में ले लूँगा ! आप जानते ही हैं कि दूसरे व्यापार के लिए मेरे पास अब रुपया नहीं है, बाजार

में भी मेरी साख जाती रही। फिर से जम जाना बड़ा मुश्किल है !

शर्मा : हाँ, हाँ, वह मैं दिलवा दूँगा। तुम जल्दी अच्छे हो जाओ !

निरंजन : जल्दी ही अच्छा हो जाऊँगा ! कल डॉक्टर जीवनशंकर आ रहे हैं ! सुना, आपकी बहन ने अपने गले की माला बेची है उनकी फीस देने के लिए !

शर्मा : हाँ निरंजन, सब कुछ सुना ! और इस सब की जिम्मेदारी तुम पर है—तुम पर ! खैर जो हुआ वह हुआ, आगे के लिए ख़याल रखो ! कल उदय को मेरे यहाँ भेज देना, मैं परमिट के लिए कोशिश कर दूँगा।

उठ खड़ा होता है।

सुधा : भइया, कितना उपकार किया है तुमने हम लोगों का ! इनकी सारी बीमारी चिन्ता की है। वह घाटा क्या आया, हम लोगों पर मुसीबतों का पहाड़ टूट पड़ा। अगर ये फिर से अपना काम-काज शुरू कर दें तो यह बिलकुल अच्छे हैं।

निरंजन : **लेटता हुआ**

बैठिए भाई साहब, इतनी जल्दी कहाँ चल दिए ! उदय की माँ, तुम्हें यह सुनकर ताज्जुब होगा कि मैं इस समय अपने अन्दर एक नयी ताकत, एक नयी ज़िन्दगी अनुभव कर रहा हूँ। कमला कहाँ है ?

शर्मा : अरे हाँ ! मैं तो भूल ही गया था। कमला को तो देखा ही नहीं !

सुधा : आज कहीं कवि-सम्मेलन था वहीं चली गई है ! मैं तो परेशान हूँ उससे ! इन्होंने उसे इतनी स्वतंत्रता दे रखी है कि वह मेरी बात सुनती ही नहीं। मैं कहती हूँ कि वह बीस साल की हो गई, उसका कहीं विवाह कर दो। लेकिन मेरी बात पर यह चुप हो जाते हैं और वह हँसने लगती है !

उदय : सुना मामा जी, माँ बात भी तो हँसने की करती हैं। अरे कमला कवि हो गई है। मामा जी, कमला की कविताओं की एक पुस्तक प्रकाशित होने वाली है। उसकी भूमिका हिन्दी के सुप्रसिद्ध कवि मदन जी ने लिखी है !

शर्मा : मदन जी ! इस आदमी का नाम मुझे कुछ परिचित-सा लगता है, शायद इसे कहीं देखा भी है ! ओह ! याद आ गया, शायद वही आदमी है। उदय, वह आदमी मुझे कुछ बहुत अच्छा नहीं लगा—क्या ख़याल है तुम्हारा ?

उदय : मुझे कुछ बहुत बुरा भी नहीं लगता मामाजी ! यहाँ भी मुझमें और

आप में दृष्टि-भेद !

हँसता है।

दरवाजे की कुंडी खटकती है।

सुधा : शायद कमला आ गई।

उठकर दरवाज़ा खोलती है। कमला का प्रवेश। बीस वर्ष की एक साधारण-सी लड़की, आँख पर चश्मा लगा है। कमला के साथ मदन जी हैं जो शर्मा जी को देखकर दरवाजे के पास ठिठक जाते हैं।

कमला : अरे मामा जी ! प्रणाम !

शर्मा : आशीर्वाद कमला बेटी ! आइए मदन जी, दरवाजे के पास रुक क्यों गए ?

मदन : **कुछ लड़खड़ाते स्वर में**

जी...अब मैं चलूँगा।

मुसकराने का प्रयत्न करता है।

काफी रात हो गई। मैं तो सिर्फ कमला जी को पहुँचाने चला आया था।

उदय उठकर मदन जी हाथ पकड़कर अन्दर घसीटता है।

उदय : बैठिए न, अभी तो सिर्फ नौ बजे हैं। आप मेरे मामा:जी से शायद नहीं मिले, कांग्रेस के बहुत बड़े नेता हैं—आधी ज़िन्दगी जेल में बिता दी है। सुना मामा जी, मदन जी की कविताओं की आजकल शहर भर में धूम है। कभी किसी संस्था में निमंत्रण, कभी किसी सेठ के यहाँ दावत ! जितना अच्छा लिखते हैं उससे कहीं अच्छा गाते हैं। रात-रात भर की बैठक जमती है इनकी।

हँसता है

आपको भला कविता से क्या रुचि ! लेकिन अभी इनकी कविताओं का एक बड़ा सुन्दर संग्रह निकला है—'रुनझुन !'

शर्मा : और शायद वह पुस्तक श्रीमती संध्या कोटानी को समर्पित की गई है।

कमला : बिलकुल ठीक ! उसमें संध्या की एक तिरंगी तसवीर भी है। मामा जी ! कितनी सुन्दर दिखती हैं वह—बिलकुल किसी फिल्म-एक्ट्रेस की तरह !

शर्मा : **मुसकराता है**

हाँ, बिलकुल किसी फिल्म-एक्ट्रेस की तरह !

कमला : तो आपने वह पुस्तक पढ़ी है मामा जी ? आपका-सा शुष्क और नीरस आदमी भी उन मनोहर कविताओं के प्रभाव से नहीं बच

सका ! क्यों उदय !

शर्मा : नहीं कमला। न मैंने अभी तक वे कविताएँ पढ़ी हैं और न अभी तक देखी है !

मदन : अब आप लोग मुझे आज्ञा दीजिए–मेरी तबीयत कुछ खराब है !

कमला : अरे इतनी जल्दी आपकी तबीयत कैसे खराब हो गई ! अभी तो आप रास्ते में कह रहे थे कि आपके दिल में नयी उमंग जागृत हुई है ! आप चन्द्रलोक तक उड़ना चाहते थे, आप तारों से आँख-मिचौनी खेलना चाहते थे !

उदय : चन्द्रलोक में जो बरफ जमी है, उससे शायद मदन जी को जुकाम हो गया है। कमला, एक प्याला चाय मदन जी को पिलाओ, अभी जुकाम-वुकाम ठीक हुआ जाता है। मामा जी ये मदन जी हिन्दी के बहुत बड़े क्रान्तिकारी कवि हैं।

शर्मा : क्रान्तिकारी कवि ? लेकिन किस चीज़ में क्रान्ति ? किसके खिलाफ क्रान्ति ? उदय, इस 'क्रान्ति' शब्द का दुरुपयोग मत करो !

मदन : **उठता हुआ**

फिर कभी आऊँगा, मेरी तबीयत एकाएक बहुत खराब हो गई है !

दरवाजे की ओर चलता है।

उदय : सर्दी ज़रा गहरी बैठ गई है–मालूम होता है ! मदन जी, अगर निमोनिया-विमोनिया धर दबाए तो खबर करवा दीजिएगा !

मदन का बिना कुछ कहे-सुने प्रस्थान।

सुधा : आज यह मदन जी को एकाएक क्या हो गया ?

शर्मा : कवि हैं, और उस पर क्रान्तिकारी कवि हैं ! आज की क्रान्ति यही अनियंत्रण, यही उच्छृंखलता, यही बदतमीजी है ! तुम इस आदमी को कब से जानती हो कमला ?

कमला : क्यों मामा जी, क्या बात है ?

शर्मा : जिस आदमी की पुस्तक पन्द्रह सौ रुपयों पर संध्या कोटानी को समर्पित हो जाय, वह बहुत ऊँचे चरित्र का तो नहीं कहा जा सकता !

कमला : अब समझ में आया–मदन जी क्यों इतने विचलित हो गए !

उदय : इसमें हर्ज ही क्या है मामा जी ! अगर किसी मिनिस्टर को यह पुस्तक समर्पित करके मदन जी कोई अच्छी-खासी सरकारी नौकरी पा जाते तो शायद अधिक बुरा होता ! फिर मदन जी तो रुपए लेकर अलग भी हो गए, लेकिन आप हमेशा के लिए मुझे शिवलाल कोटानी की गुलामी में बाँधना चाहते हैं ?

कमला : मामा जी, मैं अपनी पुस्तक शिवलाल जी कोटानी को समर्पित कर दूँगी और उसमें उनका तिरंगा चित्र भी लगा दूँ जिसमें वह बिलकुल किसी राजा-महाराजा—नहीं, नहीं भूल गई, राजा-महाराजा तो मिट गए...किसी बड़े कांग्रेसी नेता की तरह दिखें ! आप मुझे एक हज़ार ही दिलवा दीजिए मामा जी !

हँसती है

आज की दुनिया को आप न समझ पाएँगे—बड़ी तेजी के साथ बदल रही है !

शर्मा : हतप्रभ-सा

ठीक कहती हो कमला बेटी, मैं आज की दुनिया को नहीं समझ पा रहा। उसमें दोष आज की दुनिया का नहीं है, दोष मेरा ही है ! लेकिन सही-गलत, उचित-अनुचित, सत्य-असत्य—ये तो नहीं बदले !

उठ खड़ा होता है।

अब मैं चलूँगा सुधा, कांग्रेस-ऑफिस में कुछ लोग मेरी प्रतीक्षा कर रहे होंगे।

उदय : तो मामा जी, परमिट के लिए कल किस समय आऊँ ?

शर्मा : परमिट...हाँ, परमिट ! करीब ग्यारह बजे आ जाना !

चलते-चलते रुक जाता है और कमला की तरफ घूमता है।

समझ गया, कमला बेटी, आज की दुनिया को मैं तुमसे ज़्यादा समझ गया। आज की दुनिया परमिट की है !

हँसता हुआ जाता है।

पटाक्षेप

चौथा दृश्य

परदा उठता है। शर्मा जी के सोने का कमरा। कमरा टूटा-फूटा और अस्त-व्यस्त। शर्मा जी एक चारपाई पर लेटे हैं, उनके सिरहाने एक गोल मेज़ रखी है जिस पर दवाई की शीशियाँ रखी हैं। कमरे में चार पुरानी कुर्सियाँ पड़ी हैं। सामनेवाले ताक पर एक दीपक टिमटिमा रहा है। शर्मा एकाएक चौंक उठते हैं।

शर्मा : कौन ?

थोड़ी देर तक दरवाजे की ओर देखते हैं।

कोई नहीं !

रामू-रामू !

थोड़ी देर तक रामू के उत्तर की प्रतीक्षा करते हैं

अभी तक नहीं आया। तो छोड़ गया-अच्छा ही हुआ ! कौन किसके साथ रहा है, कौन किसका हो सका है ?

शर्मा उठते हैं। लड़खड़ाते पैरों से चलकर कोने में रखे घड़े से गिलास में लेकर पानी पीते हैं। इसके बाद दीपक की बत्ती तेज़ करते हैं। फिर बिस्तर पर तकियों के सहारे बैठ जाते हैं और सिरहाने से गीता निकालकर पढ़ने लगते हैं।

"वासांसि जीर्णानि यथा विहाय,
नवानि गृह्णाति नरोऽपराणि।
तथा शरीराणि विहाय
जीर्णान्यन्यानि संयाति नवानि देही।"

जिस प्रकार जीर्ण वस्त्रों को त्यागकर मनुष्य नवीन वस्त्रों को धारण करता है उसी प्रकार जीर्ण शरीर को त्यागकर आत्मा नवीन देह धारण करती है !

"नैनं छिन्दन्ति शस्त्राणि, नैनं दहति पावकः।
न चैनं क्लेदयन्त्यापो, न शोषयति मारुतः।"

चौंककर दरवाजे की ओर देखता है।

कौन—रामू ?

कृष्णकुमार का प्रवेश

कृष्णकुमार : मैं हूँ कृष्णकुमार ! अरे—क्या तबीयत खराब है ? मुझे तो पता ही न था !

शर्मा : परसों एकाएक दिल में दर्द उठा। डॉक्टर का कहना है कि कोई खतरे की बात नहीं है—सिर्फ आराम चाहिए ! कुरसी खींच लो, आज शाम से नौकर गायब है।

कृष्णकुमार एक कुरसी उठाकर बैठ जाता है।

शर्मा : कहो, कैसे आए ?

कृष्णकुमार : राधे ! नगर कांग्रेस कमेटी को बचाना तुम्हारे हाथ में है !

शर्मा : कृष्णकुमार ! मैं सभापति के पद के सर्वथा अयोग्य हूँ—मैंने अच्छी तरह यह अनुभव कर लिया है ! और जहाँ तक मुझे याद है, तुम मेरे खिलाफ अविश्वास का प्रस्ताव लाना चाहते थे न !

कृष्णकुमार : क्या उस बात को न भूल सकोगे राधे ?

शर्मा : मेरे मन में तुम्हारे प्रति कोई मैल नहीं कृष्णकुमार !—मैं तुम्हें इतना विश्वास दिलाता हूँ, नहीं तो सभापति के पद से इस्तीफा देने के स्थान पर मैंने तुम्हारे अविश्वास के प्रस्ताव का मुकाबला

किया होता; और मैं समझता हूँ कि सब-कुछ होते हुए भी मैं शायद जीत जाता !

कृष्णकुमार : राधे, पिछली बातों को भूल जाओ ! आज नगर कांग्रेस कमेटी की जो हालत हो गई है वह किसी से छिपी नहीं है। एक भयानक परिस्थिति में हम लोग आ पड़े हैं। इस विषम अवस्था से तुम्हीं हम सबों को निकाल सकते हो !

शर्मा : नहीं कृष्णकुमार—मुझे क्षमा करना। मुझे पूरी तरह विश्वास हो गया है कि मैं आज वाले नवीन युग के साथ नहीं हूँ। मैं अपने को उससे बहुत पिछड़ा हुआ पाता हूँ। मैं तुम लोगों का साथ न दे सकूँगा—उसके लिए मैं सर्वथा अयोग्य साबित हो चुका हूँ !

आँखें बन्द कर लेता है।

कृष्णकुमार : राधे ?

शर्मा : **आँख खोलता है।**

तुम देख ही रहे हो कृष्णकुमार ! मेरी तबीयत ठीक नहीं है। एक अजीब तरह की थकावट मेरे प्राणों में भर गई है।

फिर आँखें बन्द कर लेता है।

लड़ना और पराजित होना, प्रयत्न करना और असफल होना—शायद यही नियति का विधान है !

आँखें खोलता है।

एक गहरा और घुटने वाला अन्धकार मेरे चारों ओर है—अन्दर, बाहर ! कृष्णकुमार ज़रा दीये की बत्ती बढ़ा दो, कुछ अधिक प्रकाश हो जाए !

कृष्णकुमार उठकर दीये की बत्ती बढ़ाता है, फिर लौट कर चुपचाप एक अपराधी की भाँति बैठ जाता है।

शर्मा : उदास क्यों हो गए ? अरे बिना मेरे कोई काम रुक तो नहीं सकता देखो, कोई आ रहा है ! कौन ?

शिवलाल कोटानी का प्रवेश।

शिवलाल : प्रणाम शर्माजी ! अरे, क्या आपकी तबीयत खराब है ?

शर्मा : ऐसे ही कुछ थोड़ी-सी ! बैठिए, एक कुरसी खिसका लीजिए !

शिवलाल कुरसी उठाकर बैठ जाता है।

शर्मा : कहिए शिवलाल जी, इस टूटे-फूटे मकान में इस समय कष्ट करने की ऐसी क्या आवश्यकता आ पड़ी ?

शिवलाल : शर्मा जी, कल मेरे मिल की तलाशी हुई। सुना है सरकार मेरे ऊपर मुकदमा चलाना चाहती है !

शर्मा : सरकार आप पर मुकदमा चलाना चाहती है—आप पर ?

हँसता है

लेकिन जहाँ तक मेरा ख़याल है, सरकार आप पर मुकदमा न चला सकेगी। सरकार के एक प्रमुख सदस्य, एसेम्बली के मेम्बर यह कृष्णकुमार जी तो आपके खास आदमी हैं। इन्होंने कुछ नहीं किया आपके लिए ?

शिवलाल : इनकी कोई बात ही नहीं सुनता शर्मा जी। फिर सुना यह जाता है कि इस मामले में गृहमंत्री खास तौर से दिलचस्पी ले रहे हैं।

शर्मा : गृहमंत्री दिलचस्पी ले रहे हैं—तब तो मामला कुछ गम्भीर है !

शिवलाल : मेरी लाज आपके ही हाथ में है शर्मा जी, गृहमंत्री आपकी बात मानते हैं—आप ही मुझे बचा सकते हैं !

शर्मा : मैं आपको बचा सकता हूँ कोटानी जी, अनुचित से नहीं, उचित से; पाप से नहीं, न्याय से ! अजीब बात कही आपने ! लेकिन मेरा आज तक का अनुभव कहता है कि मैं किसी को नहीं बचा सकता—मैं क्यों, कोई किसी को नहीं बचा सकता ! आदमी खुद बनता है, खुद बिगड़ता है !

कृष्णकुमार : शर्मा जी—ज़रा सोचिए तो...

शर्मा : चुप रहो कृष्णकुमार, मुझे अपनी पूरी बात कह लेने दो ! हाँ, तो शिवलाल जी, मैं स्वयं अपने को नहीं बचा सकता ! इस अन्धकार को आप देखते हैं—एक महा विकराल दैत्य-सा काला और भयावना ! यह मेरे चारों ओर घिरता आ रहा है। दीपक का प्रकाश मन्द हो रहा है कृष्णकुमार, ज़रा दीये की बत्ती बढ़ा दो !

कृष्णकुमार उठकर दीये की बत्ती बढ़ाता है।

शिवलाल : शर्मा जी ! मैंने आपसे कितना कहा कि आप मेरे सिविल लाइंस वाले बँगले में चले आइए, वहाँ बिजली है ! वहाँ हर तरह का आराम है। लेकिन आप भी हद दर्जे के जिद्दी हैं !

शर्मा : वही जिद्द तो एक चीज़ है, जिस पर मुझे ज़िन्दगी भर अभिमान रहा है शिवलाल जी। इसी मकान में मैं पैदा हुआ था, इसी मकान में मैं मरना भी चाहता हूँ !

कृष्णकुमार : राधे, इस प्रकार निराशा की बात मत करो ! जो हो चुका उसे भूल जाओ। एक नीवन उत्साह और भावना के साथ कार्यक्षेत्र में फिर से आओ, हम सब तुम्हारा प्राण-प्राण से साथ देंगे !

उदय का प्रवेश

उदय : प्रणाम मामा जी ?

शर्मा : कौन—उदय ?...कहो !

उदय : क्या आपकी तबीयत खराब है ? हम लागों को आपने कोई खबर

ही नहीं दी !

शर्मा : खबर देने की मैंने ऐसी कोई आवश्यकता नहीं समझी ! साधारण-सी बीमारी है ! कहो, बड़े घबराए हुए हो—कुशल तो है !

उदय : मामा जी, आज सुबह पुलिस ने पिता जी को और मुझे गिरफ्तार कर लिया ! बड़ी मुश्किल से जमानत पर छोड़ा है !

शर्मा : लोहे और सीमेंट की चोरबाज़ारी पर ?

एक कटु हँसी हँसता है।

इसीलिए मैं तुम लोगों को परमिट दिलवाने से हिचकता था ! सुना कृष्णकुमार—मेरे सगे बहनोई और भांजे को पुलिस ने गिरफ्तार किया है।

उदय से

तो फिर मेरे पास किसलिए आए हो ?

उदय : आप कलक्टर से कह दीजिए कि वह यह मामला दबा दे !

शर्मा : कलक्टर से कह दूँ—कि वह तुम लोगों को छोड़ दे, कलक्टर से कह दूँ कि वह अपने कर्त्तव्य का पालन न करे, कलक्टर से कह दूँ कि वह न्याय का गला घोंट दे ! क्यों ? इसीलिए कि तुम मेरे भांजे हो, निरंजन मेरे बहनोई हैं ? नहीं उदय, मैं यह न कर सकूँगा !

उदय : मामा जी !

शर्मा : उचित ढंग से जो भी सहायता मैं तुम्हारी कर सकता था वह मैंने की, यद्यपि उसे उचित ढंग कहा जा सकता है यह मैं आज तक निर्णय न कर सका। पर अपराधी को न्याय के हाथ से छुड़ाने के अर्थ होंगे स्वयं उस अपराध का भागी बनना ! क्यों कृष्णकुमार ?

कृष्णकुमार : यह तुम्हें क्या हो गया है राधे ? इतने कठोर और कटु तो तुम पहले कभी न थे !

शर्मा : मैं कटु नहीं हूँ कृष्णकुमार—हाँ, कठोर अवश्य हूँ ! और मैं समझता हूँ कि इस समाज को—समाज ही क्यों, मानवता को विनाश से बचाने के लिए हमें वज्र की तरह कठोर बनना पड़ेगा !

शिवलाल : लेकिन शर्मा जी...

शर्मा : सत्य और न्याय में लेकिन नहीं चलता—यह सत्य और न्याय जीवन की बुनियाद है ! शिवलाल जी, मैं अब बुरी तरह थक गया हूँ—मुझे नींद आ रही है।

शर्मा जी लेट जाते हैं और आँखें बन्द कर लेते हैं ! शिवलाल और कृष्णकुमार उठ खड़े होते हैं।

कृष्णकुमार : अच्छी बात है राधे, तुम आराम करो, मैं कल फिर आऊँगा। तब

बात करूँगा।

दोनों का प्रस्थान

उदय : मामा जी !

शर्मा : जाओ उदय, मुझसे कुछ न हो सकेगा। जो कुछ तुमने किया है उसका परिणाम भोगना ही पड़ेगा।

उदय : तो बताऊँ मामा जी !

शर्मा : हाँ उदय, मुकदमा लड़ो; तुम्हारे पास अब इतना पैसा तो है ही ! अगर और रुपयों की जरूरत हो तो मुझसे कहना। अपने को निरपराध साबित करो; और अगर तुमने अपराध किया है तो उसका दण्ड भोगो ! बिना दण्ड भोगे पाप से कोई निवृत्ति नहीं !...कौन ?

आँखें खोल कर दरवाजे की ओर देखता है।

सुषमा का प्रवेश

सुषमा : मैं हूँ राधे, तुम्हारी सुषमा !

शर्मा : मेरी सुषमा, मेरी सुषमा—तुम ! अच्छी आ गईं, इस समय मुझे तुम्हारी बड़ी आवश्यकता थी। उदय, अगर तबीयत ठीक रही तो मैं कल तुम्हारे यहाँ आऊँगा, इस समय जाओ !

उदय : मामा जी ! हम लोगों का भविष्य आपके हाथ में है !

उदय का प्रस्थान

शर्मा : 'हम लोगों का भविष्य आपके हाथ में है !' सुषमा ! दूसरों का भविष्य मेरे हाथ में है जबकि अपने ही भविष्य को—अपने ही भविष्य को मैं आज तक न जान सका ! अँधेरा घिरता आ रहा है सुषमा ! मैं प्रकाश ढूँढ़ रहा हूँ—इस प्रकाश को ढूँढ़ते हुए मेरी सारी ज़िन्दगी बीत गई, लेकिन कहीं भी प्रकाश नहीं दिखता, कहीं भी नहीं।

सुषमा : राधे मैं लौट आई हूँ। मैंने अनुभव कर लिया कि मैं गलत ढंग से सोच रही थी !

शर्मा : तुम लौट आईं सुषमा, लेकिन शायद काफी देर हो गई—कम-से-कम मेरे लिए ! देखो, दीपक का प्रकाश मन्द होता जा रहा है। सुषमा ज़रा दीये की बत्ती बढ़ा दो !

सुषमा दीये की बत्ती बढ़ाती है।

सुषमा : राधे, इस दीपक में तेल खत्म हो रहा है !

शर्मा : तेल खत्म हो रहा है, दीपक बुझ रहा है सुषमा ! जो जलता है वह बुझता भी है ! सुषमा, ऐसा लगता है कि मेरे अन्दर वाला स्नेह भी खत्म हो रहा है। एक अजीब तरह की असफलता-जनित

निराशा मेरे प्राणों में घिरती आ रही है। आज चिर-विश्राम लेने की इच्छा अनायास ही प्रबल हो उठी है !

सुषमा : ऐसी बात मत करो राधे ! तुम अच्छे हो जाओगे, मैं तुम्हारी सेवा करने आई हूँ !

शर्मा : सेवा की आवश्यकता मुझे नहीं है सुषमा, सेवा की आवश्यकता है अपनी पशुता और दानवता से विनष्ट होती हुई इस पथ-भ्रष्ट मानवता को !

सुषमा : यह तुम्हें क्या हो गया है राधे ?

शर्मा : कुछ नहीं सुषमा ! जहाँ जन्म है वहीं मृत्यु भी है। जन्म और मृत्यु के बीच की अवधि को लोग जीवन कहते हैं पर मैं इस निर्णय पर पहुँचा हूँ कि उसे साधना कहना अधिक उचित होगा।

सुषमा : शायद तुम ठीक कहते हो राधे ! लेकिन...लेकिन...

शर्मा : यही लेकिन इस साधना और तपस्या की निरर्थकता और असफलता है। अगर प्राणों में भावना नहीं, विश्वास नहीं तो साधना असम्भव है !

सुषमा : मुझे क्षमा करो राधे ! मैं अभी तक अन्धकार में थी। तुम्हें ठीक तरह न समझने में मैंने बड़ी भूल की !

शर्मा : प्रकाश अपने ही अन्दर से मिलता है सुषमा ! अपने प्राणों का दीप जलाओ और उससे विश्व के इस अन्धकारमय पथ को आलोकित करो !

सुषमा : सब करूँगी राधे, जो कुछ तुम कहोगे वह करूँगी !

शर्मा जी बल लगाकर उठ खड़े होते हैं और सुषमा का हाथ पकड़ लेते हैं। कुछ देर तक एकटक वे सुषमा की ओर देखते हैं।

शर्मा : नहीं सुषमा ! करो वह जो तुम्हारी आत्मा तुमसे करने को कहे ! दूसरों की बातें सुनने की बजाय अपने ही अन्दर से अपने प्रश्नों का उत्तर पाने का प्रयत्न करो ! देखती हो वह दीपक ! वह बुझ रहा है ! नया दीपक जलाओ सुषमा, अपने प्राणों का स्नेह उसमें भरो ! निकल पड़ो, अपने प्राणों का दीप जलाने वालों को इकट्ठा करो ! शक्ति बनकर मानवता को अपना बल प्रदान करो, विश्व में त्याग और बलिदान की भावना जागृत करो !

शर्मा जी की आवाज़ लगातार तेज़ होती जाती है और आवेश बढ़ता जाता है। आखिरी वाक्य कहते-कहते शर्मा जी के पैर डगमगाते हैं। सुषमा चीख पड़ती है :

सुषमा : अरे राधे !

सुषमा शर्मा जी को सहारा देकर बिस्तर पर लिटाती है।

शर्मा : सुषमा, देख रही हो वह दीपक ? वह बुझ रहा है। दूसरा दीपक जलाओ सुषमा—जल्दी करो ! उस दीपक की ओर मत देखो, उससे कोई आशा मत करो ! उसका स्नेह समाप्त हो चुका है। मैं कहता हूँ सुषमा, नया दीपक जलाओ। जल्दी करो—मेरा दीपक बुझ रहा है !

सुषमा एक नया दीपक जलाकर पुराने दीपक की बगल में रख देती है।

शर्मा : सुषमा, इधर आओ, मेरा हाथ अपने हाथ में ले लो ! नया प्रकाश हो गया, पुराने दीपक के बुझने में अब कोई हानि नहीं है। सुषमा, यह प्रकाश लोप न होने पावे—इस बात का ध्यान रखना ! प्राणों के दीपों से यह विश्व आलोकित हो उठे, नित्य नये दीपक जलें। यह पुराना दीपक बुझ रहा है सुषमा, यह मेरे प्राणों का दीपक बुझ—रहा—है !

दीपक बुझ जाता है और शर्मा जी का सर लुढ़क जाता है।

पटाक्षेप

रुपया तुम्हें खा गया

पात्र-परिचय

मानिकचन्द	:	एक करोड़पति
रानी	:	मानिकचन्द की पत्नी
मदन	:	मानिकचन्द का पुत्र
शोभा	:	मानिकचन्द की पुत्री
जयलाल	:	डॉक्टर
किशोरीलाल	:	जयलाल का पिता
मुनीम	:	मानिकचन्द का मुनीम
गम्भीरमल	:	एक व्यौपारी
कस्तूरचन्द्र	:	मानिकचन्द का समधी
		वकील
		व्यौपारी
		नर्स आदि

प्रथम अंक

पहला दृश्य

परदा उठता है। सेठ मानिकचन्द का शयनागार दिखाई देता है। सामने की दीवार में दो खिड़कियाँ हैं जिन पर रेशमी परदे पड़े हैं। परदे हटे हुए हैं और खिड़कियाँ बन्द हैं। खिड़कियों के शीशे से बाहर का बाग दिखता है। बाहर एक तूफ़ान-सा उठ रहा है। भयानक वर्षा हो रही है और रह-रहकर बिजली चमक रही है। दोनों खिड़कियों के बीच में एक लोहे का सेफ़ है। सेफ़ के ऊपर दीवार पर विष्णु भगवान् का एक चित्र लटक रहा है। सेफ़ के ऊपर लक्ष्मी की मूर्ति रखी है। खिड़कियों के ऊपर भी देवी-देवताओं के चित्र लटक रहे हैं।

दाहिने हाथ एक दरवाज़ा है, जिस पर रेशमी परदा पड़ा है। दरवाज़ा मंच के इस ओर है, दूसरी ओर एक लम्बी खिड़की है। खिड़की और दरवाजे के बीच ड्रेसिंग टेबल रखी है। बाईं दीवार से मिला एक सोफ़ा सेट पड़ा है। बाईं और पीछे की ओर एक दरवाज़ा है, जिस पर परदा पड़ा है। बाईं ओर वाली दीवार से मिली हुई आगे की ओर एक पुस्तकों की अलमारी है।

कमरे के बीचोबीच एक पलंग पड़ा है, जिसका सिरहाना पीछे वाली दीवार की ओर है और पैताना दर्शकों की ओर है। पलंग के पास दो साधारण कुर्सियाँ पड़ी हुई हैं। सिरहाने के दाईं ओर एक छोटी-सी मेज है, जिस पर टेलीफोन रखा हुआ है। सिरहाने के बाईं ओर एक दूसरी मेज़ है, जिस पर दवाओं की शीशियाँ रखी हुई हैं। पलंग पर मानिकचन्द आँखें बन्द किए हुए लेटा है। मानिकचन्द की अवस्था लगभग पचास वर्ष है। वह धोती और कुर्ता पहने है। मूँछ छोटी-छोटी और खिचड़ी, बाल आधे से अधिक पक गए हैं। दोहरे बदन का और मझोले कद का आदमी है।

कमरे के अन्दर तूफ़ान का शोर भरा हुआ है, रह-रहकर बादल की गरज सुनाई पड़ती है। बादल एक बार बहुत ज़ोर से गरजता

है, मानिकचन्द सहसा चौंककर आँखें खोलता है और बाईं ओर वाले दरवाजे की ओर देखता है।

मानिकचन्द : कौन ? रानी ! रानी !

नर्स कुर्सी से उठकर मानिकचन्द के पास आती है।

नर्स : कहिए श्रीमान्।

मानिकचन्द : तुम कौन हो ? तुम कौन हो ?

मानिकचन्द खोया हुआ-सा कुछ देर तक नर्स को देखता है।

बोलती क्यों नहीं ? तुम कौन हो ?

नर्स : नर्स—श्रीमान्।

मानिकचन्द : नर्स ! ओह, तुम नर्स हो। याद आ गया। तो मैं बीमार हूँ। है न ऐसा।

एक रूखी मुसकराहट उसके मुख पर आती है।

अच्छा एक गिलास पानी।

नर्स मानिकचन्द के सिरहाने रखी हुई मेज़ तक जाती है। शीशे के जग में से शीशे के गिलास में पानी डालकर मानिकचन्द की ओर बढ़ती है। इस बीच टेलीफोन की घंटी बजती है। मानिकचन्द उठकर तकिया के सहारे बैठता है और रिसीवर उठाता है।

मानिकचन्द : हलो ! क्या कहा ? सोना एक सौ चार खुला। बीस हज़ार तोला बेच दो। ठीक...ठीक...।...हाँ, बीस हज़ार ले लो।

मानिकचन्द रिसीवर रखकर फिर रिसीवर उठाता है और डायल करता है। नर्स पानी का गिलास मानिकचन्द की ओर बढ़ाती है।

नर्स : पानी श्रीमान्।

मानिकचन्द : ठहरो। हलो, शिवकुमार जी ! टाटा...हाँ अच्छा। तो चार सौ शेयर्स ले लो। इंडियन आयरन...ओह इतना गिर गया ? नहीं, अभी मत बेचो...पाँच सौ शेयर्स और ले लो। मार्जिन...कितना देना होगा ? पाँच लाख...अच्छी बात है, मँगा लेना।

मानिकचन्द रिसीवर रख देता है। तकिया के नीचे से एक कापी निकालता है और उस पर पैंसिल से कुछ लिखता है। लिखते हुए स्वतः कहता जाता है।

अब नहीं गिरेगा...इतना अधिक गिर चुका है। तीन लाख चालीस हजार।...हूँ। और सोना...

मुख पर मुसकराहट आ जाती है।

एक लाख सैंतीस हज़ार...सात दिन में एक लाख सैंतीस हज़ार का फायदा।

मानिकचन्द कापी-बुक तकिया के नीचे रख देता है।

नर्स : पानी श्रीमान्।

मानिकचन्द : नहीं, प्यास नहीं है। जाओ अपनी जगह बैठो जाकर।

नर्स जाकर अपनी कुरसी पर बैठ जाती है और किताब पढ़ने लगती है, मानिकचन्द लेटकर आँखें बन्द कर लेता है। थोड़ी देर बाद फिर बादल गरजता है और मानिकचन्द चौंककर आँखें खोलकर देखता है।

मानिकचन्द : कौन ? मदन...मदन !

नर्स फिर उठकर मानिकचन्द के पास जाती है।

नर्स : कहिए श्रीमान् !

मानिकचन्द : तुम। तुम फिर। हाँ, मैं बीमार हूँ। डॉक्टरों ने उठने और चलने को मना कर दिया है मुझे। मुझे आराम चाहिए, आराम।...नर्स !

मुसकराता है।

नर्स : श्रीमान् !

मानिकचन्द : सुबह से बरस रहा है और लगातार बरसता जाता है। कितना बजा है ?

नर्स : चार बजकर दस मिनट।

मानिकचन्द : चार बजकर दस मिनट। तो रानी आज भी नहीं आई। उफ़, कितनी भयानक वर्षा हो रही है। समय से पहले मानसून आ गया।

बाहर मोटर का हॉर्न सुनाई पड़ता है।

यह मोटर का हॉर्न ? कौन हो सकता है ? मदन ! उसे भी तो अपनी बीमारी की खबर दे दी थी। लेकिन उसने अपने आने की तो कोई सूचना दी ही नहीं। फिर कौन हो सकता है ?

दाहिनी ओर वाला दरवाज़ा खुलता है। डॉक्टर जयलाल का प्रवेश। डॉक्टर जयलाल की अवस्था लगभग पैंतीस वर्ष की है, बन्द गले का कोट और पतलून पहने है। इकहरे बदन का लम्बा-सा आदमी है, मुख पर एक प्रकार की गम्भीरता-मिश्रित कठोरता। हाथ में दवाओं का छोटा-सा बक्स है। नपे हुए कदमों से वह कमरे में प्रवेश करता है।

जयलाल : नमस्कार सेठ जी !

मानिकचन्द : आप हैं डॉक्टर साहेब...नमस्कार ! मैं यही सोच रहा था कि कौन हो सकता है...आश्चर्य यह है कि मुझे आपका नाम ही नहीं सूझा।

जयलाल : इसलिए कि मैं आपके जीवन से बहुत दूर हूँ।...नर्स !

नर्स एक कागज़ लेकर डॉक्टर के पास आती है।

नर्स : यह टेम्प्रेचर चार्ट है डॉक्टर !

डॉक्टर टेम्प्रेचर चार्ट लेकर ध्यान से उसे देखता है।

मानिकचन्द : आप मेरे जीवन से बहुत दूर हैं...शायद यही हो; लेकिन इस समय तो आप मेरे जीवन के बहुत नज़दीक हैं। और इसीलिए मुझे आश्चर्य हो रहा है कि आपका नाम मुझे क्यों नहीं सूझा। इस भयानक वर्षा में कौन हो सकता है...प्रश्न स्वाभाविक था।

मुसकराता है।

इस भयानक वर्षा में भी आप चले आए।

जयलाल : जी हाँ, जहाँ कर्तव्य का प्रश्न है, वहाँ क्या वर्षा और क्या तूफ़ान !

डॉक्टर पलँग के बगल में पड़ी कुर्सी पर बैठता है। नर्स बगल में खड़ी रहती है।

लेकिन वास्तव में इस वर्षा ने प्रलय का रूप धारण कर लिया है। न जाने कितने पेड़ गिर पड़े हैं। कहीं-कहीं सड़क पर घुटनों पानी भरा है। लोगों का एक तरह से आना-जाना बन्द हो गया। और कोई होता तो घर से निकलने पर सोचता।

मानिकचन्द : और कोई होता तो घर से निकलने पर सोचता। बड़ी कृपा की मेरे ऊपर आपने डॉक्टर साहेब।

टेलीफोन की घंटी बजती है। मानिकचन्द रिसीवर उठाता है।

मानिकचन्द : हलो...कौन...गम्भीरमल जी...जै गोपाल जी की। कहिये...क्या सेवा है ? अजी, मुझे अपना ही समझिए। हाँ...हाँ...हाँ, पचास रुपए फी गाँठ से तो कम नहीं हो सकता, नहीं गम्भीरमल जी, वैसे सब-कुछ आपका, लेकिन व्यापार के मामले में...नहीं एक पैसा नहीं कम हो सकता। पाँच हज़ार गाँठें चाहते हो ? हो जाएगा। लेकिन ढाई लाख पेशगी दे दीजिए तब सौदा तै होगा। दाम जैसे गाँठ उठाते जाएँ तैसे देते जाएँ, लेकिन ढाई लाख रुपया अभी नक़द चाहिए। हाँ-हाँ, चले आइए, अभी सब-कुछ ठीक हुआ जाता है। घर पर ही हूँ।

मानिकचन्द रिसीवर रख देता है।

सुना डॉक्टर। यह गम्भीरमल भी मेरे ऊपर दया करके इस भयानक वर्षा और तूफ़ान में मेरे यहाँ चला आ रहा है।

हँसता है।

पाँच हज़ार गाँठें खरीद रहा है, फी गाँठ कम-से-कम सौ रुपया ब्लैक करेगा। ढाई...तीन लाख रुपया पैदा करने के लिए आ रहा है।

बिजली कड़कती है और उसकी कड़क से कुछ देर के लिए आँखें बन्द कर लेता है, फिर आँखें खोल कर कहता है :

सुन रहे हो डॉक्टर, कितने ज़ोर की बिजली कड़की। तो इस प्रलय

की परवाह न करके मेरे ऊपर दया करने के लिए चला आ रहा है।

मानिकचन्द के अन्तिम वाक्य में कुछ थकावट-सी मालूम होती है, और वह लेट जाता है।

डॉक्टर : जी हाँ, लेकिन मैं समझता हूँ कि आप...

मानिकचन्द : आराम करूँ। टेलीफोन पर बातचीत करके अपना कार-बार न करूँ। लोग रुपया देने आवें तो मैं उनसे रुपया न लूँ।

हँसता है

अच्छा डॉक्टर, सच-सच बताना। जो तुम इस तूफ़ान और वर्षा में मेरे यहाँ इस समय आए हो, क्या अपनी फीस के लिए नहीं आए हो ?

मानिकचन्द अपनी तेज़ नज़र से डॉक्टर जयलाल की ओर देखता है और डॉक्टर की आँखें मानिकचन्द की आँखों के आगे ठहरती नहीं, वह झेंप जाती है। एक तरह की झेंप और हिचकिचाहट डॉक्टर के स्वर में आ जाती है।

जयलाल : जी, शायद आप ठीक कहते हैं।

मानिकचन्द : शायद नहीं, सोलह आने ठीक कहता हूँ। कोई किसी पर दया नहीं करता डाक्टर। दूसरों पर दया करना यह प्रकृति का विधान ही नहीं है। हम जो कुछ करते हैं, वह सब अपने लिए करते हैं, समझे डॉक्टर—अपने लिए करते हैं।

मानिकचन्द आँखें बन्द कर लेता है। डॉक्टर खड़ा हो जाता है...उसी समय बिजली कड़कती है। मानिकचन्द चौंककर अपनी आँखें खोलता है।

मानिकचन्द : कौन ?

जयलाल : कोई तो नहीं।

मानिकचन्द : कोई नहीं।

एक ठंडी साँस लेकर

कोई नहीं। मुझे कितने दिन हुए बीमार पड़े डॉक्टर साहेब ?

जयलाल : करीब दस दिन।

मानिकचन्द : दस दिन ! दस दिन से इस कमरे में मैं अकेला बन्द हूँ, अकेला। दो नर्सें इस कमरे में रहती हैं, एक दिन में और एक रात में। डॉक्टर, क्या तुम समझते हो कि इन नर्सों की मुझे आवश्यकता है ?

डॉक्टर : आप क्या समझते हैं ?

मानिकचन्द : मैं क्या समझता हूँ ? कुछ नहीं डॉक्टर। इतना सोचा, इतना विचारा, लेकिन समझ में आज तक कुछ नहीं आया। और फिर

धीरे-धीरे ऊब कर सोचना-विचारना भी बन्द कर दिया। लेकिन इन दस दिनों के अन्दर...

कहते-कहते रुक जाता है।

जयलाल : जी हाँ, इन दस दिनों के अन्दर ?

मानिकचन्द : समझ में नहीं आता किस तरह अपनी बात कहूँ। इन दस दिनों के अन्दर कुछ अजीब-सा अनुभव हुआ मुझे ।

नर्स की ओर देखता है और अपनी बात कहते-कहते रुक जाता है। फिर धीमे स्वर में

मैं समझता हूँ डॉक्टर,कि अगर यह नर्स कुछ देर के लिए कमरे से बाहर चली जाए तो कुछ नुकसान न होगा।

जयलाल : बिलकुल नहीं, मैं तो आपके पास हूँ ही। नर्स !

नर्स : डॉक्टर !

जयलाल : थोड़ा-सा पानी गरम करने को रख दो जाकर। इस बीच किसी को इस कमरे में न आने देना।

नर्स : अच्छा डॉक्टर।

मानिकचन्द : और जब तक डॉक्टर साहेब तुम्हें न बुलावें तब तक तुम भी मत आना।

नर्स : बहुत अच्छा श्रीमान्।

नर्स कमरे के बाहर जाती है।

जयलाल : हाँ, अब आप अपनी बात कहिए।

मानिकचन्द : डॉक्टर, इन नर्सों की उपस्थिति अब मुझे भयानक रूप से असह्य हो गई है।

जयलाल : क्यों ? क्या ये लोग ठीक तौर से काम नहीं करतीं ?

मानिकचन्द : काम ?

रूखी हँसी हँसता है

शायद इनके बराबर कुशलतापूर्वक काम करने वाले मुझे दूसरा न मिलेगा। हर काम ठीक समय पर, ठीक तरीके से। यंत्र की तरह अटूट क्रम से यह लगातार काम करती रहती हैं।

जयलाल : फिर आपको इनसे क्या शिकायत है ?

मानिकचन्द : शिकायत ? मैं शिकायत नहीं कर रहा, मैं तो अपनी बात कह रहा हूँ। डॉक्टर ! तुम जानते हो...यन्त्र में प्राण नहीं होते।

टेलीफोन की घंटी बजती है। मानिकचन्द रिसीवर उठाता है।

मानिकचन्द : हलो...मदन ! अरे कहाँ से बोल रहे हो। हाँ, एयरोड्रोम से ? कलकत्ता से दिल्ली जा रहो हो। हाँ...तो प्लेन अभी आया है। नहीं, यहाँ आने का समय नहीं है। एक प्लेन छोड़ नहीं सकते ?...

हाँ...हाँ...दिल्ली में मिलों के कोटा की बात करनी है ? नहीं...नहीं चले जाओ सीधे, वह काम अधिक आवश्यक है। ऐसी कोई बात नहीं। नहीं...तबीयत ? तबीयत तो अभी वैसी ही है। डॉक्टर ने आराम करने को कहा है तो आराम कर रहा हूँ, कमज़ोरी बहुत है। डॉक्टर का ख़याल है कि एक हफ्ता लगेगा। ठीक है, काम पूरा करके ही लौटना।

रिसीवर रख देता है और फिर लेट जाता है।

मानिकचन्द : सुना डॉक्टर, यह मेरा लड़का मदन, यह भी यंत्र बन गया है, भावनाहीन, निष्प्राण। वह जानता है कि मैं बीमार हूँ। लेकिन उसके पास एक प्लेन छोड़कर अपने बीमार पिता को देखने आने का समय नहीं है। पाँच लाख के वारे-न्यारे का सवाल है न !

हँसता है।

जयलाल : **झुँझलाहट भरे स्वर में**

अगर आप मेरी सलाह मानें तो टेलीफोन इस कमरे से हटवा दें।

मानिकचन्द : टेलीफोन इस कमरे से हटवा दूँ ? क्या कहते हो डॉक्टर ? इस कमरे में मैं अपने को जिन्दा दफ़न कर लूँ ? जानते हो ? एक मौत का-सा गहरा सन्नाटा कभी-कभी मैं इस कमरे में अनुभव करने लगता हूँ।

जयलाल : लेकिन...

मानिकचन्द : मैं जानता हूँ तुम क्या कहना चाहते हो। लेकिन मैं कहता हूँ, मैं इस कमरे में नितान्त अकेला हूँ। यह नर्स जो रुपयों के लिए मेरी देखभाल करती है, जो अपने पीले और मुर्झाए हुए होंठों पर लगातार एक कृत्रिम मुसकान का प्रदर्शन करती है, जो मेरे नाराज़ होने और गाली देने पर बुरा नहीं मानती...यह नर्स मुझे प्रेतलोक की छाया की भाँति दिखने लगती है। और उस समय एक अजीब तरह का भय जाग उठता है मेरे अन्दर। उस भय से त्राण पाने के लिए मैं टेलीफोन का रिसीवर उठाता हूँ, जीवित मनुष्यों से बात करके मैं यह अनुभव करता हूँ कि मैं जीवित हूँ। सोना, चाँदी और न जाने क्या-क्या मैं खरीदता-बेचता हूँ। मृत्यु की निष्क्रियता के स्थान पर मैं जीवन की सक्रियता का आह्वान करता हूँ। शेयर्स का खेल खेलता हूँ, अपनी मिलों की गतिविधि का संचालन करता हूँ डॉक्टर।

अन्तिम वाक्य कहते-कहते मानिकचन्द उत्तेजित हो जाता है।

जयलाल : आप अधिक उत्तेजित न हों।

मानिकचन्द : मैं उत्तेजित न हूँ डॉक्टर ? यह उत्तेजना ही तो ज़िन्दगी है। जानते

हो, इन दस दिनों में इस कमरे में लेटे-लेटे मैंने टेलीफोन से ही दस लाख पैदा किए।

जयलाल : दस लाख !

मानिकचन्द : बहुत बड़ी रकम है, सोचते होगे डॉक्टर !

टेलीफोन की घंटी बजती है। मानिकचन्द टेलीफोन का रिसीवर उठाता है।

मानिकचन्द : हलो ट्रंक ? मसूरी से। हाँ...हाँ...मैं मानिकचन्द बोल रहा हूँ। रानी ! आशीर्वाद, हाँ...हाँ...अभी तबीयत वैसी ही है। न कोई खास सुधार हुआ है, न कोई खास बिगड़ी है। नहीं...चिन्ता की कोई ऐसी बात नहीं है।

हँसता है

इलाज चल रहा है, डॉक्टर अभी यहीं है, हम दोनों बातें कर रहे हैं। हाँ, कलाकेन्द्र का उद्घाटन करवा रहे हैं...कर लो। हाँ, चन्दा तो देना ही होगा...इसी चन्दे के लिए तो तुमसे उद्घाटन करा रहे हैं।

हँसता है

दस हजार। कुल ? मैं तो समझे था बड़ी रकम माँग रहे होंगे। दे दो। अगले मंगल को आओगी...

उँगली पर गिनता है

सोम, मंगल, बुध, बृहस्पति, शुक्र, शनिश्चर, रवि, सोम, मंगल... नौ दिन। कोई बात नहीं, तभी चलना। नहीं, किसी तरह की तकलीफ नहीं अच्छा...अच्छा।

रिसीवर रख देता है

दस हज़ार !

हँसता है

सुना डॉक्टर ! कितनी छोटी रकम है यह। दान में इतनी रकम बिना सोचे-विचारे दी जा सकती है। लेकिन एक दिन दस हज़ार की इसी छोटी-सी रकम ने मेरे भाग्य को बदल दिया था, इस रकम ने मुझे ज़मीन से उठाकर आसमान पर खड़ा कर दिया था।

जयलाल : आपका जीवन घटनाओं से भरा हुआ मालूम देता है।

एक अजीब तरह से मानिकचन्द डॉक्टर को देखता है और धीरे-धीरे उसके मुख पर मुसकराहट आती है, कुछ देर तक वह इसी प्रकार डॉक्टर को देखता रहता है।

मानिकचन्द : घटना...डॉक्टर ! जीव है ही क्या ? कर्म...कर्म...कर्म। वही जीवित है जिसके जीवन में कर्म है। कर्म में अच्छे-बुरे का सवाल वे उठाते

हैं जो निष्क्रिय हैं, जो मृत्यु के मुख में पड़े हुए हैं।

जयलाल : आपसे सहमत होने की इच्छा नहीं होती, यद्यपि आपकी बात में सत्य दिखता है, और अगर झूठ है तो वह ऐसा कि आसानी से पकड़ा नहीं जा सकता।

मानिकचन्द : मेरे अनुभवों से तुम्हें सहायता मिल सकती है डॉक्टर ! मेरी कहानी एक सफल व्यक्ति की कहानी है।

जयलाल : किसी दिन मैं आपकी कहानी सुनूँगा। आज आप काफी बातचीत कर चुके।

मानिकचन्द : नहीं डॉक्टर, अभी तो मैंने अपनी बात शुरू ही नहीं की। डॉक्टर, यह अपनी बात ! न जाने कब से मैं अपनी बात सुनाना चाहता था, लेकिन हिम्मत नहीं पड़ती थी। और आज...आज...जब अनायास बात उठ पड़ी है, न जाने क्यों मेरे मन में यह इच्छा प्रबल हो उठी है कि अपने अन्दर वाला रहस्य, जो न जाने कब से भीतर-ही-भीतर घुट रहा है, उसे मुक्त कर दूँ।

जयलाल : मेरे ख़याल से अपना रहस्य व्यक्तिगत चीज़ है, उसे अपने पास ही रहना चाहिए।

मानिकचन्द : मैं जानता हूँ डॉक्टर, और इसलिए इस रहस्य को अपने अन्दर ही रखे रहा हूँ अब तक; लेकिन इस नित्य प्रति सघन होने वाले अन्धकार से मैं बुरी तरह घबरा गया हूँ। आज मैं अपने उस रहस्य को प्रकाश में लाना चाहता हूँ। डॉक्टर, तुम्हें मेरी कहानी सुननी ही पड़ेगी।

जयलाल : अच्छी बात है।

मानिकचन्द : बीस वर्ष पहले की बात है। मैं उन दिनों एक फ़र्म में क्लर्क था। रानी थी मेरी पत्नी, मदन था मेरा लड़का और मेरी लड़की शोभा थी। पच्चीस रुपए महीने पाता...कुल पच्चीस रुपया डॉक्टर... जितना रुपया तुम एक दिन में मुझसे एक नर्स को दिलवा देते हो। फिर भी हम लोगों का वह छोटा-सा परिवार कितना सुखी था...और फिर एक दिन...

कमरे का प्रकाश मन्द पड़ता है। धीरे-धीरे स्टेज धुँधला पड़ता जाता है...सब कुछ शान्त है।

पटाक्षेप

दूसरा दृश्य

परदा उठता है। एक कमरा जिसमें एक चारपाई पड़ी है। चारपाई पर दो बिस्तर लपेटे हुए रखे हैं। चारपाई बाईं ओर वाली दीवार से लगी हुई है...दीवार पर खूँटियाँ हैं, जिन पर कपड़े टँगे हैं। चारपाई के सिरहाने टीन के तीन पुराने ट्रंक एक-दूसरे पर रखे हैं...चारपाई का सिरहाना दर्शकों की ओर है। सामने वाली दीवार से मिली हुई एक लकड़ी की टूटी-सी अलमारी है, जिसमें एक सस्ते किस्म का ताला लगा हुआ है। फ़र्श पर चारपाई से मिली एक फटी हुई दरी बिछी है। दाईं ओर वाली दीवार में दर्शकों की ओर एक दरवाज़ा है, जो अन्दर से बन्द है। दाईं ओर वाली दीवार से मिली हुई पीछे की ओर दो पुरानी कुर्सियाँ पड़ी हैं। कमरे की दीवार कुछ मैली-सी है, बीच का पलस्तर गिर गया है। दीवार पर चार सस्ते किस्म की तसवीरें लगी हैं।

दरी पर शोभा बैठी हुई गुड़िया को सजा रही है। शोभा की उम्र पायः पाँच वर्ष है। शोभा घघरिया और कुरती पहने हुए है जो काफी भीजे हुए हैं। बाईं ओर की दीवार में पीछे की ओर एक दरवाज़ा है। मदन उस दरवाजे के साथ खड़ा है। मदन की उम्र प्रायः आठ साल की है। उसके हाथ में एक किताब है। वह एक जांघिया और बनियान पहने हुए है।

मदन : शोभा...ओ शोभा !

शोभा मदन को देखकर मुँह बनाती है, लेकिन बोलती नहीं है।

मदन : राम करे तेरा मुँह ऐसा ही हो जाए।

शोभा : तुम्हारा मुँह ऐसा हो जाए। देखो कैसी सुन्दर गुड़िया है।

मदन : उँह...इससे सुन्दर वह हलुआ है जो माँ बना रही है।

शोभा उठकर मदन के पास जाती है।

शोभा : हलुआ...सच्ची...माँ हलुआ बना रही है ?

मदन : हाँ...हाँ...हलुआ। जा थोड़ा-सा माँग ला। हम दोनों खाएँगे। शोभा रानी बड़ी अच्छी है।

शोभा : तुम्हीं माँग लाओ दादा...मैं अपनी गुड़िया सजा रही हूँ।

मदन जाकर गुड़ियों के पास बैठ जाता है।

मदन : तुम्हारी गुड़िया मैं सजाए देता हूँ। माँ पकौड़ी बना रही है...पकौड़ी, गरमागरम।

शोभा : पकौड़ी भी...सच !

मदन : और नहीं क्या झूठ !

शोभा की ओर मुँह बनाता है।

जा माँग ला...मुझसे तो नाराज़ होती थी। मेरे लिए भी ले आना।

बाईं ओर वाले द्वार से रानी का प्रवेश। रानी की अवस्था प्रायः पच्चीस-छब्बीस साल की है। इकहरा बदन, साधारण रूप से लम्बी-सी। सुनहरा रंग है...किसी हद तक सुन्दर कही जा सकती है। एक मैली-सी धोती पहने है, कपड़े अस्त-व्यस्त हैं, मुख पर पसीने की बूँदे झलक रही है। उसके हाथ में दो बरतन हैं...एक में हलुआ है और दूसरे में पकौड़ियाँ हैं। कमरे में आकर वह शोभा और मदन को देखती है। फिर मदन से कहती है...

रानी : क्यों रे मदन...फिर शोभा की गुड़ियों को हाथ लगाया...अभी रोने लगेगी। अपनी किताब पढ़ बैठकर।

रानी बरतन ज़मीन पर रखकर अलमारी खोलती है। फिर अलमारी में दोनों बरतन रखती है। इस बीच में मदन और शोभा उसके पैरों से लिपटकर खड़े हो जाते हैं।

शोभा : माँ पकौड़ी दो...पकौड़ी।

मदन : माँ, थोड़ा-सा हलुआ दो...बस थोड़ा-सा।

रानी : अभी नहीं...बाबूजी आ! जाएँ तब हम सब साथ बैठकर खाएँगे चाय के साथ। देखो चाय का पानी गरम हो रहा है।

मदन : लेकिन माँ...मुझे भूख लगी है...थोड़ा-सा दे दो।

रानी : कड़े स्वर में

अभी बिलकुल नहीं मिलेगा। बैठो जाकर।

बाईं ओर वाले दरवाजे के बाहर देखती है।

अभी तक नहीं आए...बिलकुल शाम हो गई। बड़ी देर लगा दी दफ्तर में। कैसे सब होगा ? इतना प्रबन्ध करना है।

बाईं ओर वाले दरवाजे में खटखटाहट होती है।

मदन : लो आ गए बाबूजी...आ गए।

मदन दौड़कर दरवाज़ा खोलता है। मानिकचन्द का प्रवेश। मानिकचन्द की उम्र तीस-इकतीस साल की है। पाजामा, कमीज, खुले गले का कोट पहने है, सिर पर फैल्ट कैप है जो काफी पुरानी हो गई है और जिसका चन्दवा उठा है तथा उस पर तेल के दाग हैं। कपड़े बहुत साधारण ढंग के हैं, मोटे से। मानिकचन्द का मुख तमतमाया-सा है। एक प्रकार का उद्वेलन है उसके चेहरे पर। साँस जोरों से चल रही है।

मदन : अब तो हलुआ लाओ माँ...बाबूजी भी आ गए हैं।

शोभा और मदन मानिकचन्द के पैरों से लिपट जाते हैं।

रानी : अरे छोड़ो भी...थके हुए आए हैं बेचारे दिन भर के।

मदन : बाबूजी, माँ दिन-भर आपके लिए नाश्ता बनाती रही हैं।

रानी : कितना पाजी है। अभी से बतला दिया।

मानिकचन्द से

जल्दी से मुँह-हाथ धो लीजिए, कितना मुँह उतर गया है। मैं तब तक नाश्ता सजाती हूँ।

मानिकचन्द : ज़रा पाँच मिनट ठहरो...थोड़ा सा सुस्ता लूँ।

मानिकचन्द चारपाई पर बैठ जाता है, रानी पंखा झलने लगती है।

शोभा : माँ, पकौड़ी ! हलुआ और पकौड़ी।

मदन : बाबूजी, हमें माँ ने नहीं दिया, हमें भूख लगी है। खुद भी नहीं खाया। बोलीं—बाबूजी आ जायँ तब। माँ, अब निकालो।

रानी : **हँसती है**

बड़े शैतान हैं।

उठकर अलमारी की ओर बढ़ती है अलमारी के पास पहुँचकर मानिकचन्द की ओर घूमती है।

सुना। किशन भइया का विवाह है, माता जी की चिट्ठी आई है। एकाएक तय हो गया। पन्द्रह दिन बाद शादी है, मुझे फ़ौरन बुलाया है।

मानिकचन्द : फ़ौरन बुलाया है ? अरे कुछ वक्त तो दिया होता।

रानी : क्या करें...वक्त मिलता तो देते। देखिए, आप फिर चले आइएगा, मैं बच्चों के साथ कल चली जाऊँगी।

मानिकचन्द : अच्छी बात है, कल सुबह की गाड़ी से चली जाना। आज रात को सामान-वामान ठीक कर लो।

रानी : अजीब आदमी हैं आप, कुछ किराए-विराए का इन्तजाम तो करना पड़ेगा। मेरे पास एक पैसा नहीं है। फिर छोटे भाई का विवाह है, कुछ देना-लेना भी तो होगा। कल इन्तज़ाम कर दीजिएगा, शाम की गाड़ी से चली जाऊँगी, पिताजी को तार दे दीजिएगा। वह स्टेशन पर आ जाएँगे। अरे...आपका चेहरा कितना पीला पड़ गया है। क्या तबीयत ठीक नहीं ?

मानिकचनद : कुछ नहीं, यों ही ज़रा सिर में दर्द है, थक गया हूँ, बड़ा काम करना पड़ता है। ठीक हो जाएगा।

रानी : नाश्ता कर लीजिए तो आपका सिर दबा दूँ। इतनी मेहनत क्यों करते हैं आप ? सुबह से लेकर रात तक काम करना। कुछ गुलामी लिखा ली है आपने।

मानिकचन्द : **रूखी हँसी हँसता है**

आदमी वही उन्नति करता है जो ज़्यादा-से-ज़्यादा मेहनत कर सके। आगे चलकर तो मुझे इससे भी ज़्यादा मेहनत करनी पड़ेगी।

रानी : मैं कहती हूँ आप मेहनत मत कीजिए। और मेरे लिए रुपयों की चिन्ता करने की भी जरूरत नहीं है। एक गहना मैं दे दूँगी, उसी से आने-जाने का और देने-लेने का खर्चा निकल आएगा।

मानिकचन्द : गहना देने की आवश्यकता अब तुम्हें नहीं पड़ेगी, प्रबन्ध हो जाएगा।

बाहर से कोई दरवाज़ा खटखटाता है। साथ में आवाज़ भी आती है...बाबू मानिकचन्द।

मानिकचन्द : अरे, यह तो मैनेजर साहेब की आवाज़ मालूम होती है। तुम लोग अन्दर जाओ।

रानी दोनों बच्चों का हाथ पकड़कर जल्दी से बाईं ओर वाले दरवाजे से अंदर चली जाती है। मानिकचन्द दाहिनी ओर वाला दरवाज़ा खोलता है। मैनेजर, किशोरीलाल, एक सब-इंसपेक्टर पुलिस और दो पुलिस के सिपाहियों का प्रवेश। मैनेजर सूट पहने हुए एक पैंतीस-छत्तीस वर्ष का आदमी है। किशोरीलाल धोती और कुरता पहने हुए एक लम्बा-सा आदमी है, उम्र प्रायः चालीस वर्ष। रंग गोरा, लेकिन चेहरा मुरझाया हुआ। उसके पैर काँप रहे हैं।

मैनेजर : मुझे आपसे कुछ सवाल करने हैं बाबू मानिकचन्द।

मानिकचन्द : जी हुजूर। खैरियत तो है ?

मैनेजर : आज तुम दफ्तर से कै बजे चले थे ?

मानिकचन्द : जी साहेब ! मुझे शहर में कुछ जरूरी काम था, मेरी पत्नी मायके जाने वाली है अपने भाई की शादी में, उसके जाने के लिए रुपयों का इन्तज़ाम करना था। मैं साढ़े चार बजे यानी आधा घंटे पहले वहाँ से चल दिया था।

मैनेजर : भगवानदास और रामलाल का कहना है कि जब वे चाय पीने के लिए सामने की दूकान पर गए थे तब तुम वहाँ से चले आए थे।

मानिकचन्द : जी ठीक बात है। जैसे ही ये लोग चाय पीने गए वैसे ही मैं वहाँ से चल दिया था। शिवदीन चपरासी से मैंने कह दिया था कि मुझे जरूरी काम से जाना है। आखिर बात क्या है ?

मैनेजर : कैशियर साहेब की सेफ़ से दस हज़ार रुपए निकल गए। तुम्हें कुछ मालूम है ?

मानिकचन्द : कैशियर साहेब की सेफ़ के दस हज़ार रुपए निकल गए ? बड़े ताज्जुब की बात है। कहीं किसी का भुगतान तो नहीं किया है आपने कैशियर साहेब।

किशोरीलाल : भुगतान ! बाबू मानिकचन्द, आज दोपहर को ही तो बैंक से मैं दस हज़ार रुपया लाया था, कल दफ्तर की तनख्वाह बँटनी है, तुम्हारे सामने ही तो मैंने वह रुपया सेफ़ में रखा था।

मानिकचन्द : हाँ, आप बैंक गए थे। रुपया किस समय आपने सेफ़ में रखा यह तो मैंने नहीं देखा। लेकिन ताज्जुब की बात है ! सेफ़ विलायती है, उनकी चाबी आपके ही पास रहती है, और सेफ़ न टूट सकता है, न खुल सकता है।

किशोरीलाल : साहेब, मैं कसम खाकर कहता हूँ कि वह रुपया ऑफिस के ही किसी आदमी ने चुराया है। जब आपने मुझे स्टेशन भेजा था तब मैं गलती से चाबियों का गुच्छा मेज़ की ड्राअर में ही छोड़ गया था।

मानिकचन्द : साहेब, आप मेरे घर की तलाशी ले सकते हैं...मैं तो सिर्फ इतना कह सकता हूँ। मैं समझता हूँ कि कहीं कोई गलती हुई है। भगवानदास और रामलाल दोनों ही ईमानदार आदमी हैं। शिवदीन चपरासी पर शक किया ही नहीं जा सकता। एक मैं रह जाता हूँ।

मैनेजर : नहीं, नहीं, मुझे तुम पर शक नहीं है, मैं तो तुमसे पूछताछ करने चला आया था। फिर हम लोग तुम्हारी तलाशी ले भी नहीं सकते। लेकिन अच्छा ही होगा कि तुम खुद अपनी तरफ से तलाशी देकर दुनिया के शक से मुक्त हो जाओ।

मानिकचन्द : जी हाँ। रानी ! रानी !

रानी का प्रवेश। वह सब लोगों को आश्चर्य से देखती है।

मानिकचन्द : रानी, अपने ट्रंक और अलमारी के ताले खोलकर इन लोगों को दिखा दो। दफ्तर से दस हज़ार रुपए की चोरी हो गई है।

रानी चुपचाप अपने ट्रंक खोलती है। पुलिस वाले तलाशी लेते हैं।

मानिकचन्द : यही एक कमरा है मैनेजर साहेब, भीतर आँगन है और रसोई है। आँगन में मेरे बच्चे हैं, अगर आप चाहें तो वहाँ की तलाशी ले लें।

मैनेजर : नहीं, वहाँ तलाशी लेने की जरूरत नहीं है। मैं जानता हूँ कि यह तुम्हारा काम नहीं है। तुम्हें इतना कष्ट हुआ, इसका मुझे दुःख है।

पुलिसवाला : यहाँ तो कुछ भी नहीं है।

मैनेजर : मैं जानता था। बाबू किशोरीलाल, मुझे बड़ा दुःख है। आपकी कहानी पर विश्वास कौन करेगा ? अच्छा होगा कि यह रुपया आप किसी तरह जमा कर दें। अभी भी मैं वह मामला दबा सकता हूँ।

किशोरीलाल : हे भगवान् ! मेरे पास रुपया कहाँ है साहेब ? मैं कहीं का नहीं रहूँगा, कहीं का नहीं रहूँगा।

मैनेजर : मैं मज़बूर हूँ बाबू किशोरीलाल, बिलकुल मज़बूर हूँ।

मानिकचन्द को छोड़कर सब लोग जाते हैं। रानी एक कोने में सिर झुकाए मौन खड़ी है।

मानिकचन्द : रानी, बड़ी भूख लगी है, बच्चों को बुला लो। हे भगवान् !

रानी अन्दर जाती है। रानी के जाते ही मानिकचन्द अपने पाजामे के अन्दर से दस हज़ार रुपया निकालता है।

मानिकचन्द : बेवकूफ कहीं के। गए, ठीक ही हुआ। अब कहीं कोई अभाव नहीं, गुलामी नहीं, विवशता नहीं।

मानिकचन्द एक ट्रंक खोलकर उसमें रुपया डालकर जल्दी से ट्रंक बन्द कर देता है। रानी का मदन और शोभा के साथ प्रवेश। रानी के हाथ में टी पॉट है जिसे वह दरी पर रख देती है। वह अलमारी की ओर जाती है, बच्चे दरी पर बैठते हैं। मानिकचन्द भी दरी पर बैठ जाता है।

रानी : यह दफ्तर में कैसी चोरी हो गई ?

मानिकचन्द : कल तनख्वाह मिलने वाली है न। उसी के लिए कैशियर साहेब दस हज़ार रुपया लाए थे। उन्हीं के सेफ़ से यह रुपया निकल गया। बेचारा किशोरीलाल बुरा फँसा।

रानी नाश्ता लाकर दरी पर रखती है।

रानी : लेकिन दफ्तर से चोरी कैसे हो सकती है, वह भी दिन-दहाड़े ?

मानिकचन्द : असावधानी से। असावधानी से सब-कुछ हो सकता है। लोगों का पैर फिसल जाता है, लोग मोटर के नीचे आ जाते हैं, लोग सब-कुछ गँवा देते हैं। यह सब असावधानी है। दुनिया में जो सावधान नहीं है उसका विनाश निश्चित है।

रानी चाय बनाती है...बच्चे खाना शुरू करते हैं। मानिकचन्द भी खाना शुरू कर देता है, चाय बनाते हुए रानी पूछती है।

रानी : और मान लो वह रुपया किशोरीलाल ने ही चुराया हो ?

मानिकचन्द : मैनेजर भी ऐसा समझते हैं। और मैनेजर ही क्यों, सभी ऐसा समझेंगे, अदालत ऐसा समझेगी...दुनिया ऐसा समझेगी। लेकिन मैं जानता हूँ कि यह रुपया किशोरीलाल ने नहीं चुराया। यह रुपया किसी दूसरे आदमी ने चुराया है, और जिसने यह रुपया चुराया है वह बुद्धिमान है, क्योंकि उसे पकड़ा नहीं जा सकता। उसे शायद बड़ा बनने के लिए रुपयों की जरूरत रही हो, और इन रुपयों से वह शायद अपने को बड़ा बना सके। शायद क्यों...वह निश्चय अपने को बड़ा बना सकेगा...निश्चय अपने को बड़ा बनाएगा।

मानिकचन्द अपना अन्तिम वाक्य कहते हुए उत्तेजित होकर ज़मीन पर अपना हाथ पटकता है।

रानी : यह आपको क्या हो गया जो आप इतने उत्तेजित हो रहे हैं ? तो इसका यह अर्थ है कि किशोरीलाल ने यह रुपया नहीं चुराया। बेचारा किशोरीलाल !

मानिकचन्द : बेचारा किशोरीलाल, बेवकूफ किशोरीलाल। भला किशोरीलाल, असफल किशोरीलाल। यह नेकी और ईमानदारी, यह सीधापन और भलाई...ये सब अभिशाप है...अभिशाप रानी। बड़ा वह बन सकता है जिसमें धर्म-कर्म, सचाई, ईमानदारी...इन सबका नितान्त अभाव हो, जो झूठ बोल सकता हो, जो धोखा दे सकता हो, जो चोरी कर सकता हो, जो गला काट सकता हो। और यह सब करते हुए उसके मुख पर शिकन न आवे।

अर्ध विक्षिप्त सा मानिकचन्द हँसता है। रानी चाय का प्याला मानिकचन्द की ओर बढ़ाती है, लेकिन मानिकचन्द हँसता जाता है, हँसता जाता है। मदन और शोभा ठिठककर आश्चर्य से मानिकचन्द को देखते हैं, फिर डर कर खड़े हो जाते हैं। रानी भी खड़ी हो जाती है, और बच्चों का हाथ पकड़कर आश्चर्य से मानिकचन्द को देखती है।

पटाक्षेप

तीसरा दृश्य

प्रथम दृश्य वाला कमरा। मानिकचन्द तकिए के सहारे आधा बैठा और आधा लेटा है। डॉक्टर जयलाल कुरसी पर बैठा हुआ पीछे खिड़की के बाहर देख रहा है, जहाँ पानी ज़ोर से गिरने लगा है। मानिकचन्द पागल की भाँति हँस रहा है।

मानिकचन्द : सुना डॉक्टर, कितनी सफाई के साथ मैंने वह दस हज़ार रुपया उड़ा दिया ! और उस बेचारे नेक, ईमानदार और धार्मिक किशोरीलाल कैशियर को तीन साल की सजा हुई।

जयलाल उत्तेजित होकर खड़ा हो जाता है।

जयलाल : आपकी तबीयत तो ठीक है सेठ जी।

मानिकचन्द : मैं प्रलाप नहीं कर रहा डॉक्टर, मैं केवल अपनी कहानी सुना रहा हूँ। यह एक सफल और इज्जतदार करोड़पति की कहानी है। अगर

चाहो तो तुम्हें इस कहानी से बहुत बड़ी सीख मिल सकती है।

जयलाल कठोर दृष्टि से मानिकचन्द को देखता है।

जयलाल : अगर दुनिया के लोग आपके पापों को सीखने लगेंगे तो इस दुनिया के नष्ट होने में समय नहीं लगेगा।

मानिकचन्द : पाप-पुण्य, खूब शब्द हैं डॉक्टर, जो अकर्मण्यों ने गढ़े हैं। जो कर्म करता है उसके लिए पाप-पुण्य का कोई अर्थ नहीं। वह तो कर्म करता है, निरन्तर कर्म करता है, बिना सही-गलत की विवेचना किए हुए। जो अकर्मण्य हैं, जो कायर हैं, जिनमें झिझक है, वही यह सब पाप-पुण्य का किस्सा उठाते हैं।

जयलाल : मैं आपकी बात सुनकर पागल हो जाऊँगा, मुझे ऐसा लगता है।

मानिकचन्द हँस पड़ता है। वह थोड़ी देर तक डॉक्टर को देखता है, फिर कहता है।

मानिकचन्द : बस इतने ही से घबरा गए डॉक्टर। तुम तो चीर-फाड़ करते हो, तुमने न जाने कितने आदमियों को मरते हुए देखा होगा, तुम किस तरह घबरा गए ? बैठो भी।

जयलाल : सेठ जी, मैंने शरीरों को मरते, नष्ट होते देखा है, यह डाक्टरी शरीर के विकार से सम्बध रखती है, आत्मा के विकार से इसका कोई सम्बन्ध नहीं है।

मानिकचन्द : आत्मा ! डॉक्टर, इस शरीर से पृथक् आत्मा का अस्तित्व ही कहाँ ! हाँ, तो तुमने अभी कहा था कि अगर लोग मुझसे सीख लेंगे तो दुनिया के नष्ट होने में समय नहीं लगेगा। शायद तुमने ठीक कहा था। लेकिन मैं कहता हूँ कि लोग मुझसे सीख लेने को तैयार ही कहाँ हैं ? और फिर इस सीख को बुद्धिमान आदमी ही ग्रहण कर सकता है, लेकिन बुद्धि का इस दुनिया में बुरी तरह अभाव है। है न डॉक्टर ?

जयलाल : व्यंग्य के साथ

आप बुद्धिमान आदमी हैं सेठ जी, क्षमा कीजिएगा, जो मैं बुद्धिहीनता की बात कह गया।

मानिकचन्द : डॉक्टर के व्यंग्य की उपेक्षा करते हुए

कोई बात नहीं। तो मैं अपनी बात सुना रहा था। हाँ, तो उसके बाद मैंने नौकरी छोड़ दी। यहाँ आकर मैंने एक्सपोर्ट और इम्पोर्ट का काम प्रारम्भ कर दिया। जिस फ़र्म में काम करता था वह एक्सपोर्ट और इम्पोर्ट का फ़र्म था।

जयलाल : जी हाँ, मैं जानता हूँ कि वह एक्सपोर्ट और इम्पोर्ट का फ़र्म था।

मानिकचन्द : तुम कैसे जानते हो डॉक्टर ? बोलो, कैसे जानते हो ?

जयलाल : बात यह है...बात यह है कि आप ही अकेले बुद्धिमान नहीं हैं, थोड़ा-बहुत मनोविज्ञान मैं भी समझने लगा हूँ। शरीर के बिना आत्मा का कोई अस्तित्व नहीं...आप ही ने तो कहा था। लोगों के शरीर का इलाज करते-करते उनकी आत्मा की भी झलक मिल जाया करती है। जब आप कहते हैं कि आपने एक्सपोर्ट-इम्पोर्ट का काम प्रारम्भ किया तब इसके अर्थ यही हैं कि आपने अपने एक साथी को बरबाद करके रुपया ही नहीं लिया, अपने फ़र्म को नुकसान पहुँचाकर उसका कारोबार भी हड़प लिया।

मानिकचन्द : **हँसता है।**

मान गया डॉक्टर, तुम बड़ी जल्दी बुद्धिमान बन गए। कितनी आसानी से तुमने सारी बात समझ ली। नौकरी छोड़ते समय मैं अपने फ़र्म के आवश्यक कागजों की नकल भी लेता आया था।

जयलाल : आप बड़ी हिम्मतवाले आदमी हैं।

मानिकचन्द : हाँ डॉक्टर। जीवन में सफल वही होता है जिसमें हिम्मत हो और वह हिम्मत भी अपराध करने की हिम्मत हो। अमीर वह बन सकता है जिसको न ईश्वर पर विश्वास हो, न धर्म पर, न ईमानदारी पर। केवल एक देवता होता है उसका...पैसा।

जयलाल : बहुत से लोग इसे नहीं मानते।

मानिकचन्द : जो नहीं मानते वे कंगाल हैं, वे अभावग्रस्त हैं। वे सिर्फ चीखते-चिल्लाते हैं, रोते-धोते हैं। जो आदमी ईमानदारी और धर्म पर कायम रहता है वह न ईमानदार कहलाता है, न धर्मात्मा कहलाता है। इज़्ज़त और मान उसके हैं, जिसके पास पैसा है।

नर्स का प्रवेश

नर्स : डॉक्टर, पानी गरम हो गया।

मानिकचन्द : **बिगड़ कर**

तुम बिना बुलाए क्यों आई ?

जयलाल : **मुसकराते हुए**

अब उसे ठंडा होने को रख दो। जब ठंडा हो जाए तब आना।

नर्स चली जाती है।

मानिकचन्द : जब ठंडा हो जाए तब आना। तुम अब आवश्यकता से अधिक बुद्धिमान आदमी होते जा रहे हो डॉक्टर।

हँसता है

तो डॉक्टर यहाँ आकर मैं पैसा पैदा करने लग गया। मैंने दिन नहीं देखा, रात नहीं देखी, मैंने धर्म नहीं जाना, ईमान नहीं जाना। मैंने पाँच का माल दिया और पचास वसूल किए। मैंने सोने के दाम

में पीतल बेचा। मैंने कम्पनियाँ बनाईं और फेल कीं। मैंने समय और परिस्थिति का पूरा-पूरा लाभ उठाया। और मैं बढ़ता गया...बढ़ता गया।

जयलाल : आप पकड़े नहीं गए ?

मानिकचन्द : पकड़ा वह जाता है जो मूर्ख होता है, जो पैसे का उचित उपयोग नहीं कर सकता।

जयलाल : मैं समझा नहीं आपकी बात।

मानिकचन्द : इतनी ज़रा-सी बात भी नहीं समझ सके डॉक्टर ! याद रखना, दुनिया में कोई ऐसा आदमी नहीं जो खरीदा न जा सके। मैंने यह कभी न समझा कि पैसे की आवश्यकता सिर्फ मुझे है, पैसे की आवश्यकता दूसरों को भी उतनी है जितनी मुझे है। हर एक अपने को पैसे के हाथ बेचने को उत्सुक है, लेकिन हरेक आदमी साहसी नहीं है। वे जो धर्मात्मा कहलाते हैं, ईमानदार कहलाते हैं...वे कायर हैं। उनमें खुलकर खेलने की प्रवृत्ति नहीं है। पर जब पैसा उनके पास स्वयं आवे तब वे भी बिक जाने को तैयार मिलेंगे।

जयलाल : अब बस कीजिए...मैं चलूँगा। पानी भी अब बन्द हो गया है।

जयलाल उठ खड़ा होता है और आवाज़ देता है।

नर्स !

नर्स का प्रवेश...वह पानी का बरतन लिए हुए है।

नर्स : डॉक्टर !

जयलाल : पानी का बरतन रख दो।

बाहर से मोटर रुकने की आवाज। मानिकचन्द उस आवाज़ को सुनकर मुसकराता है...उसकी आँखें चमकने लगती हैं।

मानिकचन्द : शायद गम्भीरमल आ गया। ढाई लाख रुपया नकद देने आ रहा है। लेकिन डॉक्टर, तुम्हारे सामने बात नहीं करेगा।

हँसता है।

और अब पानी भी बन्द हो गया, अब तुम जा सकते हो।

द्वार खुलता है। मदन का प्रवेश। मदन की अवस्था प्रायः 28 वर्ष की है, स्थूल शरीर...मझोला कद। वह सिल्क का सूट पहने हुए है, जिस पर अमेरिकन ढंग की टाई बँधी है। कपड़े कुछ भीगे हुए हैं। उसके मुख पर एक प्रकार की गम्भीरता है। मदन आकर मानिकचन्द के चरण छूता है।

मानिकचन्द : अरे तुम मदन ! मैं तो समझता था कि दिल्ली के रास्ते में होगे। यहाँ कैसे रुक गए ?

मदन : इस पानी और तूफ़ान में हवाई जहाज को यहीं रुक जाना पड़ा।

यहीं हवाई जहाज उतारने में काफी मुसीबत हुई थी। कितनी ज़ोर की वर्षा हुई है। हवाई जहाज कल जाएगा।

मानिकचन्द : फिर? तुम्हारा कल के दिन तो दिल्ली पहुँचना बहुत जरूरी है... कैसे होगा।

मदन : शाम की गाड़ी से जाऊँगा दिल्ली। अरे, आप तो बड़े कमजोर हो गए हैं। क्यों डॉक्टर साहब ? क्या बीमारी है बाबूजी को ?

जयलाल : सेठ साहब को नर्व्ज की बीमारी है। इसमें सेठ साहब को आराम की सख्त जरूरत है लेकिन यह आराम करते ही नहीं।

मदन : मैं तो देख रहा हूँ कि कमरे में लेटे हुए हैं। और अधिक कैसा आराम चाहिए इन्हें ?

जयलाल : सेठ साहब को शारीरिक आराम की जितनी आवश्यकता है उससे अधिक मानसिक आराम की आवश्यकता है। मैंने कहा न, उनकी बीमारी स्नायु की है...मानसिक। मानसिक थकान का प्रभाव शरीर पर भी पड़ता है।

मानिकचन्द : **हँसता है।**

और मैं कहता हूँ डॉक्टर, मानसिक आराम केवल मृत्यु के बाद मिलता है। चेतना से युक्त मनुष्य के लिए मानसिक विश्राम के अर्थ होते हैं...मृत्यु। डॉक्टर की बात पर मत ध्यान दो मदन, डॉक्टर का कहना है कि मैं अपने कमरे से टेलीफोन हटवा दूँ। अच्छा डॉक्टर, कल सुबह मिलना होगा।

जयलाल : मदन बाबू, सेठजी की तबियत में कोई सुधार नहीं हो रहा है। मेरी बात पर यह कभी हँस देते हैं, कभी झल्ला उठते हैं। आप इन्हें समझाइए, इन्हें पूर्ण विश्राम की आवश्यकता है।

मानिकचन्द : पूर्ण विश्राम के अर्थ होते हैं मृत्यु, उसका अभी समय नहीं आया डॉक्टर !

हँसता है

अच्छा नमस्कार। और नर्स से कह दीजिए कि थोड़ी देर और कमरे में न आवे।

डॉक्टर दाहिनी ओर वाले दरवाजे से जाता है। बाहर जाकर वह दरवाज़ा बन्द कर देता है। मानिकचन्द डॉक्टर के जाने के बाद बोलता है।

मानिकचन्द : पूर्ण विश्राम ! बेवकूफ कहीं का। पूर्ण विश्राम के अर्थ ही वह नहीं समझता। मदन, कहो, कलकत्ता का काम कैसा चल रहा है। उस बिजली की फैक्ट्री का क्या हुआ ? सेठ हीरालाल से मिले थे ?

मदन : जी हाँ, उनके पास इक्यावन प्रतिशत शेयर तो हैं, लेकिन वह सब

शेयर नहीं बेचना चाहते, अपने लिए ग्यारह प्रतिशत शेयर रखकर चालीस प्रतिशत बेचने को तैयार हैं, इसलिए मैंने इनकार कर दिया।

मानिकचन्द : ठीक किया और देखो, बम्बई की रीन टीन कॉटन मिल बिक रही है...एक करोड़ दस लाख माँगते हैं। मैंने नब्बे लाख लगाए हैं। बुलावाला सेठ यहाँ आया है। उससे फोन पर बात कर लेना।

मदन : हाँ, हाँ, कर लूँगा, आप चिन्ता मत कीजिए। डॉक्टर का कहना है कि आपकी तबियत गिरती जा रही है, बिना विश्राम किए आपकी तबियत नहीं सुधरेगी।

मानिकचन्द : वह बेवकूफ है। ज़िन्दगी को न वह समझता है न पहचानता है। ज़िन्दगी हलचल है, उथल-पुथल है।

ज़ोर से बिजली कड़कती है और पानी फिर ज़ोर से गिरने लगता है।

कितनी ज़ोर की आवाज़ हुई। बिजली कड़क रही है,पानी बरस रहा है। इस तूफ़ान की आवाज़ सुनते हो ! ज़िन्दगी इसी तूफ़ान की तरह है। और आराम...मौत का एक घुटता हुआ सन्नाटा। अच्छा अब जाओ, कपड़े बदल डालो, कितना भीग गए हो। हाँ, गम्भीरमल आता होगा।

मदन : गम्भीरमल ? वह क्यों आ रहा है ?

मानिकचन्द : सुपरफाइन माल की पाँच हज़ार गाँठें चाहता है। पचास रुपया फी गाँठ ब्लैक की बात तै हो गई है, अढ़ाई लाख रुपया नकद लाता होगा।

मदन : क्या आपने सौदा पक्का कर लिया है ?

मानिकचन्द : क्यों...सौदा पक्का करने की क्या बात है ? जब तक हाथ में रुपया न आ जाए तब तक सौदा पक्का न समझना चाहिए।

मदन : कलकत्ता में सौ रुपया फी गाँठ मिल रहा है। मैंने आप से पूछकर सौदा पक्का करने को कहा था।

मानिकचन्द : कितनी गाँठें चाहते हैं वे लोग ? माल यहीं उठाना होगा, उन्हें बतला दिया है ?

मदन : जी हाँ, माल यहीं लेंगे वे लोग, और जितना माल हो सब-का-सब चाहते हैं।

नर्स का प्रवेश

नर्स : क्षमा कीजिएगा सेठ साहब ! सेठ गम्भीरमल आए हैं, कहते हैं आपने उन्हें जरूरी काम से बुलाया है।

मदन : मैं मिल लेता हूँ उनसे।

मानिकचन्द : नहीं, मैं खुद उनसे बात करूँगा। तब तक तुम कपड़े बदलकर

चा-वा पी लो। ग्यारह बजे की गाड़ी से जाना भी तो है तुम्हें।

नर्स से

उन्हें यहाँ भेज दो।

मदन बाईं ओर वाले द्वार से जाता है, नर्स दाहिनी ओर वाले द्वार से जाती है। नर्स के जाते ही गम्भीरमल का प्रवेश। गम्भीरमल स्थूलकाय मझोले कद का आदमी है, छँटी हुई मूँछें, सिर पर पगड़ी है। बन्द गले का कोट और धोती पहने है। उसके हाथ में एक अटेची केस है।

गम्भीरमल : जै गोपाल जी की सेठ मानिकचन्द ! कैसी तबियत है ?

मानिकचन्द : जै गोपाल की गम्भीरमल जी। सब भगवान् की दया है। तबियत तो अभी वैसी ही है। हाँ गिरी नहीं, यही क्या कम है।

गम्भीरमल : अटेची केस खोलकर हज़ार-हज़ार रुपए के नोटों के बंडल निकालता हुआ

ये अढ़ाई लाख रुपए लाया हूँ...सेठ साहेब। सहेज लीजिए। पाँच हज़ार गाँठें चाहिए।

मानिकचन्द : मुझे बड़ा दुःख है गम्भीरमल जी। अभी मदन कलकत्ता से लौटा है, वहाँ के एक फ़र्म के साथ उसने इन गाँठों का सौदा कर लिया है।

गम्भीरमल : यह कैसे हो सकता है ? आपने मेरे साथ सौदा तै किया है सेठ जी ! आपकी बात का ज़्यादा मूल्य है या मदन की बात का ? आपके वचन पर मैंने दूसरों से सौदा तय कर लिया है।

मानिकचन्द : मुसकराता है

तो आपने गलती की गम्भीरमल जी ! सौदा तब तक पक्का नहीं समझा जाता जब तक रुपया हाथ में न आ जाए। आप तो बड़े अनुभवी आदमी हैं। आपने यह सौदा पक्का करने के पहले दूसरों से सौदा करने की गलती क्यों की ?

गम्भीरमल : सेठ जी, हमारी इज्जत आपके हाथ में है। मदन बाबू ने जो सौदा किया है, उसे आप तोड़ दीजिए।

मानिकचन्द : कैसे तोड़ दूँ ? अढ़ाई हज़ार गाँठ तो उठ गईं...या अभी उठ रही हैं। सौ रुपया फी गाँठ के हिसाब से अढ़ाई लाख रुपया भी मदन ने ले लिया है। बाकी माल बेचने का वचन मदन दे चुका है मुझसे पूछकर।

गम्भीरमल उत्तेजित हो उठता है।

गम्भीरमल : सेठ जी, यह अढ़ाई हज़ार गाँठें आपको मुझे देनी होंगी। मेरी इज्जत का सवाल है।

मानिकचन्द : अच्छी बात है, लेकिन आपको भी सौ रुपया फी गाँठ देना पड़ेगा, मदन से कहे देता हूँ कि वह कलकत्ता से टेलीफोन मिलाकर इनकार कर दे।

गम्भीरमल : यह तो बड़ा अन्धेर है सेठ जी। आपने अपने मुँह से पचास रुपया फी गाँठ माँगा था...अपनी जबान आप फेर रहे हैं।

मानिकचन्द : **मुसकराता है**

कलकत्ता वालों से मदन की जबान आप फिरवा रहे हैं और मुझे अपनी जबान फेरने में दोष दे रहे हैं ? गम्भीरमल जी, व्यापार में जबान भी रुपए से बँधती है। जब तक रुपया न मिल जाए तब तक इस जबान का कोई मूल्य नहीं होता।

गम्भीरमल : **नोट मानिकचन्द को दिखाते हुए।**

रुपया तो मैं आपके कहते ही ले आया हूँ...अगर मैंने रुपया देने में देर की होती तो कोई कहने की बात थी।

मानिकचन्द : यह बात वहीं समाप्त हो गई। देखिए गम्भीरमल जी, मेरी तबियत ठीक नहीं है ! इन दिनों काम-काज मदन देख रहा है। उसे झूठा बनना पड़ेगा...वह भी आपकी खातिर कर रहा हूँ। अढ़ाई हज़ार गाँठ का अढ़ाई लाख रुपया लेते आए हैं। सौदा करना है तो कर लीजिए, नहीं तो...आप जानते ही हैं, मदन कुछ कर ले तो मैं जिम्मेदार नहीं हूँगा।

गम्भीरमल : नाराज़ न होइए सेठ जी, आप पचास की जगह साठ रुपया फी गाँठ लगा लीजिए।

मानिकचन्द : सौ रुपए से एक पैसा कम नहीं।

लेटने के लिए तैयारी की मुद्रा बनाते हुए

कितनी ज़ोर की वर्षा हो रही है।

गम्भीरमल : जैसी आपकी मर्जी। यह मेरी इज्जत का सवाल है, इस सौदे में मुझे अपनी गाँठ से भरना पड़ेगा। लीजिए, यह रुपया सकार लीजिए। आप अपने मिल के मुनीम को फोन कर दीजिए। मैं उसे दाम देकर गाँठें उठवा लूँ।

मानिकचन्द गम्भीरमल से रुपया लेता हैं और फिर डायल करता है।

मानिकचन्द : परमेश्वर, हाँ, सेठ गम्भीरमल को अढ़ाई हज़ार सुपरफायन की गाँठ बेच दो...हाँ...हाँ, मिल गया है। तुम इनसे एक्स मिल दाम ले लेना। हाँ, वह तुम्हारे पास आ रहे हैं।

मानिकचन्द रिसीवर रख देता है, फिर गम्भीरमल से कहता है।

माल तीन दिन के अन्दर उठवा लीजिए, अभी कलकत्ता वालों का

आदमी नहीं आया है, अपनी पसन्द का माल ले लीजिए। अच्छा जै गोपाल जी की !

गम्भीरमल : जै गोपाल जी सेठ जी ! आपसे पार पाना असम्भव है सेठ जी !

गम्भीरमल जाता है। बल लगाकर मानिकचन्द खड़ा होता है। फिर वह सेफ़ की तरफ धीरे-धीरे चलता है। गले में सोने की जंजीर में सेफ़ की चाबी लटक रही है, सेफ़ खोलकर वह अपने हाथ वाला रुपया गिनता है। उसके मुख पर एक कुरूप और घृणास्पद मुसकान है।

पटाक्षेप

दूसरा अंक

पहला दृश्य

परदा उठता है। मानिकचन्द का दफ्तर। पीछे की तरफ एक लम्बी-सी शीशे की खिड़की है, जिस पर परदा पड़ा है। खिड़की के दोनों ओर दो लोहे के सेफ़ हैं। खिड़की के ऊपर व्यापारिक नक्शे टँगे हैं। सेफ़ से कुछ हटकर दाहिनी ओर और बाईं ओर दो छोटी मेजें पड़ी हैं। एक मेज़ के पीछे बाईं ओर वाली दीवार की ओर मुँह किए हुए लड़की बैठी है, उसके आगे एक टाइपराइटर है। दाहिनी ओर वाली दीवार से मिला हुआ एक सोफ़ा सेट पड़ा हुआ है। बाईं ओर वाली दीवार के बीचोबीच एक दरवाजा है, जो बन्द है। बाईं ओर वाली दीवार से मिला हुआ, आगे की ओर एक किताबों का रैक है। दाहिनी ओर वाले सोफ़ा सेट के आगे एक दरवाज़ा है, जो बाईं ओर वाले दरवाजे के ठीक सामने है। उस दरवाजे के किवाड़ कमानीदार हैं।

कमरे के बीच एक बड़ी-सी सेक्रेटेरियट टेबिल पड़ी है। टेबिल पर दाहिनी ओर तीन टेलीफोन और एक डिक्टफोन है। बाईं ओर टेबिल के पीछे टेबिल से मिला हुआ एक रैक है जो कागजों और फाइलों से भरा हुआ है। मेज़ पर मदन बैठा है, और मदन आवश्यकता से अधिक चिन्तित है। मदन एक बुश कोट और पतलून पहने है। उसके सामने एक रजिस्टर खुला है और वह बड़े ध्यान से देख रहा है। मदन की बाईं ओर शिवनाथ खड़ा है। शिवनाथ मानिकचन्द का हेडमुनीम है। शिवनाथ धोती-कुरता पहने है, नंगे सिर। उसकी अवस्था प्रायः साठ वर्ष की होगी, चेहरे पर झुर्रियाँ पड़ी हुई, इकहरे शरीर का आदमी। मूँछ छोटी-छोटी, लेकिन बिलकुल सफेद हो गई हैं। मेज़ के पीछे चार कुर्सियाँ हैं गद्देदार, दो दाहिनी ओर और दो बाईं ओर हैं।

मदन : **उत्तेजित स्वर में**

बारह लाख...बारह लाख का घाटा सोने में दे दिया।

शिवनाथ : **थके और भारी स्वर से**

घाटा तो शायद पाँच लाख का हुआ है, बाकी सोना सेठ जी ने खरीदा था।

मदन : लेकिन वह सोना कहाँ है ?

शिवनाथ : इसका तो मुझे पता नहीं है छोटे बाबू...मेरा ख़याल है सेठजी के पास ही होगा। मैं तो, सेठजी जैसा कहते रहे उसी तरह रकम चढ़ाता रहा। आप ही बताइए न।

मदन : मैं बताऊँ खाक !

पन्ना उलटता है।

यह शेयरों का हिसाब है।

शिवनाथ : जी हाँ...यह भी जैसा सेठजी ने बताया वैसा लिख लिया है, जो कुछ पूछना हो वह सेठजी से पूछिए !

मदन : जो कुछ पूछना है सेठजी से पूछूँ। आप तो सिर्फ मेरी तबाही के मसीहा बनकर सम्पूर्ण सामने आए हैं।

शिवनाथ : छोटे बाबू...अब मैं बूढ़ा हो गया हूँ, मुझे छुट्टी दीजिए। बीस वर्ष हो गए मुझे सेठजी के साथ। उनको करोड़पति बनते देखा है मैंने। तब भगवान् जाने मैं किस काम का मसीहा था।

मदन : **नरम पड़कर**

अगर मैं उलझन में कुछ कह गया हूँ तो उसका इस तरह बुरा न मानिए मुनीमजी, आप मेरी मानसिक हालत तो समझ ही सकते हैं।

शिवनाथ : यही तो मैं भी कहता हूँ छोटे बाबू...इस तरह से बिगड़ने का समय नहीं है। बहुत बड़ी विपत्ति है, धीरज से क़ाम चलेगा। ज़रा शान्त होकर पूरा हिसाब-किताब देख लीजिए, उसके बाद सोचिए कि क्या किया जाए।

मदन : **रजिस्टर देखता है।**

चौबीस लाख। चौबीस लाख का घाटा शेयरों में ? आपने उन्हें यह सौदा करने से रोका क्यों नहीं ?

शिवनाथ : छोटे बाबू...सौदा तो वे घर से टेलीफोन पर करते थे, मैं उन्हें रोकता कैसे ? एक-आध दफे मैंने घाटे की तरफ उनका ध्यान खींचा तो नाराज़ हो गए। डॉक्टर साहेब ने भी कई दफे उनसे टेलीफोन को कमरे से हटवा देने को कहा, लेकिन वह भला हम लोगों की कब सुनने वाले हैं ?

मदन : बारह लाख और चौबीस लाख...छत्तीस लाख हुए।

रजिस्टर का पन्ना उलटता है।

कॉटन...यह कॉटन का हिसाब है।...अट्ठाईस लाख...अट्ठाईस लाख काटन पर। मुनीमजी...यह रुई का सट्टा भी इन्होंने कर डाला !

शिवनाथ : जी हाँ, कहते थे कि मिलों के लिए खरीद रहे हैं। लेकिन निकला यह कि वह खरीद सिर्फ सट्टे की थी। आप जानते ही हैं कि कितनी तेजी से रुई के दाम गिरे हैं।

मदन : छत्तीस और अट्ठाईस चौंसठ...चौंसठ लाख।

रानी का प्रवेश। रानी के मुख पर पेंट है लेकिन उसके मुख की झुर्रियाँ दीखने लगी हैं। शरीर पर कीमती आभूषण हैं, बीस वर्ष पहले वाली रानी और अब की रानी की वेशभूषा में ज़मीन-आसमान का अन्तर है। उसकी चाल में एक तरह की अकड़ है, मुख पर एक प्रकार की दृढ़ता है। वह स्थिर गति से मदन के पास आती है।

रानी : चौंसठ लाख...यह चौंसठ लाख की क्या बात है ?

मदन : **झुँझलाए हुए स्वर में।**

बाबूजी ने अपनी बीमारी की हालत में चौंसठ लाख का घाटा दिया है.. यह उस घाटे का हिसाब है।

रानी : **एकाएक चौंककर**

चौंसठ लाख का घाटा ? असम्भव।

शिवनाथ की ओर देखती है।

क्यों मुनीमजी, यह मदन क्या कह रहा है...चौंसठ लाख का घाटा ?

शिवनाथ : मालकिनजी, सत्तर लाख का घाटा है। छह लाख का घाटा तिलहन पर भी दिया है।

मदन : तिलहन पर छह लाख ?

शिवनाथ : आगे तिलहन का भी हिसाब है छोटे बाबू।

रानी : **झुँझलाहट के साथ**

मुनीमजी...आप मर गए थे जो आपने उन्हें इस पागलपन से नहीं रोका ?

शिवनाथ : जी, मुझे आप मरा हुआ ही समझ लीजिए। लेकिन जो लोग जिन्दा रहने का दावा करते हैं, वही रोक लेते उन्हें।

रानी : यह सत्तर लाख का घाटा...यह सब क्या है ? मुनीमजी, यह सब कैसे हो गया ?

शिवनाथ : ठीक उसी तरह हो गया जिस तरह मुनाफा हुआ था मालकिनजी ! एक के बिगड़ने पर ही दूसरा बनता है।

रानी : मुनीमजी ! कोई उपाय निकालिए। आपने उनका हमेशा साथ

दिया है, इस दफे भी आप साथ दीजिए। कोई उपाय निकालिए।

शिवनाथ : जी, उपाय तो बड़ा सरल है, आप लोग यह घाटा देने से इनकार कर दें। यह घाटा सट्टे का है, कोई आपसे जबरदस्ती नहीं वसूल कर सकता है।

एक चपरासी का प्रवेश।

चपरासी : सेठ कस्तूरचन्द दफ्तर में आ गए हैं छोटे बाबू !

चपरासी चला जाता है।

रानी : सेठ कस्तूरचन्द ! क्या वे दफ्तर में बैठ रहे हैं ?

मदन मुनीम की ओर प्रश्न-सूचक मुद्रा में देखता है।

मुनीम : जी हाँ। सेठजी ने बीमारी की हालत में सेठ कस्तूरचन्द जी से मिल का काम-काज देखने को कह दिया था। लेकिन...लेकिन...

मदन : लेकिन क्या ? साफ-साफ कहिए।

मुनीम : क्या कहूँ, कुछ समझ में नहीं आता। वह तो हम लोगों से इस तरह का व्यवहार करते हैं जैसे वही इस मिल के मालिक हों। मैंने सेठजी से शिकायत की तो उन्होंने उस पर ध्यान ही नहीं दिया।

रानी : अपने सगे-सम्बन्धी हैं, इनकी बीमारी की हालत में अपने आड़े आए।

मदन : वह तो ठीक है, लेकिन काम-काज में और रिश्तेदारी में फर्क है। उनका निजी काम-काज है, वह सम्हालें। मैं अभी उनसे बातें करता हूँ।

रानी : नहीं मदन, पहले अपने बाबूजी से बातें कर लो। वही उनसे बातें कर लें—आपसी मामला है, उसमें इतनी तेजी की आवश्यकता नहीं।

मदन : हूँ—अच्छा मुनीमजी, आप अभी कुछ कह रहे थे—

मुनीम : जी, मैं कह रहा था कि यह घाटा सट्टे का है, कोई आपसे कानूनन नहीं वसूल कर सकता। आप लोग यह घाटा देने से इनकार कर दें।

रानी और मदन एक-दूसरे को थोड़ी देर तक देखते रहते हैं।

मदन : इसमें हम लोगों की बड़ी बदनामी होगी। बदनामी ही नहीं, हमेशा के लिए साख गिर जाएगी मुनीमजी !

शिवनाथ : जी छोटे बाबू...साख की चिन्ता मत कीजिए, बाजार में सेठ मानिकचन्द से लोग डरते हैं, और इसी भय के कारण इज्जत करते हैं। लेकिन साख सेठ मानिकचन्द की न कभी रही है और न कभी रहेगी।

गम्भीरमल का प्रवेश। गम्भीरमल शिवनाथ की बात का अन्तिम

भाग सुन लेता है।

गम्भीरमल : जी हाँ मुनीमजी, साख न सेठ मानिकचन्द की कभी रही है और न कभी रहेगी। मदन बाबू ! अढ़ाई लाख रुपया नकद ब्लैक का दिया है, लेकिन माल एक सौ बीस काउण्ट की जगह एक सौ दस काउण्ट का है, मिल के मामले में भी जुआचोरी !

मदन : तो आप माल वापिस कर दीजिए...एक सौ दस काउण्ट का ही माल हमारे यहाँ है। खरीदारों की कमी नहीं है।

गम्भीरमल : बात एक सौ बीस काउण्ट के माल की हुई थी और उसी पर मैंने ब्लैक दिया था। मैं कल ही आपके यहाँ माल भिजवा दूँगा, लेकिन मेरा अढ़ाई लाख रुपया वापिस कर दीजिए।

मदन : रुपए की बात आप सेठ मानिकचन्द से कीजिए...उन्हीं को दिया था आपने यह रुपया।

रानी : मुझे तो उन्होंने रुपए की बाबत नहीं बतलाया। क्यों मदन, तुम्हारे सामने रुपया दिया था ?

मदन : मेरा मतलब है उन्हीं को यह रुपया दिया होगा। मुझे तो रुपए की बाबत कुछ नहीं मालूम। क्यों मुनीम, आपको उन्होंने हिसाब में यह रकम दर्ज कराई है ?

शिवनाथ : जी मुझे तो दर्ज नहीं कराई। वैसे जितना ब्लैक का रुपया मिलता है वह सब दर्ज करा देते हैं।

गम्भीरमल : इसके...इसके ये अर्थ हुए...कि...यह अढ़ाई लाख रुपया भी... हड़पने का इरादा है।

शिवनाथ : सेठजी, हड़पना नहीं। सवाल न देने का है। कागज़ में नहीं दर्ज है, तो यह रकम नहीं मिली। लेन-देन लिखा-पढ़ी का होता है।

गम्भीरमल : मदन बाबू...यह रुपया तो मैं धरवा लूँगा...किस होश में हैं आप लोग ? मेरे ही साथ यह बेईमानी !

शिवनाथ : सेठजी, जो ईमानदार होता है वह हरेक के साथ ईमानदारी और जो बेईमानी पर उतर आया है वह हरेक के साथ बेईमानी कर सकता है। आपमें ऐसी कौन-सी खास बात है कि आपके साथ बेईमानी न की जाए ?

गम्भीरमल : मदन बाबू...मैं कहीं का न रहूँगा, इस अढ़ाई लाख के धक्के को मैं न सम्भाल सकूँगा...मेरा तो टाट उलट जाएगा। मेरे ऊपर दया कीजिए।

मदन : गम्भीरमलजी मैं बाबूजी से पूछूँगा, लेकिन हमारे ऊपर भी बड़ी विपत्ति है। सत्तर लाख का देना है...वही हिसाब देख रहा हूँ।

रानी : कैसा देना ? यह सट्टा तो जुआ है; और वह भी बीमारी की हालत

में यह जुआ हुआ है। इसके देनदार हम किसी भी हालत में नहीं हैं।

सब लोग आश्चर्य से रानी को देखते हैं। मुनीम फिर मुसकराता है।

शिवनाथ : मालकिन ने बिलकुल ठीक बात कही, बीमारी की हालत में उनका दिमाग खराब हो गया था। यानी...मुझसे तक कभी कुछ नहीं पूछा। आप निश्‍चिंत होकर बैठिए मदन बाबू...कोई कुछ नहीं कर सकता।

गम्भीरमल : लेकिन मेरा रुपया मुनीमजी...

शिवनाथ : जब न देना तय कर लिया है तब जैसे सब तैसे आप, सेठ जी। भला इस न देने में कैसा भेदभाव ?

गम्भीरमल : मैं मर जाऊँगा...मुझ पर दया कीजिए मदन बाबू...मैं मर जाऊँगा।

गम्भीरमल मदन की ओर बढ़ता है, उसके पैर लड़खड़ाते हैं, और वह गिर पड़ता है। मूर्तिवत् सब लोग गम्भीरमल को देखते हैं।

पटाक्षेप

दूसरा दृश्य

परदा उठता है। सेठ कस्तूरचन्द के बँगले का लॉन। पीछे सेठ कस्तूरचन्द की कोठी का बरामदा है जो काफी बड़ा है और जिसमें कुर्सियाँ तथा मेजें पड़ी हैं। लॉन पर बेंत की बारह कुर्सियाँ पड़ी हैं, एक पर सेठ कस्तूरचन्द बैठे हैं। उनके सामने एक बेंत की मेज़ है, मेज़ पर चाँदी का एक पान का डिब्बा, तथा चाँदी का ही सिगरेट का डिब्बा रखे हुए हैं। सेठ कस्तूरचन्द धोती और बनियान पहने हैं, उम्र पचास वर्ष। इकहरा शरीर, लेकिन बाल खिचड़ी हो रहे हैं। मूँछ आधी हैं, आँखों में चश्मा चढ़ा है। सेठ कस्तूरचन्द का मुख सामने की ओर है। सेठ कस्तूरचन्द के पीछे उनका नौकर उनके सिर पर तेल मल रहा है और सर दबा रहा है। सामने एक छोटी-सी मेज़ पर चाय की ट्रे रखी है, जिस पर फल और मिठाइयाँ हैं। शोभा बैठी हुई फल काट रही है। फल की तश्तरी वह कस्तूरचन्द के सामने रखती है। शोभा की अवस्था लगभग 25-26 वर्ष की है–शरीर कुछ स्थूल होने लगा है। सफेद चिकन की साड़ी पहने है। मुख पर आत्मविश्वास है। शरीर पर कीमती गहने हैं।

कस्तूरचन्द : **तेल लगाने वाले से**
अब बस करो...बस करो...कह दिया न बस करो।

नौकर : बस सरकार, बसै समझो ! ज़रा-सा तेल और बाकी रह गया है।

कस्तूरचन्द : **सिर को झटका देता हुआ**
जाओ, और पाँच मिनट बाद वह जो सब लोग हैं उन्हें भेज देना।
ठंडी साँस लेता हुआ
लाओ...बड़ा थक गया हूँ।

शोभा : आप मेहनत भी तो बहुत करते हैं, लालाजी ! दिन-रात दौड़ते-धूपते बीतती है।

कस्तूरचन्द : **फल खाते हुए**
मेहनत न करूँ तो इतना बड़ा काम-काज कैसे सम्भले। सगुना अभी तक लौटा नहीं...आज तीन महीने हो गए। कोई चिट्ठी आई है ?

शोभा : जी हाँ, स्विट्ज़रलैण्ड से लिखा है कि मौसम बड़ा अच्छा है, मुझे बुलाया है। आपकी जैसी आज्ञा हो।

कस्तूरचन्द : क्या बताऊँ...यह सगुना आवारा निकल गया...आवारा। चोरी, बेईमानी, धोखाधड़ी से मैं पैदा करता हूँ और यह उड़ाता है।

शोभा : पैसा खर्च के लिए ही होता है लालाजी ! लीजिए...यह सेब बड़ा मीठा है...पाँच रुपए सेर लाई हूँ।

कस्तूरचन्द : पाँच रुपए सेर ! लुटा दोगी मुझे...बस, लुटा दोगी। हाँ, तो फिर क्या सोचा श्रीमती शोभा सगुनचन्द ने।
हँसता है।

शोभा : आप जैसा कहें...थोड़ा मन बहल जाएगा।

कस्तूरचन्द : तो चली जाओ...लेकिन यह मानिक मिल का मामला कुछ अजीब ढंग ले रहा है, तुम्हारे जाने से मामला बिगड़ जाएगा।
शोभा उठकर कस्तूरचन्द के पास जाती है...थोड़ी देर तक चुप खड़ी रहती है, फिर कहती है।

शोभा : लालाजी, आपने उनके नाम बाबूजी से मैनेजिंग एजेन्सी लिखाकर मुझे मुसीबत में डाल दिया है। मदन भइया और माताजी के सामने कौन-सा मुँह लेकर जाऊँगी ?

कस्तूरचन्द : **हँसता है**
अरे अपना ही चाँद-सा मुखड़ा लेकर जाना। तुम भी तो मानिकचन्द की लड़की हो—जैसा लड़का वैसी लड़की। सगुनचन्द भी मानिकचन्द का दामाद है।

शोभा : लालाजी, मुझे यह सब अच्छा नहीं लगता। मुझे मदन भइया का

हिस्सा नहीं चाहिए--बिलकुल नहीं चाहिए।

कस्तूरचन्द : मदन का हिस्सा–मदन का हिस्सा ! मैंने सत्तर लाख रुपया मानिकचन्द के घाटे का भरा है–अपने पास से।

दाहिनी ओर से चार आदमियों का प्रवेश। सबसे आगे एक व्यक्ति है जो काला कोट और सफेद पतलून पहने है। उसकी उम्र प्रायः 50 वर्ष की है। इकहरे बदन का आदमी है। उसके हाथ में कुछ कागज़ हैं, वह वकील है। वकील के पीछे-पीछे तीन और व्यक्ति हैं। ये तीनों व्यापारी-से दिखते हैं। तीनों के सिर पर पगड़ियाँ हैं। एक व्यक्ति धोती-कुर्ता पहने है, दूसरा लम्बा कोट और धोती पहने है, तीसरा सूट पहने है। पहले दो की अवस्था प्रायः तीस वर्ष की है। कस्तूरचन्द बैठा ही रहता है और हँसकर इन लोगों का स्वागत करता है।

सब लोग : जै गोपालजी की सेठजी !

कस्तूरचन्द : जै गोपालजी की–वकील साहब–आओ भाई हीरालाल जी, अहा हा गंगाप्रसाद जी–आइए, आओ बेटा शिवलाल, अच्छी तरह तो हो।

सब लोग बैठते हैं। शोभा वहाँ से चली जाती है।

कस्तूरचन्द : कहिए वकील साहब–देख लिया यह दस्तावेज़ आपने !

वकील : इस दस्तावेज में कहीं कोई गलती नहीं, इससे किसी भी हालत में इनकार नहीं किया जा सकता कस्तूरचन्दजी !

कस्तूरचन्द : इसकी रजिस्ट्री नहीं हुई है वकील साहब। बिना रजिस्ट्री कराए यह दस्तावेज बेकार है।

वकील : जी हाँ, मैने तो पहले ही कहा था कि इसकी रजिस्ट्री हो जानी चाहिए।

कस्तूरचन्द : रजिस्ट्री मैं कैसे करा लेता, इस दस्तावेज पर मैंने मानिकचन्द के दस्तखत ले लिए, यही क्या कम है !

इस बार कस्तूरचन्द इन तीनों आदमियों की ओर देखकर मुसकराता है।

आप लोग तो जानते ही हैं। अब शर्माजी यह बतलाइए कि स्थिति क्या है ?

वकील : स्थिति ? मिल में तो आप बैठने लगे हैं ?

कस्तूरचन्द : हाँ, और मैनेजिंग डाइरेक्टर की हैसियत से मैंने पन्द्रह दिनों से काम भी सम्भाल लिया है।

वकील : **तीनों व्यक्तियों की ओर देखता है।**

आपलोग अपनी-अपनी रकमों की अदायगी की रसीद सेठ

कस्तूरचन्दजी को दे दें। इससे इतना तो साबित हो ही जाएगा कि मानिकचन्द ने सेठ कस्तूरचन्दजी से नकद रुपया लेकर अपने लेने वालों को भुगतान कर दिया है।

कस्तूरचन्द : मैंने रसीदें ले ली हैं वकील साहब...और रुपया भी मैंने इन लोगों को भुगतान कर दिया है। आखिर मानिकचन्द जी मेरे समधी हैं, उनकी बेइज्जती होती है।

तीनों व्यक्तियों की ओर देखता है।

है न ऐसा ?

एक व्यक्ति : आप बड़े दिल वाले हैं सेठ जी, सत्तर लाख रुपए की रकम कम नहीं होती। आप न बीच में पड़े होते तो हम लोगों को तो मानिकचन्द ने डुबा ही दिया था।

दूसरा व्यक्ति : जी हाँ सेठ जी, सुना है मदन बाबू सेठ मानिकचन्द का घाटा मानने से इनकार करते हैं।

कस्तूरचन्द : **मुस्कराता है।**

हाँ, मदन ही नहीं, मानिकचन्द की पत्नी भी...

तीसरा व्यक्ति : यानी आपकी समधिन।

कस्तूरचन्द : **हँसता है**

हा ! हा ! हा ! हाँ, मेरी समधिन ! सुना है उन लोगों ने यह तै कर लिया है कि यह सब सौदे बीमारी की हालत में हुए हैं जब सेठ मानिकचन्द का दिमाग खराब था। वे लोग मुकदमेबाजी के लिए तैयार हैं।

मुकदमेबाजी की बात सुनकर वकील की आँखों में चमक आ जाती है।

वकील : आप निश्चिन्त रहिए, इस दस्तावेज से कर्ज लेना साबित हो जाता है, और ऐसी हालत में मानिकचन्द को इस दस्तावेज की रजिस्ट्री करानी ही पड़ेगी।

डॉक्टर जयलाल का दाहिनी ओर से प्रवेश। डॉक्टर के आते ही कस्तूरचन्द उठकर खड़ा हो जाता है।

कस्तूरचन्द : आइए डॉक्टर साहब, बैठिए।

जयलाल : जी मैं ज़रा जल्दी में हूँ। कौन बीमार है ?

कस्तूरचन्द : **हँसता हुआ**

हम सब बीमार हैं डॉक्टर साहब, आप बैठिए न। कुछ परामर्श करना है आपसे।

जयलाल : मेरे पास परामर्श का समय नहीं है सेठजी। आप जानते ही हैं, मैं कितना व्यस्त हूँ। इस समय मुझे क्षमा कीजिए, फिर कभी आप

परामर्श कर लीजिएगा।

वकील : बैठिए भी डॉक्टर साहब, दस-पाँच मिनट में आपका कुछ बिगड़ न जाएगा।

जयलाल : जी, लेकिन दस-पाँच मिनट में मेरे किसी मरीज़ का बहुत कुछ बिगड़ सकता है।

बैठता है

कहिए क्या बात है ? लेकिन जल्दी-से-जल्दी आपको जो कुछ पूछना है, पूछ लीजिए।

कस्तूरचन्द : जी डॉक्टर साहब...जी...बात यह है कि आप मेरे समधी साहब यानी सेठ मानिकचन्द का इलाज कर रहे हैं न !

जयलाल : जी हाँ, और अब उनकी तबीयत पहले से अच्छी है, पन्द्रह दिन में वे बाहर आने-जाने लगेंगे।

कस्तूरचन्द : यह जानकर बड़ी प्रसन्नता हुई।

तीनों आदमियों की ओर देखता है।

हमारे डॉक्टर साहब का जो नाम है वह कुछ ऐसे ही नहीं है। भगवान् न करे आप लोगों को कुछ हो जाए, लेकिन अगर कभी कुछ बीमार-वीमार पड़ें तो डॉक्टर जयलाल से ही इलाज कराना।

डॉक्टर की ओर मुड़ता है।

तो डॉक्टर साहब, मुझे यह खबर मिली थी कि सेठ मानिकचन्द का दिमाग कुछ खराब हो गया है, तो फिर यह खबर झूठी थी।

जयलाल : सेठजी, दिमाग तो हर एक पैसे वाले का खराब हो जाया करता है, अगर आप पैसा पैदा करने की प्रवृत्ति को बीमारी समझ लें। सिवा इसके उनके दिमाग में न कभी कोई खराबी हुई और न कभी कुछ होगी।

वकील : जी डॉक्टर साहब, सुना है बीमारी में कुछ लोगों का दिमाग कमजोर हो जाया करता है।

जयलाल : बिलकुल ठीक है, और इस पैसे के मर्ज में तो खास तौर से। लेकिन पैसे के मर्ज को लोग मर्ज ही कब मानते हैं !

कुछ रुककर

आखिर बात क्या है जो आप लोगों ने मुझे याद किया है।

कस्तूरचन्द : बात यह है डॉक्टर साहब, कि सेठ मानिकचन्द को करीब सत्तर लाख का घाटा हुआ है। मेरी समधिन और मदन का कहना है कि यह घाटा उन्होंने पागलपन की हालत में दिया है।

जयलाल : तो सेठ कस्तूरचन्दजी, आप भी यही कहिए। उनकी लड़की आपके लड़के से ब्याही है, वह आपके समधी हैं न। उनके घाटे में आपको

भी अफसोस होना चाहिए।

वकील : डॉक्टर साहब, अपने समधी की इज्जत बचाने के लिए सेठ कस्तूरचन्द ने घाटा अपने पास से अदा कर दिया है।

जयलाल : सत्तर लाख रुपया आपने अपने समधी की इज्जत बचाने के लिए दे दिया ? हूँ...तो मुझे आपकी परीक्षा करनी होगी सेठ कस्तूरचन्दजी। सहानुभूति और हमदर्दी की मानवीय सीमा होती है। इस सीमा को तोड़ना ही पागलपन का लक्षण है।

वकील : आप समझे नहीं डॉक्टर साहब। सत्तर लाख देकर कस्तूरचन्द ने उनकी कपड़े की मिल अपने नाम लिखा ली है।

जयलाल : **बड़े ज़ोर से हँसता है।**

हा ! हा ! हा ! समझ गया, सब कुछ समझ गया वकील साहब। कोई किसी को नहीं छोड़ता...पैसे की घृणित दुनिया में प्रेम, सहानुभूति, ममता, त्याग, दया आदि का कोई विधान ही नहीं है। नहीं कस्तूरचन्दजी, आपको कोई बीमारी नहीं है, आपने मुझे बेकार बुलाया।

कस्तूरचन्द : जी मैंने आपको केवल यह पूछने के लिए बुलाया था कि मानिकचन्द का दिमाग तो नहीं खराब था।

कस्तूरचन्द एक हज़ार रुपए जयलाल को देता है।

आपका इतना समय मैंने लिया है, यह आपकी फीस है।

जयलाल : **खड़ा हो जाता है।**

क्षमा कीजिएगा...मैं न आत्मा की बीमारी का इलाज करता हूँ, न उसके इलाज की फीस लेता हूँ। आप विश्वास रखिए, सेठ मानिकचन्द का दिमाग उतना ही सही-सलामत है जितना आपका, इन सब लोगों का। उन्हें किसी तरह का पागलपन नहीं हुआ है और यह बात मैं बिना एक हज़ार रुपए लिए भी कह सकता हूँ।

चलता है।

मुझे कुछ ऐसा लगता है कि दुनिया की नज़र में ईमानदारी और सत्य पागलपन है। और इस हिसाब से न तो आप पागल हैं , न मानिकचन्द। पागल...पागल तो शायद...मैं हूँ।

पटाक्षेप

तीसरा अंक

प्रथम दृश्य

मानिकचन्द की निजी बैठक, जो मानिकचन्द के कमरे से मिली हुई है। यह बैठक एक ढके हुए बरामदे के रूप में है, बैठक में एक तख्त पड़ा है, जिस पर मोटा गद्दा बिछा है। उस तख्त पर तीन गाव-तकिए रखे हैं। तख्त के सामने चार आरामकुर्सियाँ पड़ी हुई हैं। सामने मानिकचन्द के कमरे का दरवाज़ा है। तख्त की बगल में एक मेज़ पड़ी हुई है, जिस पर टेलीफोन रखा है। नर्स एक आरामकुर्सी पर बैठी हुई अखबार पढ़ रही है और पैंसिल से उस अखबार पर निशान करती जाती है। दाहिनी ओर से रानी प्रवेश करती है। रानी का मुख उतरा हुआ और पीला है, कपड़े अस्तव्यस्त हैं। वह नर्स के पास में आकर रुकती है। नर्स रानी को देखकर खड़ी हो जाती है।

नर्स : नमस्कार...सेठानी !

रानी : **मुसकराने का उपक्रम करती हुई**
नमस्कार नर्स ! अभी दिन की नर्स नहीं आई ?

नर्स : **घड़ी देखती हुई**
जी...मिस शर्मा के आने का समय हो रहा है, अभी सवा सात बजे हैं, आठ बजे से उनकी ड्यूटी है।
मदन का बाईं ओर से प्रवेश

मदन : नमस्कार नर्स ! सेठजी की कैसी तबीयत है ?

नर्स : आज रात भर सोए नहीं। न जाने क्या आप ही आप कहते रहे। बीच-बीच में उठकर लिखने लगते थे।

रानी : डॉक्टर भी तो शायद इसी समय आते हैं ?

नर्स : जी हाँ श्रीमती जी। पन्द्रह मिनट में डॉक्टर भी आ जाएँगे, मिस शर्मा भी आ जाएँगी।
मुसकराती है
मैं स्वयं डॉक्टर की प्रतीक्षा कर रही हूँ। रात की रिपोर्ट देनी है

उन्हें।

मदन एक कुर्सी पर बैठ जाता है। उसका मुँह भी बेहद उतरा हुआ है, आँखों में एक प्रकार का सूनापन है। स्लीपिंग पाजामा और कोट पहने है। बाल बिखरे हैं।

मदन : मैं उनका इन्तजार कर रहा हूँ, तुम कमरे में जाओ।

नर्स : बहुत अच्छा, श्रीमान्।

नर्स अखबार लिए कमरे में चली जाती है। रानी मदन को गौर से देखती है। फिर मदन के सामने तख्त पर बैठ जाती है।

रानी : लेकिन मैं कहती हूँ कि सत्तर लाख का घाटा वे किस तरह कर बैठे ?

मदन : दिमाग खराब हो गया है उनका। भला सही दिमाग वाला कहीं ऐसा काम कर सकता था ?

रानी : सट्टा जुआ है। मदन, यह रकम हम लोगों से कानूनन तो ली नहीं जा सकती।

मदन : बिलकुल ठीक। इतनी बड़ी रकम देने के माने हैं हमारा करीब-करीब दिवाला निकल जाना।

रानी : लेकिन मदन, तुमने यह सट्टा उन्हें करने क्यों दिया ?

मदन : मैं यहाँ था कहाँ ? कलकत्ता में एक हफ्ता और दिल्ली में एक हफ्ते के काम में लग गए तीन हफ्ते।

कुछ रुककर रानी की तरफ देखता है।

लेकिन माँ, आखिर तुमने भी तो बाबूजी की बीमारी की खबर सुनी थी, तुम्हीं मसूरी से चली आतीं।

रानी : मैं क्या जानती थी कि बीमारी में यह पागलपन कर डालेंगे ?

जिस समय रानी अपनी बात कहती है, मानिकचन्द अपने कमरे से बाहर निकलता है। उसके पैर लड़खड़ा रहे हैं, उसकी आँखें लाल हैं, उसके मुख पर एक अजीब ढंग की कुरूपता है।

मानिकचन्द : पागलपन ! हा...हा...हा...थोड़ी-सी गलती हो गई, उसे पागलपन कहते हो...बेवकूफ कहीं के ! मैंने पैदा किया, मैंने खोया, मैंने खोया, मैं पैदा करूँगा...मैं पैदा करूँगा।

विक्षिप्त की भाँति हँसता है।

मदन : बाबूजी, आपको तो उठना तक मना है, आप कमरे के बाहर क्यों चले आए ? नर्स, तुमने इन्हें क्यों चले आने दिया ?

मानिकचन्द उत्तेजित हो दाँत किटकिटाकर देखता है।

मानिकचन्द : इसलिए कि जो घाटा मैंने दिया, उसे पूरा करना है। तुमने मेरा टेलीफोन क्यों हटवा दिया है ? मुझे सौदा करना है।

रानी उठकर मानिकचन्द के पास जाती है।

रानी : फिर वही पागलपन। चलिए, आप लेटिए चलकर।

मदन भी उठकर मानिकचन्द के पास जाता है और उसे पकड़ता है।

मानिकचन्द : मुझे छोड़ो मदन !

मानिकचन्द तख्त की ओर बढ़ता है।

सत्तर लाख का घाटा...सत्तर लाख का घाटा।

मानिकचन्द तख्त पर बैठ जाता है।

मदन : **कोमल स्वर में**

आपने घाटा नहीं दिया है, आप घाटा नहीं देंगे...लेट जाइए आप !

मानिकचन्द लेट जाता है, फिर आश्चर्य से मदन को देखता है।

मानिकचन्द : मैंने घाटा नहीं दिया है ? मैं घाटा नहीं दूँगा ?

थोड़ी देर तक सोचता है फिर मुसकरा पड़ता है।

ठीक है। मैं बीमार हूँ, मेरा दिमाग खराब हो गया है। बिलकुल ठीक।

हँसता है।

रानी : चलिए, अब अपने कमरे में लेटिए चलकर। आपको आराम की जरूरत है।

मानिकचन्द : आराम ! हाँ, मैं बहुत थक गया हूँ। नर्स, ज़रा मेरा टॉनिक कमरे से ला दो। बैठो मदन, तुम भी बैठो रानी।

नर्स कमरे में जाती है। रानी और मदन तख्त के पास कुर्सियाँ खींचकर बैठ जाते हैं।

मानिकचन्द : **थकी हुई आवाज़ में।**

रानी ! अभी तुमने कहा था बीमारी में मैंने यह पागलपन कर डाला। तुमने ठीक कहा था। लेकिन इस पागलपन का कारण बीमारी के अलावा कुछ दूसरा भी है।

रानी : वह क्या ?

मानिकचन्द : उसे जानकर तुम लोगों को एक धक्का-सा लगेगा।

मदन : नहीं बाबूजी ! आप कहिए।

मानिकचन्द : सुनना ही चाहते हो, तो सुनो। तुम जानते ही हो कि मैं एक महीने से अकेला इस कमरे में बन्द हूँ।

रानी : आप बीमार थे। लेकिन अकेले तो नहीं थे आप। दो नर्स बराबर आपकी सेवा कर रही है। डॉक्टर दोनों समय आता है। नौकर-चाकर सब मौजूद हैं।

मानिकचन्द : नर्स...नौकर...चाकर। हाँ रानी, ये सब थे, लेकिन ये मेरे कोई नहीं

थे, ये सब-के-सब पैसे के थे। किसी को मुझसे कोई सहानुभूति नहीं थी, मेरे प्रति इनमें से हरेक में भावना का अभाव था। ये सब मेरी सेवा, मेरी देख-भाल नहीं करते थे, ये लोग पैसे की गुलामी करते थे।

कुछ देर तक रुककर सोचता है

मैं इन्हें दोष नहीं देता, दुनिया में हरेक आदमी पैसे की गुलामी करता है। उस हरेक में मैं हूँ, तुम हो, मदन है। क्यों मदन, मैं बीमार था और तुम उस वक्त पैसे की गुलामी करने के लिए कलकत्ता और दिल्ली में थे। क्यों रानी, मैं यहाँ अकेला बीमार था और तुम मसूरी में बैठी हुई पैसे का उपभोग कर रही थीं।

दाहिनी ओर से शोभा का प्रवेश

मानिकचन्द : आओ शोभा...बहुत दिनों बाद आई हो।

शोभा : क्या बतलाऊँ, घर से फुरसत ही नहीं मिलती बाबूजी ! माँ के आने की खबर सुनकर कितनी मुश्किल से आ पाई हूँ यह मैं ही जानती हूँ।

रानी : तो तुम यहीं हो, मैं तो समझी तुम स्विट्ज़रलैण्ड चली गई होगी। गर्मियों में यहीं रहीं ?

शोभा : क्या करूँ...लालाजी अकेले थे, उनकी देखभाल कौन करता !

मानिकचन्द : सुना...रानी...यह शोभा...मेरी लड़की कितनी लगन के साथ अपने ससुर की देखभाल करती है ! यह तो यहाँ थी लेकिन यह भी मेरी बीमारी में नहीं आई; आने की फुरसत ही नहीं मिली। मैंने कस्तूरचन्द से कहा भी था। लेकिन इसके यहाँ पार्टियाँ होती थीं, रोज उत्सव होते थे। बीमार पिता के स्थान पर पैसे के प्रदर्शन का महत्त्व अधिक था।

शोभा : **रोने के स्वर में**

मैं इसीलिए आपके पास नहीं आती बाबूजी, जब आई तब आपने कड़वी बातें सुनाई।

मदन : बाबूजी, अब बस कीजिए...बहुत कह चुके।

मानिकचन्द : यह कठोर और कुरूप सत्य नहीं सुनना चाहते मदन। लेकिन मैं अपनी बात कहूँगा, और वह बात तुम्हें सुननी पड़ेगी। हाँ, तो उस बीमारी की हालत में मैंने अनुभव किया कि ममता, भावना नाम की कोई चीज़ नहीं है। मैं अकेला इस कमरे में उस पिशाच की भाँति बन्द था जिसके जीवन में हँसी नहीं, रोना नहीं; एक भयानक सूनापन है।

रानी : अब बस कीजिए।

मानिकचन्द : बुरा न मानो रानी। मैं न तुम्हें दोष दे रहा हूँ, न मदन को, न शोभा को; मैं तो केवल सत्य की व्याख्या कर रहा हूँ। तो वह सूनापन मेरे प्राणों को बुरी तरह अखर रहा था। और उस समय मैंने पैसे के देवता को याद किया। मैंने टेलीफोन उठाया और मैं उस देवता की उपासना में लग गया।

मदन : **तीखे स्वर में।**

लेकिन उपासना का समय हुआ करता है।

मानिकचन्द : **रानी के तीखे स्वर की उपेक्षा करते हुए**

तुम उपासना को समझती नहीं। उपासना का न कोई समय होता है न अवधि होती है। असली उपासना वह है जहाँ सारा जीवन ही उस उपासना के रंग में रँग जाए।

कुछ रुककर

और उस उपासना से सुखः दुःख मुझे फिर से मिल गए। मैं प्रसन्न होता था, मैं दुखी होता था। उस मौत के सूनेपन को मैं अपने पास से हटा सका।

मदन : लेकिन यह घाटा ? इसे हम कैसे बर्दाश्त कर सकेंगे ?

मानिकचन्द : हाँ यह घाटा !

सोचता है

मदन, अभी तुमने कहा था कि मैं बीमार था। पागलपन की हालत में मैंने ये सौदे किए थे।

मानिकचन्द जिस समय अपनी बात कहता है, डॉक्टर जयलाल बाईं ओर से प्रवेश करता है। डॉक्टर को कोई आते हुए नहीं देखता...वह दरवाजे के पास रुककर मानिकचन्द की बात सुनता है। फिर एकाएक वह कह उठता है–

जयलाल : क्षमा कीजिएगा सेठजी, आपकी तबीयत थोड़ी-बहुत कुछ खराब अवश्य थी, लेकिन आपने पागलपन की हालत में यह सौदे नहीं किए थे।

मानिकचन्द : कौन ? कौन ? डॉक्टर साहब ?

जयलाल : जी हाँ, मैं हूँ।

डॉक्टर दरवाजे से चलकर तख्त के पास आता है।

मदन : **ज़रा कड़े स्वर में**

आपकी राय तो अभी लोगों ने नहीं माँगी थी।

जयलाल : आपने नहीं माँगी है, लेकिन दूसरे लोगों ने जरूर माँगी है। बाजार में यह खबर फैल गई है कि सेठ मानिकचन्द घाटे की रकम देने से इनकार कर रहे हैं।

रानी : सट्टे में घाटा नहीं होता, वहाँ जुए की हार-जीत होती है।

मदन : और जुए की हार-जीत कानूनन वसूल नहीं की जा सकती।

जयलाल : कानूनन ! मदन बाबू...सेठजी ने अपनी एक मिल सत्तर लाख रुपए कर्ज लेकर घाटा पूरा किया है।

मदन और रानी इस तरह चौंकते हैं जैसे बिच्छू ने डंक मार दिया हो, और उठकर खड़े हो जाते हैं। शोभा उसी तरह शान्त भाव से बैठी रहती है, केवल उसके मुख पर एक हल्की-सी मुसकराहट आ जाती है।

मदन : बाबूजी, क्या यह सच है ?

मानिकचन्द के मुख पर उलझन के भाव हैं और वह चुप रहता है।

रानी : आप बोलते क्यों नहीं ?

मानिकचन्द : डॉक्टर, क्या वह दस्तावेज रेहननामा था जिस पर सेठ कस्तूरचन्द ने मेरे दस्तखत लिए थे ?

जयलाल : मुझे क्या पता ? आपने वह कागज़ देख तो लिया था।

मानिकचन्द : उसमें घाटे की और मिल की बात तो कुछ थी...कस्तूरचन्दजी ने बेइज्जती की बात चलाकर मुझे इतना घबरा दिया था कि मैंने ठीक तौर से वह कागज़ भी नहीं पढ़ा।

रानी : **शोभा को जलती आँखों से देखती है**

अच्छा, तो तुम अपने माँ-बाप को भी लूट सकती हो !

शोभा : माँ, ससुरजी ने तो बाबूजी की इज्जत बचाई, इसमें लूटने का क्या सवाल है ? आखिर उन्होंने सत्तर लाख रुपया अपने पास से दिया है।

मदन : ओह...इतना नीचे गिर सकती हो...इतना नीचे गिर सकती हो ! और इस घर में आते हुए तुम्हें शर्म नहीं आई !

शोभा : **बिगड़कर**

मुझे आप लोग इस सब में न घसीटिए।

शोभा की आँखों में आँसू आ जाते हैं और सिसकने लगती है।

तुम्हारे पास इज्जत नहीं है, ईमान नहीं है, लेकिन ससुर जी में तो यह सब है...उन्होंने तुम लोगों की इज्जत बचाने को यह सब किया।

मदन : बड़े इज्जत बचाने वाले आए। मिल पर कब्जा करके बैठ गए हैं, मैं सोच रहा था कि मामला क्या है। पूछा तो किसी बात का सीधा जवाब ही नहीं। धोखेबाज, दगाबाज...जाओ शोभा...यहाँ से जाओ !

शोभा : मैं कसम खाती हूँ कि अब इस घर में पैर न रखूँगी।

शोभा रोती हुई जाती है।

मदन : बाबूजी का दिमाग ठीक नहीं था डॉक्टर साहब ! आप तो इलाज कर रहे थे...आप यह जानते हैं। आपको इनके इलाज में बड़ा परिश्रम हुआ। आपकी इस कृपा के लिए मैं आपको दस हज़ार रुपए भेंट देता हूँ।

जयलाल : दस हज़ार मदन बाबू ! दस हज़ार रुपए की रकम बहुत बड़ी होती है, उससे लोगों की ज़िन्दगी बन-बिगड़ सकती है। दस हज़ार रुपए की रकम बहुत छोटी होती है; वह कलाकेन्द्र के उद्‌घाटन में महज़ दान के तौर पर दी जा सकती है। मुझे मेरी फीस बराबर मिलती रही है, धन्यवाद !

मानिकचन्द : मदन, डॉक्टर साहब ने बड़ा परिश्रम किया है। मैं सोचता था कि इन्हें एक बड़ा, अच्छा-सा अस्पताल खुलवा दूँ। एक अस्पताल में पचास-साठ हज़ार रुपए से कम न लगेगा, बहुत सम्भव है सत्तर-अस्सी हज़ार लग जाएँ।

डॉक्टर : सत्तर लाख के घाटे का एक प्रतिशत धर्मखाते में या व्यक्ति को खरीदने में !

रूखी हँसी हँसता है

आप यह रुपया पूर्णरूप से स्वस्थ होकर दान कर दीजिएगा। आपकी बीमारी अभी दूर नहीं हुई है।

रानी : यह दान नहीं है डॉक्टर साहब, यह आपकी सेवाओं का पुरस्कार है। फिर दान-पुण्य भी बीमारी की हालत में किया जाता है।

जयलाल : पुरस्कार, उपहार, दान ! बड़े सुन्दर शब्द हैं श्रीमतीजी ! लेकिन अभी जल्दी क्या है।

मानिकचन्द से

सेठजी, आप यहाँ क्यों आ गए ? आपको कमरे में ही रहना चाहिए। नर्स !

नर्स : डॉक्टर !

जयलाल : ज़रा सहारा दो...उठिए सेठजी !

डॉक्टर और नर्स मानिकचन्द को सहारा देकर उठाते हैं।

मदन : हम लोग चलते हैं डाक्टर। यहाँ से जाने के पहले मुझसे मिल लीजिएगा। मैं अपने ड्राइंगरूम में हूँ।

डॉक्टर : जरूर, जरूर !

मदन और रानी दाहिनी ओर जाते हैं। डॉक्टर और नर्स मानिकचन्द को सहारा देकर सामने की ओर बढ़ते हैं।

पटाक्षेप

दूसरा दृश्य

मानिकचन्द का शयन गृह। कमरा उसी प्रकार है जैसा पहले अंक के पहले दृश्य में है। मानिकचन्द आँखें बन्द किए तकिए के सहारे लेटे हैं। डॉक्टर जयलाल उनकी परीक्षा कर रहा है। जयलाल परीक्षा समाप्त करके चार्ट पर कुछ लिखता है। नर्स डॉक्टर के हाथ से चार्ट लेकर बाहर जाती है। नर्स के जाते ही किशोरीलाल का प्रवेश। किशोरीलाल के बाल अब सफेद हो गए हैं, मुख पर झुर्रियाँ पड़ने लगी हैं। धोती-कुरता पहने हैं, नंगे सिर, पैरों में चप्पल हैं। किशोरीलाल मानिकचन्द के पलँग के पास दूसरी ओर खड़ा हो जाता है। मानिकचन्द आहट पाकर आँखें खोलता है और जयलाल से कहता है–

मानिकचन्द : कितने दिन और लगेंगे डॉक्टर, यह बीमारी तो बहुत लम्बी हो गई।

जयलाल : हाँ, लम्बी हो गई है। सुधार की गति बड़ी धीमी है, सेठजी !

मानिकचन्द : लेकिन सुधार तो है !

जयलाल : आप और हम इसे सुधार कह सकते हैं, लेकिन यह केवल उतार-चढ़ाव है।

मानिकचन्द : उतार-चढ़ाव कैसा ?

जयलाल : सेठजी, बीमारी का अन्त होता है, बीमारी में सुधार नहीं हुआ करता। जितने दिन तक बीमारी चलती है वह बीमारी की अवधि कहलाती है। उस अवधि में उतार-चढ़ाव होते रहते हैं, अगर सुधार हो तब तो बीमारी अच्छी ही हो गई।

मानिकचन्द के मुख पर भय-मिश्रित चिन्ता के भाव आ जाते हैं।

मानिकचन्द : मैं अच्छा तो हो जाऊँगा डॉक्टर–बोलो !

जयलाल : **रूखी हँसी हँसता है**

अरे, आप डर गए ? आप भी डर सकते हैं, इसकी मैंने कल्पना ही नहीं की। नहीं, डरने की कोई बात नहीं। आप करीब-करीब अच्छे हो चुके हैं। एक हफ्ते में आप अपने दफ्तर जाने लगेंगे।

मानिकचन्द : सच डॉक्टर ! बहुत-बहुत धन्यवाद ! आपकी बड़ी कृपा है।

जयलाल : इलाज करना मेरा पेशा है सेठजी, जिसकी मैं फीस लेता हूँ। इसमें कृपा की कोई बात नहीं।

मानिकचन्द : हाँ, हाँ, लेकिन आप मदन से ड्राइंगरूम में जरूर मिल लीजिएगा। अस्पताल का वह प्रबन्ध कर देगा। जितना पैसा लगेगा वह लगा देगा।

जयलाल : सेठजी, क्या आप जानते हैं कि दुनिया में पैसे से बड़ी कोई ताकत नहीं ?

मानिकचन्द : मैं नहीं समझता, यह दुनिया का एकमात्र सत्य है।

जयलाल : और आप समझते हैं कि पैसे से सब कुछ खरीदा जा सकता है, धर्म, ईमान, इज़्ज़त, आबरू ?

मानिकचन्द : **थके स्वर में**

इस समय मुझसे यह प्रश्न क्यों ? तुम जानते हो डॉक्टर कि मैं बीमार हूँ।

जयलाल : **उत्तेजित होकर**

हाँ, आप बीमार हैं और आप ज़िन्दगी भर बीमार रहेंगे। इस बीमारी से मैं आपको अच्छा नहीं कर सकता। मैं क्या, कोई भी आपको अच्छा नहीं कर सकता।

मानिकचन्द : डॉक्टर, यह तुम्हें क्या हो गया ?

जयलाल : कुछ नहीं सेठजी।

किशोरीलाल की ओर संकेत करता है

आप इनको पहचानते हैं ?

मानिकचन्द किशोरीलाल की ओर अपना मुख घुमाता है।

मानिकचन्द : तुम कौन ? यहाँ कैसे चले आए ? डॉक्टर, यह कौन हैं ?

किशोरीलाल : तुम मुझे भूल गए, लेकिन मैं तुम्हें नहीं भूला हूँ, याद करो बाबू मानिकचन्द।

मानिकचन्द : तुम, तुम...किशोरीलाल...नहीं, असम्भव।

किशोरीलाल : तुम्हारी याददाश्त कमजोर नहीं है बाबू मानिकचन्द...नहीं, सेठ मानिकचन्द। मैं किशोरीलाल हूँ।

मानिकचन्द : तुम क्यों आए हो, किशोरीलाल ? मैंने तिजोरी से रुपया नहीं निकाला था। तुम्हारे पास कोई सबूत नहीं है।

किशोरीलाल : डरो मत मानिकचन्द। तुमने जो चोरी की थी। उसकी सज़ा मैं भुगत चुका हूँ। तुम्हारे पाप का प्रायश्चित मैं कर चुका हूँ।

मानिकचन्द : किशोरीलाल !

किशोरीलाल : तीन साल जेल में रहा हूँ, तीन साल ! तुम नहीं समझ सकते मानिकचन्द। घर में मेरी पत्नी थी, मेरी दो लड़कियाँ थीं, और...

जयलाल की ओर इशारा करते हुए

मेरा यह लड़का था। यह जयलाल, इसे तुम देख रहे हो, यह डाक्टरी पढ़ रहा था।

मानिकचन्द : **घबराए स्वर में**

डॉक्टर...तुम...किशोरीलाल के लड़के हो ?

किशोरीलाल : मेरी पत्नी ने अपने जेवर बेचे, मेरी लड़की ने चक्की चलाई, पड़ोस के कपड़े सिये। इस प्रकार उन लोगों ने जीवन-निर्वाह किया...इस प्रकार इस जयलाल ने पढ़ाई पूरी की।

मानिकचन्द : मुझे दुःख है।

किशोरीलाल : मैं जेल में बन्द था। कभी रोता था, कभी हँसता था, कभी पागलपन में बकने लगता था। तीन साल बाद छूटकर मैं अपने घर पहुँचा, और मैंने देखा कि मैं बुरी तरह उजड़ गया हूँ। लोग मुझसे बात नहीं करते थे। मुझ पर तिरस्कार और उपेक्षा की वर्षा होती थी। मेरे फूल-से बच्चे कुम्हला गए थे। मेरी पत्नी इन तीन वर्षों में बूढ़ी हो गई थी। घर में भयानक अभाव था।

मानिकचन्द : बस करो किशोरीलाल...बोलो, तुम क्या चाहते हो ?

किशोरीलाल : **एक करुण मुसकराहट उसके चेहरे पर आती है**

कुछ नहीं, सिर्फ तुम्हें अपनी कहानी सुनानी है। हाँ, तो मैं कह रहा था कि घर लौटकर मैंने जो देखा उससे मैं काँप उठा। उस समय तक यह जयलाल डाक्टरी पास कर चुका था। लेकिन इसकी डाक्टरी नहीं चली। एक सजायाफ्ता आदमी का लड़का था न यह ! बाप-दादों का पुराना मकान कर्ज से लद चुका था। उसे बेचकर मैं वहाँ से भाग खड़ा हुआ, और इस नगर की शरण ली।

मानिकचन्द : लेकिन उस समय तुम मुझसे क्यों नहीं मिले ?

किशोरीलाल : इसलिए कि मुझे तुम्हारा पता नहीं मालूम था। फिर मुझे इस बात का पूरा विश्वास नहीं था कि वे रुपए तुमने ही चुराए थे।

किशोरीलाल के मुख पर मानिकचन्द के लिए वितृष्णा और घृणा का भाव स्पष्ट हो जाता है।

मानिकचन्द : किशोरीलाल, तुम मुझसे रुपए वापस ले लो, लेकिन मुझे इस तरह मत देखो।

किशोरीलाल : मानिकचन्द जो कुछ मैंने सहन किया उसका कोई मुआवजा नहीं। मैं तुमसे रुपए लेने नहीं आया हूँ, मैं सिर्फ तुम्हें एक बार देखने आया हूँ। मैं तुम्हारा वैभव देखना चाहता था, लोग कहते हैं तुम करोड़पति हो, लोग कहते हैं तुम ऐश-आराम की ज़िन्दगी व्यतीत करते हो।

मदन और रानी का तेजी के साथ प्रवेश। मदन के हाथ में एक कागज़ है। वह द्वार से ही कहता हुआ आता है–

मदन : बाबूजी, इन्कमटैक्स वालों ने चालीस लाख रुपए का नोटिस दिया है।

मानिकचन्द : **चौंककर**

चालीस लाख !

मदन : न जाने कैसे उन्हें हमारे पुराने हिसाब-किताब का पता चल गया।

रानी : अजीब मुसीबत आ पड़ी है...इन रुपयों का भी प्रबन्ध करना है।

मदन : हाँ, बिना रुपए का प्रबन्ध किए कैसे काम चलेगा ! बाबूजी, आपके पास कुल कितना रुपया होगा ?

मानिकचन्द : मेरे पास कितना रुपया होगा ? क्यों ? मेरे रुपए से तुम्हें क्या मतलब ?

रानी : आप सेफ़ की चाबी मदन को दे दीजिए, कुछ प्रबन्ध तो करना ही होगा। मिल छुड़ाना है।

मानिकचन्द रानी और मदन को बारी-बारी से कई बार देखता है। उसके मुख पर एक कुरूप मुसकराहट आती है।

मानिकचन्द : तो इतनी देर तक यही सलाह करते रहे हो तुम माँ-बेटे।

मुसकराहट लोप हो जाती है, और उसका स्वर उत्तेजित हो जाता है।

सेफ़ की चाबियाँ मदन को दे दूँ और अपने हाथ कटा लूँ। जाओ यहाँ से, मैं सेफ़ की चाबी किसी को नहीं दूँगा।

रानी : आखिर आपके मरने के बाद मदन ही तो इस सम्पत्ति का मालिक होगा।

मानिकचन्द : मेरे मरने के बाद ही, उसके पहले नहीं। और मेरे मरने के लिए तुम दोनों माला फेरो, पूजा-पाठ कराओ...यहाँ से...जाओ तुम दोनों।

उत्तेजित होकर काँपने लगता है।

जयलाल : आप लोग अभी यहाँ से जाइए। जब ये शान्त हो जाएँ तब समझा-बुझाकर सब तय कर लीजिएगा।

मदन : अच्छी बात है...चलो माँ !

किशोरीलाल को देखकर ठिठक जाता है।

तुम कौन ?

किशोरीलाल : मानिकचन्द का बहुत पुराना मुलाकाती। सुना बीमार है तो देखने चला आया।

मदन और रानी चुपचाप चले जाते हैं।

मानिकचन्द : **कुछ चुप रहकर किशोरीलाल की ओर घूमता है।**

देख रहे हो किशोरीलाल !

किशोरीलाल : **दुखित और सहानुभूति के स्वर में**

देख रहा हूँ मानिकचन्द, और मुझे दुःख है। आखिर तुम सेफ़ की चाबी इन्हें क्यों नहीं दे देते ?

मानिकचन्द : किशोरीलाल, तीन साल जेल में रहकर भी तुम यह न जान पाए कि सेफ़ की चाबी ज़िन्दगी की चाबी है। उसे अपने पास से अलग कर देने के माने हैं विनाश। देख रहे हो मेरे गले में सोने की जंजीर में बँधी हुई यह चाबी ?

किशोरीलाल : ग्लानि के स्वर में

देख रहा हूँ, मानिकचन्द, वह देख रहा हूँ जिसकी मैंने कल्पना न की थी। अब मैं चलूँगा।

मानिकचन्द : नहीं किशोरीलाल, तुम अपना रुपया वापस ले लो और अपने अभिशाप से मुझे मुक्त कर दो, तब जाओ।

किशोरीलाल : किस-किसके अभिशाप से मुक्त होते फिरोगे मानिकचन्द ? तुम अभिशाप को गलत समझ रहे हो। तुम्हारे ऊपर मेरा अभिशाप नहीं है, अभिशाप रुपए का है।

मानिकचन्द : किशोरीलाल, मुझे क्षमा करो !

किशोरीलाल : तुमने मेरा कोई अपराध नहीं किया मानिकचन्द, तुम मुझसे क्षमा बेकार माँग रहे हो। कोई बहुत बड़ा पाप किया होगा मैंने कभी, उसी का वह दंड मैंने भुगत लिया है और आज मेरे मन में कोई ग्लानि नहीं, कोई सन्ताप नहीं। मेरे लड़के की डॉक्टरी अच्छी चलती है और वह ईमानदार तथा कर्तव्य-परायण आदमी है। मेरे पास कोई अभाव नहीं। मेरे जीवन में मेरी पत्नी की, मेरे पुत्र की, मेरे पौत्रों की ममता है, मेरा सुख-दुख उनका सुख-दुख है। यह क्या कम है ? मैं भगवत् भजन करता हूँ, मैं तुमसे कहीं अधिक सुखी हूँ।

मानिकचन्द : अनायास उठकर बैठ जाता और उत्तेजित होकर कहता है।

तुम झूठ बोल रहे हो किशोरीलाल, तुम मुझे धोखा दे रहे हो।

किशोरीलाल : कठोर स्वर में

मानिकचन्द, धोखा मैं तुम्हें नहीं दे रहा हूँ, धोखा तुम अपने को दे रहे हो। तुम्हारी सुख-शान्ति अर्थ के पिशाच ने तुमसे छीन ली, तुम्हारा सन्तोष उसने नष्ट कर दिया। उस दिन जब तुम दस हज़ार रुपया चुराकर लाए थे, तब तुमने समझा था कि तुम रुपया खा गए...लेकिन तुमने बहुत गलत समझा था।

मानिकचन्द : मैंने गलत समझा था ?

किशोरीलाल : हाँ तुमने गलत समझा था। मैं कहता हूँ कि तुमने रुपया नहीं खाया था, रुपया तुम्हें खा गया।

मानिकचन्द स्तब्ध-सा मौन किशोरीलाल की ओर देखता है, फिर करुण स्वर में कहता है।

मानिकचन्द : क्या कहा किशोरीलाल...रुपया मुझे खा गया ?

किशोरीलाल : हाँ मानिकचन्द, रुपया तुम्हें खा गया। तुम अपने जीवन को देखो ! तुममें ममता नहीं, दया नहीं, प्रेम नहीं, भावना नहीं। तुम्हारे अन्दर वाला मानव मर चुका है। आज तुम्हारे अन्दर अर्थ का पिशाच घुस गया है।

किशोरीलाल मुँह फेरकर चल देता है, मानिकचन्द पुकारता है।

मानिकचन्द : किशोरीलाल ! किशोरीलाल !

किशोरीलाल जैसे मानिकचन्द की आवाज़ सुनता ही नहीं, वह चला जाता है।

मानिकचन्द : गया डॉक्टर, गया।

तकिए के सहारे लेट जाता है।

सुना कितनी कठोर बात कह गया।

जयलाल : शायद वह बड़ा सत्य कह गए, जिससे आप मर्माहत हो उठे हैं। अब आप चुपचाप लेट जाइए।

नर्स और रानी का प्रवेश

नर्स : डॉक्टर ! छोटे सेठ ने कहा है कि उन्हें आफिस जाने में देर हो रही है, आप उनसे मिल लीजिए।

रानी : हाँ डॉक्टर साहब, मैं इनके पास हूँ, आप मदन से मिल लीजिए।

मानिकचन्द विक्षिप्त की भाँति उठकर बैठ जाता है।

मानिकचन्द : सेफ़ की चाबी लेने आई हो ?

बड़ी ज़ोर से हँसता है

हा...हा...हा ! नहीं मिलेगी, सेफ़ की चाबी नहीं मिलेगी जब तक मैं जिन्दा हूँ। जानती हो इस दुनिया में मेरा कोई नहीं है। बीवी, बच्चे, नातेदार, पड़ोसी, नौकर...ये सब-के-सब मेरे नहीं हैं, मेरे रुपए के हैं। अभी किशोरीलाल मुझे बतला गया है कि मैं मर चुका हूँ। वह मुझसे कह गया है कि रुपया तुम्हें खा गया।

रानी : **घबराकर**

डॉक्टर, इनकी तबीयत तो ठीक है ?

मानिकचन्द : बिलकुल ठीक है रानी, केवल एक सत्य मुझ पर प्रकट हुआ है। मेरी प्रेतात्मा को किशोरीलाल न जाने कहाँ से पकड़ लाया और वह उस प्रेतात्मा को मेरे सिरहाने छोड़ गया। सुन रही हो वह प्रेतात्मा क्या कह रही है ?...वह कह रही है...रुपया तुम्हें खा गया। रुपया तुम्हें खा गया...रुपया तुम्हें खा गया।

मानिकचन्द ज़ोर-ज़ोर से चिल्लाता है, सब लोग स्तब्ध से उसकी ओर देखते हैं और परदा गिरता है।

पटाक्षेप

तारा

प्रथम दृश्य

तारा का प्रवेश

तारा : यह तप, यह जीवन की अविकल साधना,
किन्तु शान्ति अस्तित्व तुम्हारा है कहाँ ?
किस अनन्त अज्ञात लक्ष्य की ओर तुम
प्रेरित करते रहते हो विचलित हृदय ?
यह यौवन की मादकता तो क्षणिक है !
विकसित कुसुम पराग सदा रहता नहीं,
वैभव का पल आया और चला गया,
शेष रहा परिताप, मानसिक वेदना।
फिर जीवन का कठिन व्यर्थ बलिदान यह
कहो किस लिए ? इस उमंग के स्रोत की
किस सुख की आशा से गति अवरुद्ध है ?
यह क्या ? यह कैसी विरोधी की भावना ?
अनुचित है, जीवन का कलुषित पृष्ठ है,
भ्रम है, भ्रम है, निपट पाप की प्रेरणा !
है कर्त्तव्य प्रधान और आराधना।
आराधना ! अरे किसकी आराधना ?
मनोभाव की और प्रकृति के नियम की ?
या स्वामी के पूज्य चरण रज की ? अरे
वे मेरे पति ? नहीं भूल है ! भूल है !
वे हैं गुरु, गुरुजन, पूजा के पात्र हैं
प्रेम ? नहीं उन पर तो मेरी भक्ति है।
मुझे चाह है रस की, पावन प्रेम की,
उस विस्मृति की, उस अनन्त संगीत की
जिसमें निज ममत्व को सहसा भूल कर
हो जाऊँ मैं मग्न, और कर दे मुझे
प्रबल प्रेरणा प्रथम प्रेम की प्रवाहित
मादकता के विस्तृत तीव्र प्रवाह में !

बृहस्पति का प्रवेश

उफ़ असह्य है इस विरोध की भावना

बृहस्पति : तारा ! तारा ! किस विरोध की भावना ?
यह मिथ्या कल्पना सदा निःसार है !
जीवन का पथ बाधाओं का केन्द्र है,
तृष्णा का प्राबल्य; पाप की वासना
इनका दमन—हमारा यह कर्त्तव्य है
यह विरोध क्या है ?

तारा : यौवन का भार है ?
क्या बलिदान सदा जीवन का सार है !

बृहस्पति : "मृगतृष्णा का यह संसार असार है !"
यही ज्ञान जीवन का केवल सार है !
वैभव, सुख, ऐश्वर्य, भोग के चार दिन
यह सब है कल्पना ! भ्रान्ति के राज्य में
है प्राधान्य वासना का, यह वासना
इस जीवन के अधःपतन की मूल है,
है कर्त्तव्य दमन इसका, यह विजय ही
है बलिदान, विजित होना ही भूल है।

तारा : नाथ शान्ति दो, यही विनय है शान्ति दो,
मनोवृत्ति की चंचल गति है क्या करूँ ?
कर्मक्षेत्र है शुष्क, तर्क भ्रम जाल है
है केवल अवलम्ब आपके चरण में।
प्रभु हैं स्वामी, मैं हूँ प्रभु की सहचरी
यह भावों का वेग, भयानक भ्रान्ति है
मुझे ले चलो वहाँ जहाँ पर शान्ति है !

प्रस्थान

बृहस्पति : यह क्या देखा ? इस अनन्त संगीत में
यह विरोध की ताल ? सुधा के स्रोत में
मादकता की धार ! आह री वासना ?
"कर्म क्षेत्र है शुष्क, तर्क भ्रम जाल है ?"
व्यर्थ हुई फिर क्या यह अविकल साधना ?
पुण्य शुष्क है, रसमय केवल पाप है
कर्म-मार्ग में ही विरोध का ताप है !

द्वितीय दृश्य

बृहस्पति चन्द्रमा को पढ़ा रहे हैं

चन्द्रमा : गुरुवर क्या है पुण्य, और क्या पाप है ?
असफलता क्या जीवन में अभिशाप है ?
बृहस्पति : पाप ? पाप क्या है ? मनुष्य की भूल है,
है समाज के नियमों की अवहेलना,
एक परिधि है आकांक्षा की, चाह की,
उसके भीतर रह कर चलना पुण्य है,
उसके बाहर गए और बस पाप है !
चन्द्रमा : प्रभो उचित है यह ! पर है क्या वासना ?
क्या यह पाप-वृत्ति की सदा उपासना ?
बृहस्पति : इच्छा और वासना ! जीवन क्रान्ति है !
मनोवृत्ति को प्रेरित करती वासना,
मनोवृत्ति आकांक्षा की आधार है,
आकांक्षा ही परिवर्तन का मूल है,
परिवर्तन है अमिट नियम इस प्रकृति का,
इसीलिए वासना प्रकृति का अंश है,
प्रकृति स्वयं है पाप पुण्य कुछ भी नहीं !
चन्द्रमा : देव वासना का विरोध फिर किस लिए ?
बृहस्पति : जहाँ वासना, शान्ति वहाँ पर भ्रान्ति है
और शान्ति ही इस अनन्त का अन्त है !
है समाज के इन नियमों का लक्ष्य क्या ?
सदा प्रकृति का दमन कभी सम्भव नहीं
और प्रकृति की स्वतन्त्रता ही क्रान्ति है।
पर अभीष्ट है शान्ति ! इसलिए यह प्रकृति
है समाज के बन्धन से जकड़ी हुई !
चन्द्रमा : है प्रत्येक व्यक्ति प्रतिकूल समाज के
और उसी से निर्मित सकल समाज है
फिर समाज के बन्धन का है मूल्य क्या ?
बृहस्पति : है ममत्व आधार हमारी प्रकृति का
अपने सुख की सब करते हैं कामना,
साधन ही है उचित और अनुचित सदा।
किन्तु हमारा ध्येय 'लक्ष्य', 'साधन' नहीं
पर समाज का 'साधन' ही आधार है,

और हमारे सुख-दुख का संसार के
सुख दुख से दृढ़तर गहरा सम्बन्ध है !
है समाज प्रतिजन की रक्षा के लिए
इसीलिए हम हैं प्रतिकूल समाज के।

चन्द्रमा : हाँ समझा !

बृहस्पति : पर इस समाज के सब नियम
निर्धारित करते हैं अनुचित उचित को।
जीवन में वासना सदैव प्रधान है,
उनकी तृप्ति हमारा पहला काम है
और तृप्ति का अनुचित साधन पाप है।
अहम् भाव है मुख्य, ममत्व प्रधान है,
अनुचित उचित विचार सदा सम्भव नहीं
इसीलिए वासना वत्स ! अभिशाप है !

तारा का प्रवेश

तारा (स्वगत) : अर्ध-रात्रि के अन्धकार के अंक में
जब निद्रा से वशीभूत संसार है,
प्रेमोन्मत्त प्रेमिका के पर्यंक में
प्राणनाथ के आलिंगन का पाश है,
उद्गारों के उच्छृंखल उच्छ्वास में
और उमंगों की उत्फुल्ल उठान में
पड़कर उस अज्ञात लक्ष्य की ओर को
जहाँ मधुर मतवालेपन का वास है,
बस धीरे-धीरे मदमाती चाल से
हो अभिन्न, कर से कर, उर से उर मिला
एक प्राण हो, एक हृदय हो, मग्न हो
अविकल अथक निराले निर्मल प्रेम में
प्रेमी और प्रेमिका जब करते गमन
उफ असह्य सा इस यौवन का भार है !

चन्द्रमा को देखकर

कौन ? अरे उज्ज्वल प्रकाश के पुंज-सा
दशों दिशा को आलोकित करता हुआ,
कौन कालिमा के इस कलुषित कक्ष को
नष्ट भ्रष्ट करने में सफल समर्थ है ?
सुन्दरता की सजीव प्रतिमूर्ति सा !
नहीं अरे फिर वह विरोध की भावना ?

नहीं, कौन यह व्यक्ति ? नहीं, पर पुरुष है
पापवृत्ति तुम विजय पा सकोगे नहीं;
अरे व्यर्थ है व्यर्थ तुम्हारी प्रेरणा !

बृहस्पति से

प्राण नाथ !

बृहस्पति : तारा ! बोलो क्या काम है ?

तारा : अभिलाषा थी स्वामी के सत्संग की !

चन्द्रमा : माता मेरा सादर तुम्हें प्रणाम है !

तारा (स्वगत) : माता ! उफ कैसा अभिशापित व्यंग्य यह ?
गुरुपत्नी ! गुरुपत्नी ! कैसे सुकृत थे
जिनके बल पर अनायास माता बनी;
माता ! माता ! यह भावना असह्य है
मैं माता हूँ और शिष्य तुम पुत्र हो !

चन्द्रमा से

शिष्य तुम्हें गुरुपत्नी का आशीष है ?

बृहस्पति से

अर्धरात्रि है, नाथ शयन का समय है !

बृहस्पति : अर्धरात्रि है और शयन का समय है !
चलता हूँ तारा ! तुम मेरे शिष्य द्विज
जाता हूँ कल देश पर्यटन के लिए,
और वत्स तुम मेरे प्यारे शिष्य हो
आश्रम की सेवा का तुम पर भार है !

चन्द्रमा : यह आज्ञा प्रभु की मुझको स्वीकार है !

तारा और बृहस्पति का प्रस्थान

चन्द्रमा : क्यों आँखें झँप गईं और कम्पन हुआ ?
हृदय धड़कने लगा वेग से किस लिए ?
ये अभिशापित अशुभ अपशकुन आह रे !
तारा गुरुपत्नी तारा तुम कौन हो ?
धूम रहित तुम अग्नि शिखा की ज्वाल हो;
उथल पुथल हो, तुम भीषण भूचाल हो,
अरे कौन हो सुन्दरता की जाल हो,
कर्म-क्षेत्र के पथ पर कर्कश काल हो,
गुरुपत्नी ! गुरुपत्नी ही मायाविनी !
अलसाई आँखें, मदमाती चाल हो !
तुम उमंग की उल्लसित उच्छ्वास हो !

तुम अनंग की अभिशापित आवास हो !
क्या निमग्न करके ही छोड़ोगी मुझे
तुम अथाह तृष्णा की तीव्र तरंग हो !
उफ़ विलासिता की तुम कैसी व्यंग हो !
अरे कौन हो ? कठिन तुम्हारा पाश है
अधःपतन हो; असफलता हो ! नाश हो !

तृतीय दृश्य

तारा का प्रवेश

तारा : तृष्णा ! तृष्णा ! कहाँ तुम्हारा लक्ष्य है ?
रूप-राशि की मादकता विकराल है,
धीरे-धीरे अरे परिस्थिति-चक्र तुम !
कहाँ किधर किस ओर लिए चल रहे हो ?
आह तुम्हारी प्रबल प्रेरणा कठिन है,
इस अभागिनी का यह पथ अज्ञात है,
पतन और उत्थान नहीं कुछ ज्ञात है,
सोचूँ समझूँ ? नहीं, यही सम्भव नहीं
असहनीय आघात तुम्हारा अति सबल,
मुझे चलाता ही रहता दिन रात है !

चन्द्रमा का प्रवेश

चन्द्रमा : गुरु की आज्ञा है, सेवा का भार है,
कर्म-मार्ग संकीर्ण कंटकाकीर्ण है,
हैं सागर गम्भीर, निशा का काल है,
उच्छृंखल लहरें हैं, नौका जीर्ण है,
इधर प्रलय, मेघाच्छादित आकाश है,
और लक्ष्य अज्ञात, सामने नाश है !
यौवन मदिरा से नाविक उन्मत्त है,
नहीं दीख पड़ता अब उसे प्रकाश है।
पतन ! प्रेम क्या तुम यथार्थ ही पतंन हो ?
नहीं, विश्व के निर्णय का आधार क्या ?
अरी वासना क्या तुम निश्चय पाप हो !
नहीं कुछ नहीं, तुम तो केवल प्रकृति हो।
'प्रकृति स्वयं है पाप पुण्य कुछ भी नहीं !'

इच्छाएँ हैं पूरी होने के लिए,
साधन ही में सदा पाप है पुण्य है,
पर क्या उनकी हत्या पाप नहीं हुआ ?

तारा को देखकर

यह हलचल, यह क्रान्ति ! अशुभ वह समय था
जब देखा था तुम्हें, कहाँ ले चलोगी ?
अरे रक्त-रंजित मतवाले नेत्र ये !
और शिथिल यह देह रूप के भार से !
कहो क्या करोगी ? बोलो क्यों मौन हो ?
तारा—गुरुपत्नी तारा तुम कौन हो ?

तारा : नहीं जानती हाय स्वयं ही कौन हूँ;
मैं जग के विरोध की भाषा मौन हूँ !
मैं समाज-निर्मित समाज की दोष हूँ;
स्वयं घुला देने वाली मैं रोष हूँ;
क्या हूँ ? इस अनन्त में कण हूँ, कुछ नहीं
पर अनन्त उद्‌गारों की मैं कोष हूँ !
अलग रहो ! तुम जल जाओगे नवयुवक
दबी हुई तृष्णा की भीषण आग हूँ !
मैं व्यापक विरोध से विकृति विराग हूँ !
अरे कौन हूँ ! केवल भ्रम हूँ, भूल हूँ,
तुम मेरे रक्षक हो, भक्षक मत बनो !
अपने ही को चुभने वाली शूल हूँ,
शून्य साधना से हो मैं वह त्याग हूँ,
भ्रमर नहीं हैं जहाँ उसी एकान्त में
खिले हुए कुसुमों का मधुर पराग हूँ,
विकसित यौवन की मैं दबी उमंग हूँ
रूप-राशि हूँ, रूप-राशि की चाह है
उठे और मिट जाए वही रस रंग हूँ !
वह निराश हूँ आशा देखी ही नहीं,
अभिलाषा हूँ, इच्छाओं की अंग हूँ;
मैं क्या हूँ, इस निखिल विश्व की व्यंग हूँ !

चन्द्रमा : यह प्रलाप क्यों ? देवि शान्त हो शान्त हो !
देखो मेरी ओर न तुम उद्‌भ्रान्त हो !
तुम हो झंझावात भयानक क्रान्ति की,
मैं अशान्ति का उदधि गहन गम्भीर हूँ,

आओ मिलकर आज विश्व को उलट दें।
मैं शीतल हिम, तुम आभामय अग्नि हो,
अरे ग्रीष्म ऋतु की तुम तप्त बयार हो,
मैं हेमन्त के ओलों की बौछार हूँ !
हम तुम आओ मिल कर सुखद बसन्त हों !
मधुर तुम्हारा गान कुहू की कूक हो,
मैं ऋतुराज सुनूँ पुलकित हो, मूक हो,
तुम सुगन्ध हो, मैं समीर होकर बहूँ;
तुम हो कुसुम, भ्रमर मैं भ्रमता ही रहूँ;
उषा-रूप तुम मैं सुन्दर कलरव उठूँ;
तुम हो लतिका मैं तरुवर शाखा बनूँ;
पाप, पुण्य, वैराग्य, वासना, नाश हो !
हो विस्मृति का अंक, मग्न हो जाएँ हम !

तारा : क्या यह भी सम्भव है ? भ्रम है, भूल है !
वत्स चन्द्र, मैं गुरुपत्नी, तुम शिष्य हो।
नहीं जानते तुम क्या करने चले हो !
तुम हो उनके शिष्य, उन्हें विश्वास है
तुम पर और तुम्हारी श्रद्धा भक्ति पर !
हाथ जोड़ती हूँ, इस निर्बल हृदय को
दिखलाओ सन्मार्ग, तुम्हारा धर्म है !
पाप-मार्ग की ओर न प्रेरित तुम करो !

चन्द्रमा : पाप ! कौन कह सकता इसको पाप है ?
कहो पाप की परिभाषा क्या एक है ?
और तर्क ही क्या सब का आधार है ?
फिर इतने मत, इतने दर्शन हैं जहाँ

उलटी सीधी चाल, विरोध प्रधान है;
कलह और विद्रोह जहाँ आधार है,
रक्तपात है जिनमें साधन मुक्ति का,
कहो किसलिए ? धर्म-धर्म ही व्यंग है !

गुरु से शिक्षा पाई दर्शन-शास्त्र की,
किन्तु शान्ति मिल सकी नहीं उसमें मुझे !
गुरुपत्नी हो देवि ! तुम्हारे चरण में
आया है यह दास भिखारी शान्ति का,
उसे प्रेम की दीक्षा देकर शान्ति दो !

तारा : हृदय सम्हल कर ! सुख है, नहीं प्रलाप है !
क्षणिक क्षीण आवेश और फिर कुछ नहीं !
पल भर ठहरो, सोच समझकर ! क्या कहा ?
जहाँ प्रेम है वहीं हर्ष है शान्ति है !
चन्द्रमा से
यदि है धर्म-मार्ग पर ही करुणा व्यथा,
तो फिर आओ चलें पतन को ही चलें;
अगर पाप में ही सुख है, तो पाप ही
हम दोनों बन जाएँ, एक होकर रहें
अलग न हों हम, और नरक भी स्वर्ग हो !

चौथा दृश्य

बृहस्पति का प्रवेश

यह कुटीर की उदासीनता किस लिए ?
मधुवन भरता है सूना निःश्वास क्यों ?
पशु हैं क्यों उद्विग्न, मलिन शंकित यहाँ ?
पक्षी क्यों मौन व्रत है धारण किए ?
यहाँ नहीं है शान्ति, यहाँ स्थिरता नहीं,
नीरवता में व्यथा सिसकती है यहाँ !
अरे मौन क्यों मेरा स्वागत कर रहा ?
तारा ! तारा ! प्राणेश्वरी कहाँ गई ?
आओ ! आओ ! खड़े द्वार पर प्राणपति
उनका स्वागत करो; शिष्य द्विज तुम चलो,
मस्तक पर गुरु की चरणों की धूल लो !
यह क्या ? फिर भी वही मौन निस्तब्धता !
पत्नी तारा और शिष्य द्विज हैं कहाँ ?
देखूँ तो !

कुछ सोचना

यह क्या ? यह क्या ? यह क्या अरे !
कैसा यह विश्वासघात—उफ़ वासना !
जीवन की वह कठिन तपस्या, साधना—
उसका यह परिणाम ? भयानक पतन यह !
तारा ! तारा ! कुलटा, पापिन, राक्षसी !

और चन्द्र—गुरुद्रोही पापी चन्द्र तुम
बच न सकोगे कभी पाप परिणाम से !
तुमने तोड़ा है समाज के नियम को,
तो फिर आओ चलो दण्ड भी तुम सहो !

चन्द्रमा और तारा का प्रवेश

चन्द्रमा से

ऐ कृतघ्न उद्भ्रान्त तुम्हारा नाश हो !
सुर हो तुमने किया सुधा का पान है,
मर सकते हो नहीं मुझे यह दुःख है।
देता हूँ मैं शाप नित्य घुल घुल मरो।
फिर जीवित हो शनैः शनैः—आकाश में
अन्धकार के समय सदा विचारा करो
जिससे यह संसार सदा देखा करे
पापी को—प्रति बार पाप परिणाम को !

तारा से—

पतिता दुराचारिणी तारा तुम चलो
चूर चूर होकर बिखरो आकाश में
निज प्रेमी के साथ सदा घूमा करो।
देखो उसका नाश और तुम विश्व से
निज पापों की कहो कहानी सर्वदा !

कर्ण

यदि मुझसे यह प्रश्न किया जाए कि महाभारत के किस चरित्र ने मुझे सबसे अधिक प्रभावित किया, तो मैं निःसंकोच भाव से उत्तर दूँगा—"कर्ण ने।"

यह सत्य है कि कर्ण ने कौरवों का पक्ष लिया था, और न्याय तथा धर्म कौरवों के साथ न था। कौरवों का समर्थक होने के नाते कर्ण को अन्याय और अधर्म का समर्थक कहा जा सकता है, फिर भी कर्ण का चरित्र निष्कलंक और उदात्त है, इतना मुझे मानना ही पड़ता है। कहीं भी किसी प्रकार का नीचापन, कम-से-कम, मुझे तो कर्ण में देखने को नहीं मिला। जिन मान्यताओं को सत्य समझकर वह जीवन में बढ़ा, उन मान्यताओं पर वह अन्त तक स्थिर रहा।

"अतिशय वीर, पराक्रमी, उदार और दानी।" इन शब्दों में कर्ण के सम्पूर्ण चरित्र का विश्लेषण किया जा सकता है। अपने पौरुष और शौर्य पर उसे विश्वास था, अपनी उदारता और दानवृत्ति पर उसे अभिमान था। यदि उसमें कहीं कोई कमजोरी थी तो अपने पर विश्वास और अभिमान की कमजोरी थी। इन कमजोरियों के साथ-साथ कर्ण के जीवन में एक भयानक कुटता थी जो उसे समाज और परिस्थितियों से प्राप्त हुई थी, और इसलिए उस कटुता के लिए कर्ण को कम-से-कम मैं तो दोषी नहीं ठहरा सकता।

कर्ण के जन्म की कथा कुछ विचित्र-सी है। कुन्ती को यह वरदान मिला था कि जिस देवता का वह आवाहन करेगी वह देवता उसके पास आ जाएगा। उस समय कुन्ती कुमारी थी और उसमें बाल्यकाल की चंचलता थी। उसने अपने वरदान की परीक्षा लेने के लिए सूर्य का आवाहन किया। उस सूर्य से कुन्ती को एक पुत्र मिला—वह पुत्र कर्ण था।

कुमारी कुन्ती का पुत्र-जनन करना समाज में बहुत बड़ा लांछन होता, इसलिए कुन्ती ने उस पुत्र को त्याग दिया। कर्ण का लालन-पालन एक सूत के यहाँ हुआ जिसने कर्ण को अपने पुत्र की भाँति पाला। स्वभावतः दुनिया की नज़र में कर्ण सूत-पुत्र ही था।

महाभारत के समय में सूत वर्णहीन समझे जाते थे। सूत को समाज में कोई स्थान नहीं था और इस प्रकार कर्ण समाज-च्युत था, उनके साथ शूद्रों का सा व्यवहार किया जाता था।

पर कर्ण में अपने पिता सूर्य का तेज़ था। उसमें शौर्य था—युद्ध कौशल था। धनुर्विद्या में यदि विश्व भर में अर्जुन की कोई समता कर सकता था तो वह कर्ण था। कर्ण के शौर्य और कौशल की ख्याति दशों दिशाओं में व्याप्त थी।

पर सूत-पुत्र होने के कारण उसकी गणना महारथियों में नहीं होती थी। वह समाज

में तिरस्कृत और लांछित था। वर्ण-व्यवस्था के गरल का पान उसे अपने जीवन के प्रत्येक क्षण में करना पड़ता था। समाज के इस अपमान का उसके उर में कटुता उत्पन्न कर देना स्वाभाविक ही था। पर इतना होते हुए भी वह अतिशय संयमी था। कहीं भी उसमें असंयम के दर्शन नहीं होते, सामाजिक व्यवस्था के प्रति उसने कभी विद्रोह नहीं किया। उसने सामाजिक विधान को धैर्य के साथ स्वीकार किया। उसने अपने समस्त शौर्य और पौरुष को जन-कल्याण पर समर्पित कर दिया। अपने शौर्य और पौरुष से उसने जो कुछ भी उपार्जन किया वह अपने स्वार्थ के लिए नहीं, केवल परार्थ के लिए। अपने युग का वह सबसे बड़ा दानी माना जाता था। निःसंकोच दान देना—इस सात्विकता में उसने अपनी सामाजिक असमर्थता की कटुता को डुबा दिया था।

पर आखिर कर्ण मनुष्य था, भावना का प्राणी। उसमें प्रेम और ममता की भावनाएँ थीं।

द्रौपदी के सौंदर्य की चर्चा सब ओर थी। कर्ण युवा था, अविवाहित था। वह द्रौपदी के प्रेम में पड़ गया और द्रौपदी को वरण करने की अभिलाषा उसके हृदय में बलवती हो उठी। जब द्रौपदी के स्वयंवर का समाचार उसने सुना और स्वयंवर में लक्ष्य-बेध की शर्त उसने सुनी तो उसके मन में एकाएक द्रौपदी को वरण करने की आशा जाग उठी। लक्ष्य-बेध की कठिन शर्त को उसके सिवा अर्जुन को छोड़कर और कोई पूरा न कर सकता था और अर्जुन बनवास में थे। कर्ण बहुत बड़ी आशा लेकर द्रौपदी-स्वयंवर में गया।

किन्तु उस स्वयंवर में उसे स्वयं द्रौपदी द्वारा ही अपमानित होना पड़ा। वह सूत-पुत्र होने के नाते वर्णहीन था न ! भरी सभा में जब वह लक्ष्य लेने के लिए आगे बढ़ रहा था, उसे रोक दिया गया कि सूत-पुत्र होने के कारण उसे द्रौपदी को वरण करने का अधिकार नहीं है।

द्रौपदी द्वारा वह अपमान उसके प्रेम पर, उसकी भावना पर एक प्रकार से घातक प्रहार था। निष्प्रभ और अपमानित, नतमस्तक वह लौटकर अपने आसन पर बैठ गया। उसने किसी प्रकार के असंयम और विद्रोह का उस समय पदर्शन नहीं किया, पर इतना निश्चित है कि कर्ण में उस समय ऐसी भयानक कटुता भर गई कि उसने उसके जीवन के स्रोत को ही बदल दिया।

कर्ण के अन्दर अर्जुन के प्रति जो दुर्भावना और शत्रुता के दर्शन होते हैं उसे समझने के लिए हमें द्रौपदी-स्वयंवर का सहारा लेना पड़ेगा। महाभारत पढ़ते समय ऐसा लगता है कि कर्ण में अर्जुन के प्रति ईर्ष्या थी और इसी ईर्ष्या के कारण वह अर्जुन का भयानक शत्रु बन गया था। पर मैं समझता हूँ कि कर्ण में अर्जुन के प्रति ईर्ष्या को मानना कर्ण के साथ अन्याय करना होगा। ईर्ष्या वह करता है जो निर्बल हो, असमर्थ हो। कहीं भी कर्ण अर्जुन से युद्ध-कौशल में, पौरुष में और पराक्रम में नीचा नहीं दिखता, अधिक-से-अधिक अर्जुन को कर्ण का समकक्षी ही कहा जा सकता है, यद्यपि कर्ण और अर्जुन के युद्ध के वर्णन को पढ़कर तो ऐसा लगता है कि शायद कर्ण अर्जुन की अपेक्षा

कुछ अधिक कुशल और समर्थ था क्योंकि कर्ण की मृत्यु में कृष्ण की नीति का बहुत बड़ा हाथ था और कर्ण को अर्जुन ने तब मारा जब वह अपने अस्त्रों को रखकर अपने रथ को कीचड़ से निकाल रहा था।

वास्तविकता तो यह है कि कर्ण, जो अर्जुन का सबसे बड़ा शत्रु बन गया था वह द्रौपदी के कारण। जिस स्त्री पर वह मोहित था उसे वरण कर ले गया अर्जुन, केवल इसलिए कि वह सवर्ण था। द्रौपदी ने उसका अपमान किया था—द्रौपदी से बदला लेने के लिए वह अर्जुन के प्राणों का ग्राहक बन बैठा था। कर्ण और अर्जुन में वैरभाव मिलता है यह केवल एकांगी है, अर्जुन में कर्ण के प्रति। किसी प्रकार की भावना नहीं थी, उसे कर्ण की द्रौपदी के प्रति आसक्ति और उस आसक्ति की प्रतिक्रिया-रूपी घृणा का ज्ञान भी न था।

2

कर्ण के प्रति मैंने एक अजीब तरह की सहानुभूति का अनुभव किया है। उसका समस्त जीवन कटुता और निराशा का जीवन रहा है। उसे दुनिया में कहीं भी प्रेम नहीं मिला। जारज-पुत्र होने के कारण उसे पिता और माता की ममता से वंचित रहना पड़ा, सूत-पुत्र कहलाने के कारण उसे अविवाहित रहना पड़ा। समाज द्वारा वह अपमानित और लांछित था। और इस कटुता, घृणा एवं निराशा के वातावरण में भी कर्ण कहीं नीचे नहीं गिरा। एक अडिग साधक की भाँति वह अपने धर्म पर रत रहा।

द्रौपदी को प्राप्त करने वाले पांडवों के प्रति उसका आक्रोश स्वाभाविक ही था, और इसलिए यह भी स्वाभाविक था कि उसकी मित्रता कुरुवंश के सुयोधन से होती। यद्यपि सुयोधन और कर्ण के चरित्र में बहुत अन्तर था, और स्वभाव से कर्ण सुयोधन की दुराग्रह से भरी नीति का समर्थन नहीं कर सकता था, फिर भी जहाँ तक पांडवों के विरोध का प्रश्न था, कर्ण सुयोधन के साथ था। सुयोधन कर्ण की शक्ति और क्षमता से भली-भाँति परिचित था और इसलिए उसने कर्ण को सामाजिक मान एवं आदर भी प्रदान किया। कर्ण सुयोधन का अनुगृहीत था। जिस व्यक्ति को जीवन में हमेशा अपमान और तिरस्कार ही मिला हो, वह थोड़े से सम्मान और सौहार्द्र से गल जाता है।

कर्ण भावना-प्रधान प्राणी था। महाभारत के युद्ध के पूर्व जिस समय कुन्ती कर्ण के पास जाती है और उसे उसके जीवन का वृत्तान्त बताकर उससे उसके भ्राताओं का प्राण-दान माँगती है, उस समय कर्ण के सामने एक समस्या उपस्थित हो जाती है। यह जानकर कि वह कुन्ती का पुत्र है, कर्ण को प्रसन्नता नहीं होती, उसके अन्दर वाली कटुता और अधिक भयानक रूप धारण कर लेती है। उसे जीवन में सामाजिक अपमान ही नहीं मिला, उसको अपने माता-पिता की ममता से भी वंचित रहना पड़ा है। कुल, गोत्र, समाज—ये जितनी सामाजिक मर्यादाएँ हैं वे सब उसे वर्जित थीं केवल इसलिए कि वह कुन्ती का जारज-पुत्र था।

अपने जीवन के वृत्तान्त को सुनकर उसके अन्दर वाली घृणा कम नहीं होती, वह और भी बढ़ जाती है। जो जारज है उसके किसी व्यक्ति के साथ सामाजिक सम्बन्ध ही क्या हो सकते हैं ? कुन्ती ने प्राणदान माँगे, कर्ण ने वह दान दिया, ठीक उसी प्रकार जिस प्रकार वह किसी याचक को दान देता। उसने कुन्ती को माता के रूप में स्वीकार ही नहीं किया। और प्राण दान देते समय भी उसके अन्दर जो कटुता और घृणा की भावना थी वह मिटी नहीं। द्रौपदी और द्रौपदी के कारण अर्जुन के प्रति उसमें जो घोर घृणा की भावना है, वही तो कर्ण की प्रेरक शक्ति है। अर्जुन को नष्ट करने में वह दृढ़-संकल्प है। अर्जुन के प्राणों का दान उसने नहीं दिया। वह जो सुयोधन के साथ है वह केवल अर्जुन के कारण। सुयोधन अगर पांडव-कुल से शत्रुता करता है तो कर्ण के बल पर।

कर्ण को अपने ऊपर असीम विश्वास है। बहुत महान् व्यक्तित्व है वह। लेकिन उस व्यक्तित्व में जहाँ दूसरों का कल्याण करने की सात्विकता है, वहीं दूसरों को नष्ट कर देने की प्रखरता भी है। वह जितना बड़ा दानी है उससे भी बड़ा योद्धा है। उसके जीवन में कहीं कोई ऐसी बात नहीं जो उस पर लांछन लगा सके। एकनिष्ठ, संयमी और धर्म पर रत। वह अपने को पूर्ण रूप से समर्थ और सक्षम मानता है, बिना हिचक के दान देना उसका धर्म है। अपने को समर्थ और सक्षम मानना आसान भले ही हो लेकिन अपने को सक्षम और समर्थ स्थापित करना—अति कठिन काम है यह। अपनी समर्थता और सक्षमता को कर्ण जीवन में प्रतिपादित भी करता है।

जहाँ तक कौशल का प्रश्न है, महाभारत में उसका केवल एक ही समकक्षी है—यद्यपि, वह वास्तव में कर्ण का समकक्षी है, इस पर मुझे तो शक है। अर्जुन के पास कृष्ण का कौशल था—कर्ण के पास वह भी नहीं था। वह कवच और कुण्डल जिनके कारण कर्ण को अमरता प्राप्त थी, कर्ण ने युद्ध के पहले इन्द्र को दान कर दिए थे। लेकिन इतने पर भी अर्जुन कर्ण को तब मार सका जब वह अस्त्र रखकर कीचड़ में फँसे हुए रथ के चक्र को निकाल रहा था।

कर्ण उदार और दानी है। महाभारत के युद्ध के पहले इन्द्र को जो उसने अपनी अमरता दी थी उसकी तुलना दधीचि के अस्थिदान में ही मिलती है। बिना अर्जुन को नष्ट किए हुए और द्रौपदी से बदला चुकाए हुए उसका अपने कवच-कुण्डल को दान कर देना उसमें अपने ऊपर अक्षय और असीम विश्वास को ही प्रकट करता है। युद्ध में वह अपने को अर्जुन से अधिक शक्तिशाली और कुशल समझता है।

उसकी पागलपन की सीमा तक पहुँचने वाली दान की प्रवृत्ति उसमें एक ऐसी अहम्मन्यता को प्रदर्शित करती है जो नियति को चुनौती देती है। कर्ण में सात्विकता की अपेक्षा राजस्विता अधिक है—और वह राजस्विता अपमानित और लांछित होने के कारण क्रियाशील है जबकि उसकी सात्विकता उसके समस्त व्यक्तित्व को अपने में ढाँपे हुए भी निष्क्रिय है। इन्द्र को अमरता का दान देकर उसने मनुष्यत्व को देवत्व से ऊँचा स्थापित किया; पर उसके उस दान में भी उसकी सात्विकता को राजस्विता

ने दबा दिया था।

यह जानते हुए भी कि कर्ण की मृत्यु उसकी अहम्मन्यता के कारण हुई, मैं कर्ण की अहम्मन्यता पर मुग्ध हूँ। उसकी अहम्मन्यता में एक अकल्याणकारिणी प्रखरता और ओज है, लेकिन इसके लिए कर्ण को दोष देना अनुचित होगा। कर्ण वास्तव में सक्षम और समर्थ था, लेकिन समाज उसको वर्णहीन कहकर उसकी सक्षमता और समर्थता को मानने से इनकार करता था। अपनी समर्थता और सक्षमता को कर्ण दिग्विजय करके और अपना अपमान करने वालों को नष्ट करके स्थापित कर सकता था, लेकिन उसका यह काम धर्म-विरुद्ध होगा, वह यह अनुभव करता था। वह धर्म-पालन करने में भी तो सक्षम और समर्थ था। कहीं भी उसने समाज के विरुद्ध आचरण नहीं किया। वह बहुत बड़ा संयमी था, समाज और धर्म की एकरूपता को उसने स्वीकार कर लिया था।

कर्ण की दानशीलता उसके अन्दर वाली प्रेम, दया और करुणा से प्रेरित नहीं है, वह एक आहत अहम्मन्यता की प्रतिक्रिया है। पागल की भाँति वह दान देता है, सुपात्र और कुपात्र की उसे चिन्ता नहीं, परिणाम पर वह कभी नहीं सोचता। समाज द्वारा अपमानित और लांछित—वह समाज को अपने व्यक्तित्व के भार से नत कर देना चाहता है। दान देने में वह 'ना' नहीं कहता—इन्द्र को अपना कवच और कुण्डल दान देकर उसने यह स्थापित कर दिया कि वह सब-कुछ कर सकता है।

पर प्रतिक्रियात्मक होने के कारण उसकी अहम्मन्यता में स्वाभाविक हिंसा और कटुता का समावेश है जो उचित-अनुचित, सद्-असद् का विवेक नहीं करती। यद्यपि कर्ण के व्यक्तित्व में कहीं भी क्षुद्रता नहीं दिखलाई देती, पर उस व्यक्तित्व की जो प्रेरक शक्ति है वह असत्य है, अशिव है और असुन्दर है।

3

कर्ण एक प्रबन्ध काव्य है और इस प्रबन्ध काव्य को लिखने के लिए मैंने जिस साहित्यिक माध्यम को अपनाया है वह बिलकुल नया है। कर्ण पर हिन्दी में और भी दो-चार काव्य लिखे जा चुके हैं या लिखे जा रहे हैं जो परम्परागत साहित्यिक माध्यमों द्वारा रचित हैं। परम्परागत माध्यमों में कल्पना को व्यापक क्षेत्र मिलता है, पर मैंने जिस नवीन माध्यम को अपनाया है वह अनगिनत सीमाओं में बद्ध है।

हिन्दी में रेडियो-नाटकों की अवधि अभी तक अधिक-से-अधिक एक घंटा मानी जाती है। एक घंटे के नाटक में मुझे कर्ण का समस्त चरित्र-चित्रण कर देना था। इस एक घंटे में कर्ण को पूर्णरूप से चित्रित करने में कल्पना की उड़ान असम्भव है। और इसलिए बहुत संक्षेप में मुझे यह प्रबन्ध-काव्य लिखना पड़ा है।

पर मुझे इस माध्यम से शिकायत नहीं है। मैं समझता हूँ कि कर्ण पर अधिक-से-अधिक जो लिखा जा सकता था, वह मैंने लिख दिया है। कर्ण का एक वैज्ञानिक मनोविश्लेषण करने का मैंने प्रयत्न किया है—अस्वाभाविकता और अलौकिकता को दूर रखने का मैंने भरसक प्रयत्न किया है।

कर्ण का समस्त चरित्र-चित्रण मैंने कर्ण और शल्य के वार्तालाप में कर दिया है। जब कर्ण और अर्जुन का युद्ध हुआ है मैंने युद्ध के स्वाभाविक रूप को ही दिखलाया है। कर्ण के रथ का चक्र कीचड़ में फँसना–इसको मैंने अलौकिक घटना न मानकर कृष्ण के कौशल का परिणाम माना है कि उन्होंने युद्ध में अर्जुन के रथ का इस प्रकार संचालन किया कि शल्य ने उस संचालन का कर्ण के रथ के संचालन द्वारा उत्तर देते हुए कर्ण का रथ एक दलदल में फँसा दिया था जिसका शल्य को पता न था।

बाण-युद्ध में रथ का संचालन बहुत बड़े महत्त्व का होता है। चलते हुए रथ पर बैठे विपक्षी पर लक्ष्य साधना आसान नहीं है, और सारथी विपक्षी के लक्ष्य को रथ-संचालन से विफल कर सकता है। इसीलिए कृष्ण अर्जुन के सारथी बने थे। शल्य भी कृष्ण की ही भाँति कुशल सारथी था। पर जब रथ का चक्र ही दलदल में फँस जाए तब शल्य रथ-संचालन द्वारा कर्ण की रक्षा किस प्रकार कर सकता था ?

कर्ण में इतना बल था कि अपने रथ का चक्र दलदल से निकाल दे। अस्त्र रखकर वह रथ का चक्र दलदल से निकालने को उतर पड़ा। जिस समय रथ का धुरा कन्धे पर रखकर वह रथ के चक्र को दलदल से उठा रहा था उसी समय कृष्ण ने अर्जुन को आदेश दिया कि वह कर्ण का वध कर दे। कर्ण के पास इतना समय ही न था कि अर्जुन के बाणों का उत्तर देकर अपनी रक्षा कर सके–अर्जुन ने एक के बाद एक सात बाण मारकर कर्ण को समाप्त कर दिया।

इस समय तक कलाकार कर्ण के प्रति अपनी सहानुभूति में खोया हुआ है। लेकिन कर्ण के प्रति इतनी प्रखर सहानुभूति अनुचित और असंगत है क्योंकि उससे कर्ण का चरित्र एकांगी और अपूर्ण रह जाता है। इतना ऊँचा व्यक्ति कृष्ण–अर्जुन द्वारा उसकी हत्या में सहायक क्यों बने ?

कृष्ण शल्य से कर्ण के चरित्र की विवेचना करते हैं। कर्ण प्रतिहिंसा और घृणा का प्रतीक है, जग का कल्याण उसके मरने में ही है। वह असीम सक्षमता और समर्थता जब घृणा और प्रतिहिंसा का वाहन बन जाए तब तो विनाश अनिवार्य है। कृष्ण कर्ण की महानता स्वीकार करते हैं, और इस महानता के कारण उसका विनाश भी अनिवार्य समझते हैं।

अन्त में धर्म को जब कर्ण अपने सोने के दाँत दान देता है तब उसकी अहम्मन्यता पूर्णरूप से प्रस्फुटित हो उठती है। पर मैं इतना फिर स्वीकार करूँगा कि कर्ण की यह अहम्मन्यता–इस पर मैं मुग्ध हूँ।

(गम्भीर और करुण संगीत। उस संगीत पर वाचक का स्वर)

वाचक : मानव के दर्प से विक्षुब्ध आज पृथ्वी है,
मानव के क्रोध से विकम्पित है आसमान,
मानव की घृणा से दिशाएँ सहमी-सी हैं,
मानव की हिंसा में मृत्यु आज मूर्तिमान।

भारत की पूज्य-भूमि, बलिवेदी कुरुक्षेत्र
और महाभारत का पुण्य पर्व है महान।
एक ओर कौरव है, पांडव हैं एक ओर,
और नियति माँग रही मानव से रक्त दान।

हर्ष औ' विमर्ष से परे—योगीश्वर-स्वरूप ,
कर्म-सा कठोर और गीता-सा ज्ञानवान !

एक वासुदेव का सहारा है अर्जुन को,
एक कृष्ण में ही है कृष्णा की सकल आन !
भीष्म तो पड़े हैं शर-शय्या पर मृतक-तुल्य,
द्रोण को परम गति कल ही हो चुकी प्राप्त;

आज है सुयोधन श्रीहत-सा अवलम्बहीन,
उसके निर्भय मन में चिन्ता-सी गई व्याप्त !

दृश्य परिवर्तन। दूर पर प्रातःकालीन धीमा कोलाहल और शंखों का उठता हुआ नाद।

सुयोधन : फट रहा निविड़ यह अन्धकार का बादल,
है जाग रहा धीरे-धीरे जग जीवन,
सामने उदधि-सा कुरुक्षेत्र फैला है
करना है हमको फिर से उसका मन्थन !

शंख की गम्भीर आवाज़

वह देवदत्त[1] का तुमुल नाद, वह अर्जुन
गांडीव लिए चल पड़ा दर्प में खोया,
शर-शय्या पर हैं भीष्म पितामह लेटे
क्षत्रित्व-मान उनकी आँखों में सोया।

आचार्य द्रोण ! वह धर्मराज का पातक
है उन्हें खा गया, ज्यों कि पुरुष को माया;
धिक्कार युधिष्ठिर, धिक् है तुमको केशव !
तुम हो अर्जुन के महापाप की छाया।

निकट से शंख की आवाज़

वह देवदत्त का कर्कश रव उठता है
जैसे श्मशान का सन्नाटा अभिशापित,
कर रहा अकेला पार्थ मृत्यु सम क्रीड़ा
लाओ तो मेरी गदा, अभी मैं जीवित !

कर्ण : जीवित है, मानी कर्ण अभी जीवित है;
शत-शत अर्जुन आ जाएँ मेरे आगे।
निश्चिन्त सुयोधन मेरी धन्वा देखो
ये बाण युगों की हिंसा से अनुरागे।

पौत्रों का मोह पितामह को ले डूबा,
आचार्य पुत्र-ममता में निज को भूले,
देखूँ तो मैं छल-कपट आज केशव का
देखूँ है किसमें शक्ति कि मुझको छू ले ?

मैं कर्ण, करूँगा सेना का संचालन,
मैं कर्ण, चल रहा कुरुक्षेत्र को मथने,
मैं आज विजय का वरण करूँगा निश्चय
यदि साथ दिया मेरा सारथि ने, रथ ने।

सारथी कृष्ण के रथ के संचालन से
निःशंक, निरापद है बन गया धनंजय।

---

1. अजुन का शंख।

यदि शल्य करें स्वीकार सारथी बनना
तब रण में मेरी विजय हो चुकी निश्चय।

शल्य : तुम क्या जानो क्या निश्चय ? अरे पराजय–
रह-रह पुकारती है ललाट की रेखा !

तुम बधिर, नियति के शब्द न सुन पाते हो
तुम अन्ध, न तुम पढ़ सके भाग्य का लेखा !

स्वीकार मुझे सारथी तुम्हारा बनना
तुम उच्छृंखल, तुम अविवेकी, अभिमानी !

हे सूतपुत्र, तुम अपना धनुष उठाओ;
देखूँ कितना अभिमान, कि कितना पानी !

दृश्य परिवर्तन। रथ पर शल्य और कर्ण बैठे हुए कुरुक्षेत्र के मैदान में बढ़ रहे हैं।

कर्ण : यह व्योम–शून्य का यह प्रसार नीला-सा,
है इसे नापने को बढ़ता रवि का रथ;
यह समय-असीम, अखंड और अविभाजित–
यह दिवा रही उसके अन्तर को मथ !

हे शल्य ! बढ़ाओ, अश्व, समय थोड़ा है–
सीमित अर्जुन, केशव विराट को देखूँ !
स्वजनों की ममता मोह भरी दुर्बलता
गीता के उस निष्काम-बाट को देखूँ !

शल्य : इतने अधीर क्यों ? तुम सब कुछ देखोगे
मरने के पहले, इतना निश्चय जानो।
है जहाँ घृणा विद्वेष, क्रोध औ, मत्सर
तुम वहीं मृत्यु की सीमा को पहचानो !

आश्चर्य मुझे है एक बात पर केवल–
तुम दान-दया, तुम संयम के अधिकारी,
बरबस ही तुम में भड़क उठी है कैसे
पांडव-कुल के प्रति हिंसा की चिनगारी ?

कर्ण : हिंसा मुझमें ? इस सूत-पुत्र में हिंसा ?
हिंसा पर केवल है अधिकार तुम्हारा।—
तुम, जो क्षत्रिय हो, जो कुलीन, जो शासक
जिसकी श्वासों में बही धर्म की धारा।

है याद तुम्हें वह दिन कि द्रुपद की कन्या
आभीर कृष्ण की धर्म-बहिन, वह कृष्णा
बनकर बैठी थी स्वयंवरा मंडप में
मानो रस रूप और यौवन की तृष्णा।

तब मुझमें भी उल्लास और जीवन था
मेरे होंठों पर धवल-हास अनुरंजित,
मेरे नयनों में रंग-बिरंगे सपने
रह-रह कर होने लगते थे आन्दोलित।

मेरे मानस में थीं उमंग की लहरें
मेरी नस-नस में उष्ण रक्त संचारित,
मेरी साँसों में प्यास प्रणय की अविकल,
थी रोम-रोम में प्रेम-भावना अंकित।

यों मन्त्र-मुग्ध-सा, सपनों में खोया-सा,
द्रौपदी वरण की ले उर में अभिलाषा,
पहुँचा था उस कुख्यात स्वयंवर में मैं
चखने जीवन की सबसे बड़ी निराशा।

दृश्य परिवर्तन। स्वयंवर सभा—नगाड़ों और तुरही के स्वर।

वाचक : है उसको अधिकार प्रणय का, भोग का,
रण विद्या में जो कि कुशल हो, योग्य हो !
द्रुपद-सुता का अधिकारी वह वीर है
लक्ष्य-बेध करने में सफल समर्थ हो।

एक-एक कर आए कितने वीर गण
नत मस्तक, असफल होकर वे हट गए
कठिन लक्ष्य है, एक पार्थ होते यहाँ
इसे बेध कर

कर्ण : क्या केवल अधिकार पार्थ की वीरता ?
मैं आया हूँ कर्ण लक्ष्य को बेधने
मेरी ग्रीवा पर शोभित होंगे अभी
वर-माला के मुर्झाए-से फूल ये।

द्रौपदी : कर्ण ! रुको, तुम सूत-पुत्र क्या कर्ण हो ?
मुझको वरने का अधिकार तुम्हें नहीं,
राज-सुता मैं कृष्णा हूँ, यह जान लो।
वर्णहीन तुम केवल दर्शक भर रहो।

वाचक : मौन द्रोण आचार्य, सुयोधन मौन हैं,
मौन सकल नृप वंश, मौन ब्राह्मण सकल।
स्तब्ध स्वयंवर सभा, द्रौपदी का कथन
मौन-भाव से उन सबको स्वीकार है।

मौन कर्ण, लांछित, अपमानित, हत-प्रभ—
उसके नन्दन-वन की सकल हरीतिमा
झुलस गई उस स्वयंवरा की घृणा के
व्यंग्यवचन के झोंकों के उत्ताप से।

उसी समय ब्राह्मण-दल में दोलन हुआ
एक युवक उठ पड़ा धनुष धारण किए,
लक्ष्य बेध करने को वह आगे बढ़ा
और कर्ण ने देखा उसको क्रोध से।

कन्धे पर यज्ञोपवीत धारण किए,
नेत्रों में अक्षय विश्वास लिए हुए
उसने बेधा लक्ष्य, द्रौपदी ने पुलक
उसकी ग्रीवा में जय-माला डाल दी।

दृश्य परिवर्तन। कुरुक्षेत्र का मैदान। रथ पर शल्य और कर्ण चल रहे हैं।

शल्य : वह अर्जुन था, गांडीव लिए वह अर्जुन,
वह पांडु-पुत्र, वह राज-वंश का वाहक !
हे सूत-पुत्र ! है व्यर्थ तुम्हारी कटुता
तुम स्वयं बन रहे हो अपने ही दाहक।

कर्ण : मैं सूत-पुत्र ?—मैं हूँ मनुष्य, मैं पावन,
मैं निष्कलंक, मैं अकलुष, मैं व्रतधारी,
मैं जीवित हूँ निज भुज-दण्डों के बल पर
मैं राज्य लोभ से बना कभी न भिखारी।

कृष्णा को निश्चय वरण किया अर्जुन ने,
पर बनी पाँच पतियों की है वह भार्या।
मैं सूत-पुत्र ! मैं हूँ अपमानित, लांछित;
हे शल्य ! बनी आज द्रौपदी आर्या।

द्रौपदी—कि जिसके व्यंग्य-वचन के कारण
रच गया महाभारत का पर्व अनूठा,
द्रौपदी—कि जिसके हठ की रक्षा करने
बन गया युधिष्ठिर धर्मराज तक झूठा।

द्रौपदी—कि जिसने केश खोल रक्खे हैं
धोएगी जिन्हें दुशासन के शोणित से;
द्रौपदी—जिसे है गर्व पार्थ के बल का !
वह उतर सकी है कभी न सम्पूर्ण चित से।

हे शल्य ! चुकाना है मुझको ऋण उसका
अर्जुन के ताजे लोहू की अंजलि से,
उस राज्य वंश की हिंसा की देवी का
अभिषेक मुझे करना है अब नर-बलि से !

शल्य : हे कर्ण ! उठाओ धनुष, भीम है आगे
दक्षिण में उसके धर्मराज का रथ है।

बाणों के चलने का स्वर और फिर विराम

है असह तुम्हारे इन बाणों की वर्षा
निर्जन उजाड़-सा पड़ा हुआ रण-पथ है !

वह भीम—अकेला अपनी गदा सम्हाले
लो वह भी पीछे हटा—उसे जाने दूँ ?
हट रहा युधिष्ठिर और अधिक दक्षिण को
बोलो, क्या तुमसे त्राण उसे पाने दूँ ?

सहदेव नकुल, वे वाम पार्श्व से भागे
हे कर्ण, शीघ्र निज घातक बाण चलाओ !
इन चार पांडवों को समाप्त तुम कर लो
इस भाँति पार्थ को तुम निस्तेज बनाओ !

कर्ण : मंत्रणा तुम्हारी मूल्यवान् सच्ची है—
हे शल्य, तुम्हारा धन्यवाद है शत-शत !
पर वचन-बद्ध हूँ, मैं न इन्हें मारूँगा
इस भाँति न अर्जुन होगा मुझसे श्रीहत !

मैं आज युद्ध की इस पावन बेला में
हूँ प्रकट कर रहा एक सत्य, जो मेरे
मानस में चुभता रहा सदा कंटक-सा;
मेरी संज्ञा को जो तुषार-सम घेरे।

यह सूत-पुत्र है सूर्य-पुत्र वास्तव में,
कुन्ती – कुमारिका कुन्ती – उसकी माता,
उसकी माता से जन्म लिया है जिनने,
वे अर्जुन, भीम, युधिष्ठिर इसके भ्राता।

यह सूत पुत्र है नहीं शूद्र तक—जारज,
जारज समाज का कुष्ठ, और मानवता
का एक घृणित अभिशाप, जिसे वर्जित है
अपनी माता की या कि पिता की ममता।

जारज—जो लम्पट, पुरुष, अभद्रा कन्या
की कामुकता का मूर्तिमान पातक है,
जारज—हैं जिसके स्वजन, न जिसका कुल है,
जो मानव की मर्यादा का घातक है !

अस्तित्व व्यंग्य बन चुका हाय रे मेरा
मैं मोह-मान-मर्यादा को आया तज !
माता कुन्ती ने स्वयं कहा है मुझसे
मैं जारज हूँ हे शल्य, सुनो मैं जारज।

दृश्य परिवर्तन। कर्ण पूजा करके उठते हैं। शंख और घंटे का स्वर।

उसके बाद एक समवेत गान होता है

समवेत-गान : वीर औ' यशस्वी पूजा से है उठा कर्ण
ब्राह्मण गण आओ, तुम दान लो, दान लो।
आओ हे निर्बल, आओ हे अवलम्ब-हीन
अपने दुःख-दैन्य से यहाँ पर तुम त्राण लो।

कर्ण : कौन ? अभी तक खड़ी हुई तुम कौन हो—
तुम वृद्धा, सम्भ्रान्त, आवरण के सहित,
शंकित-सी, कम्पित शरीर, भय से भरी,
माँगो अपना दान ! अरे क्यों मौन हो ?

वाचक : वृद्धा का आवरण हट गया स्वयं ही
वह विवर्ण मुख, हिम-सा मुर्झाया हुआ।
भरे हुए थे नेत्र, और अपलक—विसुध
देख रही थी वह तेजस्वी कर्ण को।

कर्ण : अरे राजमाता, समर्थ कुन्ती यहाँ
सूतपुत्र से लेने आई दान है
महासमर के पहले ! माँगो देवि तुम
प्रस्तुत है यह कर्ण—आज वह धन्य है !

कुन्ती : महासमर के पहले !—यह माँ का हृदय
बरबस भर आया, हे दानी कर्ण मैं
पाँच पांडवों के प्राणों की भीख ही
माँगूँगी, बस दे दो इतना दान तुम।

कर्ण : दे सकता हूँ दान देवि, उस वस्तु का
जो मेरी हो, या मुझको अधिकार हो।
किन्तु पांडवों के प्राणों पर वश नहीं
ले लो मेरे प्राण, मुझे स्वीकार है।

कुन्ती : हाय, कहूँ मैं कैसे तुमसे सत्य वह;
जो कुरूप है, जो कटु है, पर सत्य है
आज दाँव जब प्राणों के ही लग रहे
कहना होगा मुझे—कर्ण तुम पुत्र मम !

एक बार जब मैं कुमारिका थी, तभी
सहसा ही आसक्ति सूर्य के प्रति जगी;
जिन्हें मंत्र-बल से था आमन्त्रित किया
सुनो कर्ण, तुम उन्हीं सूर्य के पुत्र हो !

लोक-लाज से फिर तुमको तजना पड़ा
लज्जित हूँ मैं कर्ण, तुम्हारे सामने !
पर मैं माता हूँ—भ्राता हैं सकल
पांडव, जिनके आज बने हो शत्रु तुम !

क्यों पीले पड़ गए अचानक सहम कर ?
धीर वीर गम्भीर कर्ण तुम कुछ कहो।
माता आई है भिखारिणी बन यहाँ
माँग रही वह दान, पुत्र मत चुप रहो !

कर्ण : माता !—पावन ममता की संज्ञा परम—
प्रार्थी हूँ तुम व्यंग्य न यों उसका करो,
मैं हूँ एक कलंक-मात्र जो त्याज्य है
उसे पुत्र कह कर सम्बोधित मत करो !

अर्जुन, भीम, युधिष्ठिर की माता अरे
पुत्रों का हो गया मोह इतना तुम्हें
निर्लज्जा-सी निज कलंक इस कर्ण को
कातर बन करने आई स्वीकार हो !

अरे भिक्षुकों की माँ भिक्षा माँगने
दौड़ी आई हो तुम अपने पाप से !
भीम-युधिष्ठिर, नकुल और सहदेव के
प्राणों की मैं भिक्षा देता हूँ तुम्हें !

एक पार्थ—वह पार्थ कि जो है द्रौपदी
की हिंसा का मूर्तिमान् प्रतिबिम्ब-सा !
जिसके कारण यह नरमेध रचा गया,
उसे नष्ट करना ही मेरा धर्म है !

दृश्य परिवर्तन। कुरुक्षेत्र का मैदान, शल्य और कर्ण रथ पर चल रहे हैं।

शल्य : हे कर्ण, आज मैं समझ सका हूँ तुमको,
यह धूमकेतु-सी ज्वलित तुम्हारी कटुता !
स्वीकार करो मेरा शत-शत अभिनन्दन
कितनी महानता भरी तुम्हारी लघुता !

तुम क्षमा करो जो निज तीखे व्यंग्यों से
निस्तेज बनाना चाहा मैंने तुमको;
ले लिया वचन था धर्मराज ने मुझसे
सारथी बनाओ तुम अपना यदि मुझको—

हत-प्रभ मैं करता रहूँ निरन्तर तुमको
तुम चलो युद्ध में जब अर्जुन के सम्मुख;
यों जान बूझ अपमान महायोद्धा का
जो किया, इस समय है मुझको उसका दुःख !

यह तेज़ तुम्हारा बढ़े कि जैसे बढ़ता
मध्याह्न काल का सूर्य गगन के ऊपर !
ले चलता हूँ मैं रथ अर्जुन के आगे
अपनी धन्वा पर सन्धानो अपने शर !

दूर पर शंख-नाद का स्वर। रथ चलने की आवाज़।

शल्य : अति दूर—स्वर्ण के कलश, ध्वजा से मंडित
जो देख रहे हो, वह रथ है अर्जुन का
पीताम्बरधारी, मधुर हास से वेष्टित,
हैं कृष्ण स्वयं कर रहे निदर्शन उसका।

वह कवच और कुण्डल से शोभित अर्जुन,
है देख रहा इस ओर कृष्ण इंगित पर
आ गया समय वह कर्ण, प्रतीक्षा जिसकी
तुमने की है निज कटुता के जीवन भर।

अमरत्व प्राप्त था तुमको जिनके कारण
हैं कहाँ तुम्हारे कवच और वह कुण्डल ?
क्या छीन ले गया है उनको भी तुमसे
छलना में पटु उस वासुदेव का कौशल ?

कर्ण : अमरत्व प्राप्त कर जो कि युद्ध में आए
वह कब समर्थ ? कब वीर ? अरे वह कायर,
अवलम्ब मुझे है सदा धनुष का, शर का
मैं कवच और कुण्डल पर हूँ कब निर्भर ?

अमरत्व !—सूर्य ने ममतावश निज सुत को
अपना प्रदान कर दिया कवच औ' कुण्डल,
इस भाँति दिया देवत्व उन्होंने मुझको
शंकित-से होकर काँप उठे दिक् मण्डल।

डरते थे मुझसे मानव हों या दानव
डरते थे मुझसे दैत्य, असुर औ' किन्नर !
पर इन सबसे भी अधिक भीत था मुझसे
वह देवराज, वह इन्द्र, अरे वह कायर !

मैं कर्ण, चक्रवर्ती जो बन सकता था,
जो बन सकता था भोगी और विलासी;
वह कामुक लम्पट इन्द्र, उसे चिन्ता थी
मैं धर्मवान क्यों, मैं क्यों बना उदासी ?

उसको मानव के धर्म-कर्म से भय है,
भयभीत उसे कर देता पूजा-अर्चन।
निष्ठा से युत प्रत्येक यज्ञ से, तप से
चलदल-सा हिल पड़ता उसका इन्द्रासन।

अमरत्व और देवत्व—अरे वह धिक् हैं—
हो महापातकी इन्द्र की जिसका स्वामी !
छल, कपट, भोग, तृष्णा देवों के गुण हैं
मैं मनुज, सत्य का, संयम का अनुगामी !

वह इन्द्र भिखारी बन कर मेरे सम्मुख
आया था जब अमरत्व माँगने मेरा,
मैंने कर दी थी उसकी इच्छा पूरी
कब दान-धर्म से मानव ने मुख फेरा ?

वह वज्र कि जिस पर गर्व इन्द्र को इतना,
मानव-दधीचि के अस्थिदान से निर्मित !
देवत्व-सड़ा दुर्गन्ध युक्त सरवर है,
मानवता तो है निर्झरिणी-सी जीवित !

दृश्य परिवर्तन। कर्ण के विश्राम का समय, घंटों का संगीत।

समवेत-गान : आया विश्राम काल कर्ण वीर दानी का
भूखा अवलम्ब-हीन आए वह सामने
सबकी इच्छा पूरी करके वह सोएगा
माँग लो उसे तुम आए हो जो माँगने !

सोया है सकल नगर, सोया है ग्राम प्रान्त
सब हैं सन्तुष्ट, सब भरे हैं, सब पूरे हैं,
किन्तु एक ब्राह्मण चुप बैठा है प्रांगण में
उसके रहते व्रत वे कर्ण के अधूरे हैं !

कर्ण : थके और श्रीहीन विप्रवर अब उठो
आया है यह कर्ण तुम्हारे सामने !
लेकर अपना दान हर्ष, सन्तोष से
जाओ तुम निज धाम, रात का समय है !

इन्द्र : दे पाओगे दान प्रतापी कर्ण तुम
जो कुछ माँगूँ ? इतना निश्चय है तुम्हें ?
अगर वचन दे सको कहूँ निज बात तब,
मौन भाव से चला जाऊँगा अन्यथा !

कर्ण : नहीं दान में कर्ण कभी पीछे रहा
माँगो अपना दान छद्मवेशी अरे !
ब्राह्मण बन आए हो मेरे द्वार पर,
तुम्हें मिलेगा दान, वचन मेरा तुम्हें।

इन्द्र : दे दो अपना कवच और कुण्डल मुझे
आज सूर्य-का पुत्र अमरता दान दे !
कर्ण रहा है गर्व तुम्हें निज दान का
साहस है इस महादान का क्या तुम्हें ?

कर्ण : भेजा है क्या तुम्हें महाकपटी, छली
वासुदेव ने ? या कि डरे उस पार्थ ने ?
लो यह कुण्डल-कवच, किन्तु सच-सच कहो
छद्मवेशधारी ब्राह्मण तुम कौन हो ?

इन्द्र : मुझे न भेजा कृष्ण, न अर्जुन ने मुझे
मैं हूँ इन्द्र स्वयं मैं ही भयभीत हूँ !
कुरुक्षेत्र का विजयी तेजस्वी अमर
इन्द्रासन पर कर लेगा अधिकार निज !

कर्ण : इन्द्रासन ! वे पतित अप्सराएँ जहाँ
करती हैं सन्तुष्ट पातकी इन्द्र को,
घृणित कलंकित विषय-भोग से नित्य ही
राग-रंग में खोया रहता जो सदा !

किन्नर औ' गन्धर्व नृत्य-संगीत में
जीवन की पावनता, संयम को जहाँ
कर देते हैं नष्ट और सुर-गण जहाँ
करते बन निर्लज्ज सुरा का पान हैं !

मोह न उस इन्द्रासन का मुझको कभी
देवराज, देवत्व तुम्हारा घृणित है !
लो अपना अमरत्व, न मुझको चाहिए
मैं मानव हूँ शिवि दधीचि के वंश का !

दृश्य परिवर्तन। कुरुक्षेत्र का मैदान। शल्य और कर्ण रथ पर चल रहे हैं।

शल्य : है मुझे गर्व बन कर सारथी तुम्हारा
हे कर्ण, तुम्हारी जय हो, जय हो, जय हो !
तुम महाकाल से भी लोहा ले सकते
तुम स्वयं धर्म-सम पावन हो, निर्भय हो !

तुम तेज़युक्त, तुम धीर तपस्वी, अच्युत
है मुझे देखना वासुदेव का कौशल !
सामने बढ़ा आता है वह रथ देखो
रह-रह कर अर्जुन हो उठता है चंचल !

उसका आया यह प्रथम बाण जो मेरे
रथ-संचालन से निकल गया दक्षिण को;
तानो तुम अपना धनुष, बाण सन्धानो
देखे तो अर्जुन आज तनिक दुर्दिन को !

वाचक : है तेज़ कर्ण में, अर्जुन में है लाघव
धीरता शल्य में, और कृष्ण में कौशल !
सुर असुर देखने को यह रण घिर आए
मच गई सकल इस कुरुक्षेत्र में हलचल !

चल रहे बाण हैं तीक्ष्ण लक्ष्य के साधे
ज्यों पंख लगा कर मृत्यु कर रही नर्तन !
दो वीर भिड़े हैं अडिग और अपराजित
ज्यों महाकाल से लड़ता है जगजीवन !

रुक गया पवन कुछ सहमा-सा झुलसा-सा
रुक गया सूर्य का रथ भी चलते-चलते
आकाश झुक गया थोड़ा-सा पृथ्वी पर
हैं दिक् मण्डल मानो अंगार उगलते !

अब सन्ध्या घिरने लगी पार्थ विचलित है
उसके बाणों में आने लगी थकावट,
उसके आगे है कर्ण तेज़ से मंडित
अर्जुन के मन में ली संशय ने करवट !

देखी केशव ने अर्जुन की अस्थिरता
देखी केशव ने वहीं कर्ण की क्षमता !
आच्छन्न हो गया फिर उनका मुख-मंडल,
बोले धीमे से स्वर में भर कर दृढ़ता !

कृष्ण : तुम सावधान हे पार्थ ! परीक्षा है अब,
निस्तेज कर्ण को शल्य नहीं कर पाए।
वह आज यहाँ बन रहा मृत्यु का स्वामी,
प्रस्वेद युक्त तुम थके हुए, मुर्झाए !

अब तक मैं करता था रथ का संचालन,
अब करता हूँ मैं रण का भी संचालन !
इस कुरुक्षेत्र के उत्तर में फैला है
भू-भाग जो कि है अति उजाड़, अति निर्जन।

है नहीं शल्य को ज्ञात ही वह वास्तव में
है कपट भरा छोटा-सा घातक दलदल !
उस ओर लिए चलता हूँ मैं रथ उसका
देखते रहो तुम वासुदेव का कौशल !

वाचक : धँस गया अचानक कपट भरे दलदल में
वह वामचक्र उस वीर कर्ण के रथ का;
कुछ आशंका से काँप उठा निर्भय मन
अवरोध देख कर यों अपने रणपथ का !

कितने प्रयत्न कर थका शल्य पर हारा
हैं मौन विवश-से चपल अश्व बलशाली
विक्षुब्ध और हत-प्रभ-सा होकर उसने
लज्जा से अपनी भीगी दृष्टि झुका ली !

है एक विवशता छाई उसके मुख पर
उसके ललाट पर है रो रही पराजय !
हैं काँप रहीं वे उसकी चपल उँगलियाँ
वह बोल उठा वाणी में भर कर संशय !

शल्य : हे कर्ण, तुम्हें विश्वास दिलाता हूँ मैं,
मैं रहा धर्म पर दृढ़ जैसे ध्रुवतारा !
स्वीकार किन्तु मुझको करना पड़ता है
मैं छली कृष्ण से कौशल में हूँ हारा !

मैं नहीं बढ़ा पाऊँगा अब रथ आगे
फँस गया चक्र है इसका इस दलदल में
ये अश्व चपल—कितने प्रयत्न कर हारे
आगे हो कोई इनसे बढ़ कर बल में !

कर्ण : निश्चिन्त रहो, इन भुजदण्डों में बल है
यह रथ क्या, मैं ब्रह्माण्ड उठा सकता हूँ।
पथ रोक नहीं सकते हैं मेरा केशव
मैं कर्ण—युद्ध-यात्रा में कब थकता हूँ ?

वाचक : रख दिया धनुष, रख दिया बाण तक उसने,
वह उतर पड़ा निज रथ का चक्र उठाने;
वह झुका, धुरा लेकर अपने कन्धों पर
वह उठा सम्हल कर निज शरीर को ताने !

कुछ चकित-मुग्ध-सा देख रहा है अर्जुन
उस निपट असम्भव को यों बनता सम्भव;
झकझोर दिया उस समय किसी ने उसको
गम्भीर-भाव से बोल रहे हैं केशव !

कृष्ण : तुम सन्धानो निज बाण अरे हे अर्जुन !
इस समय अगर तुम यहाँ तनिक भी चूके
तो निश्चय है बनना कंकाल तुम्हारा
इस कुरुक्षेत्र के युद्धस्थल की भू के !

अर्जुन : कैसे मारूँ ? वह तो निरस्त्र है केशव !
होगा अधर्म यों उस पर बाण चलाना
उस पर—जिसने की सदा धर्म की रक्षा
जिसने जाना है हर दम टेक निभाना !

कृष्ण : है वह निरस्त्र जो आत्म-समर्पण कर दे,
है वह निरस्त्र जो घायल हो भू लुंठित,
पर जो असावधानी करता हो रण में
वह निश्चय होगा यहाँ मृत्यु से कुंठित !

है क्या अधर्म, क्या धर्म कि इसका निर्णय
गीता रचने वाले केशव पर छोड़ो !
है लिखी कर्ण की मृत्यु वीर अर्जुन से
कर्त्तव्य-मार्ग से मत अपना मुख मोड़ो !

वाचक : गांडीव तान कर महाबली अर्जुन ने
यों एक एक कर सात बाण संचारे
मस्तक पर पहला, और दूसरा ग्रीवा
तीसरा वक्ष पर विवश कर्ण ने धारे !

दो बाण बिंधे उसके दोनों हाथों में
दो बाणों से जड़ गए चरण वे भू पर;
पड़ गई दिशाएँ मृत्यु-भार से धुँधली
कुछ काला-सा पड़ गया सहम कर अम्बर !

उतरा तब रथ से शल्य क्रोध में पागल,
उस सुप्त कर्ण के पद पर रख कर मस्तक
ले लिया धनुष उसने अपने हाथों में
जल उठा कि उसके नयनों में था पावक !

शल्य : हे वासुदेव, तुम अपना चक्र उठाओ
तुम धर्मवान् हो नहीं, अरे तुम पापी !
कितना महान, कितना पवित्र था वह नर
है तुम्हें ज्ञात था कितना वीर प्रतापी !

प्रेरित अधर्म पर करके तुम अर्जुन को
उस महापुरुष की हत्या के हो भागी
जो देवों से भी पूज्य और पावन था
जो था दानी, जो था सम्पूर्ण विरागी !

कृष्ण : हे शल्य शान्त हो ! अनुचित क्रोध तुम्हारा !
था अति महान् वह कर्ण, ज्ञात है इतना;
वह था अजेय, वह तेजस्वी था रवि-सा
पर तुम्हें विदित है उसे दर्प था कितना ?

वह कब विनयी बन सका और कब कोमल ?
वह अहम-भाव का था उद्दाम पुजारी !
उसमें कब ममता, दया या कि करुणा थी ?
केवल विनाश का ही था वह अधिकारी !

अन्याय हुआ था उस पर मैंने माना,
था नहीं व्यक्ति, दोषी समाज था सारा !
पर ले अपने मन में वैयक्तिक कटुता
वह अभिमानी था अपने ही से हारा !

प्रत्येक रोम में लिए हुए प्रतिहिंसा
अस्तित्व घृणा का वह विकराल भयंकर;
कल्याण विश्व का था उसके मरने में
वह जन-जीवन में था समर्थ प्रलयंकर !

उस दानवीर के सुखद निधन का मुझको
है दुख महान् ! पर मेरी निपट विवशता !
यह धरा न उसका भार वहन कर पाती,
यह गगन न उसका तेज़ सहन कर सकता !

वह धर्म—विप्र का छद्मवेश कर धारण
आया है लेने अन्तिम कठिन परीक्षा;
तुम हट आओ कुछ इधर और फिर करना
उसकी महानता की वास्तविक समीक्षा !

वाचक : दीपक की लौ जाज्वल्यमान हो जाती
है जिस प्रकार बुझने के पहले कुछ पल
चेतना संचरित हुई कर्ण में अन्तिम
उसने खोले निज नयन शान्त औ' निश्चल !

कर्ण : घिरता आता अन्धकार है व्योम में,
घिरता आता अन्धकार है मृत्यु का,
बेला आई है अन्तिम विश्राम की !
अरे विप्र, दुःख से कातर तुम कौन हो ?

धर्म : आया था मैं हे दानी, हे संयमी !
करने को तुमसे कुछ धन की याचना
निज कन्या का ब्याह रचाने के लिए
पर मेरा दुर्भाग्य कि तुम असमर्थ हो !

कर्ण : जीवन की इस अन्तिम बेला में मुझे
यह भी सुनना पड़ा कि मैं असमर्थ हूँ !
नहीं विप्र ! मैं दान तुम्हें दूँगा अभी
ले लो मेरे दाँत-स्वर्ण के तोड़ कर !

धर्म : क्षमा करो हे कर्ण, न मैं कर सकूँगा
अति जघन्य यह कर्म, तुम्हें सद्‌गति मिले !
और तुम्हारा यश जग में विख्यात हो
देता हूँ आशीर्वाद तुमको यही !

कर्ण : ठहरो विप्र ! मुझे दे दो मेरा धनुष,
देख रहे मैं उठाने में असमर्थ हूँ !
धन्यवाद ! तुम पल भर ठहरो, मैं अभी
इन दाँतों का स्वर्ण तोड़ कर दे रहा !

टंकार की आवाज। कर्ण दाँत तोड़ता है।

कर्ण : लो तुम अन्तिम दान विप्र इस कर्ण का
जो चिर निद्रा लेने को आतुर पड़ा !
अस्ताचल के सूर्य, तुम्हारे पुत्र का
यह अन्तिम प्रणाम तुमको स्वीकार हो !

पटाक्षेप

द्रौपदी

महाभारत की कथा है कि पांचाल नरेश द्रुपदराज और द्रोणाचार्य गुरुभाई थे। उन दोनों में प्रगाढ़ मित्रता थी। एक बार मैत्री की भावना-वश द्रुपद ने द्रोण को यह वचन दे दिया था कि जब द्रुपद को राज्य मिलेगा तब वह द्रोण को अपने राज्य का भागी बनाएगा।

द्रोण निर्धन थे। अपने पुत्र अश्वत्थामा को वे दूध तक नहीं दे सकते थे। अपने पुत्र के लिए अपना अभाव उन्हें असह्य हो उठा। उस समय द्रुपद के वचन की याद आई। परिवार को साथ लेकर वे पांचाल नरेश के यहाँ गए और उन्होंने द्रुपद को उसके वचन की याद दिलाई। द्रुपद ने जो द्रोण को वचन दिया था वह उन्होंने क्षणिक भावना के आवेश में दिया था, उस वचन का अक्षरशः पालन करने के लिए उन्होंने अपना वचन नहीं दिया था। राज्यमद में भूला हुआ द्रुपद वचन की पावनता और महत्ता भूल गया, उसने आचार्य द्रोण का तिरस्कार किया।

अपमानित द्रोण पांचाल से लौटे। लौटते समय वे कुरु प्रदेश होते हुए जा रहे थे। वहीं उनकी नियुक्ति कौरवों के आचार्य के रूप में हो गई।

आचार्य द्रोण का शस्त्र-ज्ञान अद्वितीय था। उन्होंने कौरवों को शस्त्र-विद्या में पारंगत कर दिया। जब कौरव-गण पूर्णरूप से शिक्षित हो गए तब वे आचार्य के सम्मुख गुरु-दक्षिणा देने को उपस्थित हुए।

द्रोण के मन में द्रुपद द्वारा उनका जो अपमान हुआ था वह स्थित था। सम्भवतः उसी अपमान का बदला लेने के लिए उन्होंने राज्याश्रय लिया था। कुरुकुल में पूर्णतः सम्मानित और पूजित—द्रोण के पास किसी प्रकार का अभाव नहीं था। एकमात्र द्रुपद द्वारा अपमान का प्रतिशोध उनके सामने था। उन्होंने अपने शिष्यों को आदेश दिया कि गुरु-दक्षिणा के रूप में वे बन्दी द्रुपद को उनके सामने उपस्थित करें।

कौरवों ने पांचाल पर चढ़ाई करके द्रुपद को बन्दी किया और उन्हें द्रोणाचार्य के सामने उपस्थित किया। जिस समय बन्दी द्रुपद द्रोण के सामने उपस्थित हुआ उसी समय द्रोण के अपमान का प्रतिशोध हो गया। द्रोणाचार्य ने द्रुपद को अपमानित करके मुक्त कर दिया। द्रोणाचार्य और कौरवों द्वारा यह अपमान द्रुपद के लिए असह्य था।

मर्माहत-सा वह लौटा और लौट कर उसने तपस्या आरम्भ की। तपस्या फलीभूत हुई। तपस्या के बाद उसने एक यज्ञ किया। और यज्ञवेदी से द्रौपदी और धृष्टद्युम्न का जन्म हुआ। धृष्टद्युम्न द्वारा द्रोणाचार्य का वध होगा—द्रौपदी कुरुकुल के संहार का कारण बनेगी—उस यज्ञ का ऐसा ही विधान था।

महाभारत की यह कथा महाभारत के युग का एक वास्तविक चित्रण है।

2

द्रौपदी का दूसरा नाम कृष्णा है। द्रौपदी का वर्ण कृष्ण था, इसलिए कि यज्ञवेदी से उसका जन्म हुआ था और यज्ञ के धूम्र से उसका वर्ण कृष्ण हो गया था। पर वह अतुल सुन्दरी थी। उसका सौन्दर्य और तेज़—उनकी विश्व में कहीं समता न थी। उसमें अवतार का अंश माना जाता है।

द्रौपदी का जन्म जिन परिस्थितियों में हुआ उनसे द्रौपदी में एक हिंसात्मक प्रखरता होनी ही चाहिए। राजकन्या, दर्प और अभिमान की वह मूर्ति थी। चारों ओर उसकी सुन्दरता की ख्याति थी—उसे वरण करने के लिए भारत के सभी राजकुमार उत्सुक थे। द्रौपदी को अपनी महत्ता और गुरुता का ज्ञान था।

लेकिन उसको वरण करना—यह साधारण काम न था। उस परम तेजमयी नारी का वरण वही कर सकता था जो अतुलित वीर हो, जिसमें इतनी क्षमता हो कि वह कुरुकुल को नष्ट कर सके। यद्यपि द्रुपदराज स्पष्ट रूप से कुरुकुल को नष्ट करने की अपनी अभिलाषा को प्रकट न कर सकते थे, पर मन-ही-मन वे उसके लिए उत्सुक थे और उन्होंने द्रौपदी का विवाह एक स्वयंवर रचकर करने का निश्चय किया। उस स्वयंवर में उन्होंने जो निर्बन्ध लगाया था उसे पूर्ण करने वाले व्यक्ति में निश्चय-रूप से कुरुकुल को नष्ट करने की क्षमता होनी ही चाहिए। लक्ष्यबेध करना साधारण व्यक्ति के लिए असम्भव था। यज्ञ-मण्डप में एक बहुत ऊँचा खम्भ लगाया गया था। उस खम्भ पर एक मीन स्थापित की गई थी। मीन के नीचे एक चक्र निरन्तर गति से रुक-रुककर चल रहा था। चक्र के अन्दर से निकलकर बाण मीन को बद्ध कर सके तभी लक्ष्य का बेध माना जाएगा।

और लक्ष्य भी सीधे नहीं लिया जा सकता था। भूमि पर खम्भ के पार्श्व में एक तैल-पात्र रक्खा था जिसमें खम्भ के ऊपर स्थित मीन और चक्र का प्रतिबिम्ब पड़ता था। लक्ष्य प्रतिबिम्ब देखकर ही लिया जा सकता था।

द्रौपदी जानती थी कि उसको वरण करने के लिए इतनी कठिन परीक्षा क्यों रखी गई है। वह यह भी जानती थी कि युद्ध-कौशल की इस परीक्षा में उत्तीर्ण होने वाले को वह पुरस्कार के रूप में दान की जाएगी। उसका मन इस स्थिति से विद्रोह करता था। वह नारी थी, उसकी भी निजी भावनाएँ थीं। उसके अन्दर भी प्रेम था। पर उसका समस्त प्रेम, उसकी समस्त भावना पिता की प्रतिहिंसा और वैर की प्रतिक्रियात्मक और विध्वंसक प्रवृत्तियों पर समर्पित थे। भाग्य की कितनी बड़ी बिडम्बना थी वह ! धर्म और मर्यादा पर द्रौपदी दृढ़ थी, लेकिन भावना की उथल-पुथल उसके प्राणों में हमेशा रही। राजकुल का दर्प उसमें जन्म से ही था और इसीलिए उसने कर्ण का उस समय तिरस्कार किया जब वह लक्ष्यबेध के लिए आगे बढ़ा था। अन्त में अर्जुन ने लक्ष्यबेध करके उसे प्राप्त किया।

लेकिन अर्जुन द्वारा वरे जाने पर भी उसे भाग्य की विडम्बना ही मिली। कुन्ती के आदेश से उसे पाँचों पांडवों को वरण करना पड़ा। आखिर नारी उस युग में सम्पत्ति ही तो मानी जाती थी।

इस प्रकार यह स्पष्ट हो जाता है कि द्रौपदी के अन्दर जो प्रखरता और कटुता दिखाई देती है वह नितान्त स्वाभाविक है। उसका जन्म, उसका विवाह सभी तो असाधारण परिस्थितियों में हुए थे। यदि इतने पर भी वह शान्त और सुस्थिर होती तो यह अस्वाभाविक बात होती।

3

महाभारत के युद्ध का उत्तरदायित्व द्रौपदी पर सम्पूर्ण रूप से पड़ता है। महाभारत के युद्ध का सूत्रपात उस दिन होता है जिस दिन द्रौपदी मय द्वारा निर्मित अपने भवन में कौरवों को आमन्त्रित करके सुयोधन का अपमान करती है। बहिर्दृष्टि से यह अपमान अकारण दिखता है, लेकिन यदि ध्यान से देखा जाए तो द्रौपदी का जो मनोवैज्ञानिक निर्माण है उससे यह अपमान बिलकुल स्वाभाविक है। कुरुकुल और सुयोधन—यही तो साधन थे जिनके द्वारा द्रोणाचार्य ने द्रुपद का अपमान किया था। कुरुवंश उस समय अतुल शक्तिशाली और अजय वंश माना जाता था। राजसूय करके युधिष्ठिर ने कुरुवंश की समता प्राप्त कर ली थी और मैत्री के भाव को लेकर भीष्म ने कुरुवंश को आदेश दिया था कि वे लोग पांडवों के उस यज्ञ में सम्मिलित हों। युधिष्ठिर की यह विजय कुरुवंश की पराजय नहीं थी, पांडवों ने अपने बाहुबल से जो भूमि जीती थी उसी पर राज्य स्थापित करने के लिए वह यज्ञ किया गया था और कौरवों ने पांडवों को मान्यता प्रदान की थी।

पर द्रौपदी यह जानती थी कि बाल-काल में पांडवों को कौरवों ने बहुत अधिक अपमानित किया है। सुयोधन सदा से प्रतापी पांडवों का शत्रु रहा है। उसके मन में कौरवों के प्रति एक भयानक दुर्भावना थी। वह कुरुवंश को अधिक से अधिक अपमानित करने को उत्सुक थी। द्रौपदी ने जो सुयोधन को अन्ध-पुत्र कहकर अपमानित किया वह सुयोधन जैसे दर्प और अभिमान के पुजारी के लिए असह्य था। यह अपमान एक नारी द्वारा हुआ था—उस अपमान का बदला उसे चुकाना ही होगा।

सुयोधन द्वारा द्यूत सभा का आयोजन पांडवों से छल-कपट द्वारा राज्य छीनना इतना अधिक नहीं था जितना द्रौपदी से अपने अपमान का बदला चुकाना था। युधिष्ठिर से द्रौपदी को दाँव पर हरा लेना उसकी सर्वप्रमुख योजना थी। द्रौपदी को हारने के पहले राजपाट, भ्राताओं को तथा स्वयं को युधिष्ठिर से हरा लेना आवश्यक था।

इस बात का उल्लेख मिलता है कि द्रौपदी का भरी सभा में अपमान हुआ था। उस समय वहाँ धर्म और परम्परा के अग्रगण्य भीष्म-पितामह, आचार्य द्रोण, आचार्य कृप आदि सब उपस्थित थे। इन लोगों में किसी ने सुयोधन को वह अपमान करने से न रोका। न रोककर उन्होंने द्रौपदी के अपमान का समर्थन ही किया था। उस समय कृष्ण ने द्रौपदी की रक्षा की थी और उन्होंने पांडवों को दासता से मुक्त कराया था।

जिस समय द्रौपदी का अपमान हुआ था उस समय होने वाली दो प्रतिज्ञाएँ महत्त्वपूर्ण हैं। पहली प्रतिज्ञा द्रौपदी की थी। द्रौपदी रजस्वला थी, दुःशासन उसके केश

पकड़कर खींचता हुआ उसे उस सभा में लाया था। द्रौपदी ने यह प्रतिज्ञा की थी कि वह अपने खुले हुए केशों को केवल उस समय बाँधेगी जब वे दुःशासन के रक्त से धुलेंगे। बड़ी भयानक प्रतिज्ञा थी द्रौपदी की। और दूसरी प्रतिज्ञा भीम की थी कि जिस जंघा पर द्रौपदी को बिठलाने के लिए सुयोधन ने कहा था उसकी उसी जंघा को अपनी गदा से तोड़ेगा। स्पष्ट रूप से महाभारत युद्ध के बीज उसी समय बो दिए गए थे।

बारह वर्ष के वनवास और एक वर्ष के अज्ञातवास के बाद जब पांडवों ने अपनी दासता से मुक्ति पा ली तब उन्होंने अपना राज्य वापस माँगा। सुयोधन पांडवों से अन्तिम युद्ध के लिए कटिबद्ध हो चुका था। उसने पाँच ग्राम क्या सुई की नोक-भर भूमि भी बिना युद्ध के देने से इनकार कर दिया। वह जानता था अगर पांडवों को उसने पाँच ग्राम दिए तो वे फिर अपने बाहुबल से राज्य स्थापित करके अपने समर्थक बनाने में सफल हो जाएँगे। और वह यह भी जानता था कि द्रौपदी अपने अपमान का बदला चुकाने के लिए पांडवों को अवश्य प्रेरित करेगी। जब युद्ध अनिवार्य है तब उसी समय यह युद्ध क्यों न कर लिया जाए।

4

महाभारत का युद्ध विश्व का अद्वितीय नरसंहार था। अठारह दिनों में अठारह अक्षौहिणी सेना कट गई। पाँचों पांडव और अश्वत्थामा को छोड़कर कोई भी महारथी जीवित नहीं बचा।

इस नरसंहार पर द्रौपदी को पश्चात्ताप होना स्वाभाविक ही था।

और साथ ही महाभारत के पाठकों को भी इस बात पर आश्चर्य होना स्वाभाविक है कि घृणा और हिंसा की साकार प्रतिमा होते हुए भी द्रौपदी पावन और पूज्य किस प्रकार है ?

और इस प्रश्न का उत्तर पाने के लिए हमें महाभारत के युग को अच्छी तरह समझना पड़ेगा। महाभारत का युग हिंसा-प्रतिहिंसा का युग है, वह मान-अपमान का युग है, वह अहम्मन्यता और घृणा का युग है। कोई भी तो चरित्र महाभारत का ऐसा नहीं है—एक युधिष्ठिर को छोड़कर—जो युग की हिंसा से बचा हो। कौरव-पांडवों के पितामह भीष्म तक ने जबरदस्ती काशीराज की कन्याओं का अपहरण करके उनसे अपने रुग्ण और मृत्यु के मुख में पड़े हुए भाइयों का विवाह कराया था। आचार्य द्रोण ने द्रुपदराज के तिरस्कार का बदला उन्हें बन्दी बनाकर लिया था। उस युग की मान्यताएँ बिलकुल दूसरी थीं।

हिंसा, घृणा—ये उस युग के व्यक्तियों में पाप नहीं समझे जाते थे। महाभारत में जो विनाश हुआ, वह मानव का विनाश नहीं था, वह युग का और युग की मान्यताओं का विनाश था। महाभारत के युग के बाद मदिरा-पान करके जो आभीरों में गृहयुद्ध से सर्वनाश हुआ था, वह भी तो युग की हिंसा का विनाश ही था। स्वयं कृष्ण ने अपने कुल का युग की हिंसा में विनाश होते देखा था।

द्रौपदी को युग एवं युग की हिंसा का प्रतिनिधि मानकर उसके विनाश का साधन भर माना जा सकता है। जहाँ तक द्रौपदी के व्यक्तित्व का प्रश्न है वह बहुत उच्चकोटि का है। अपने धर्म पर वह रत रही, अपने कर्त्तव्य का उसने निर्वाह किया। पतियों के सुख-दुख में उसने अविचलित भाव से उनका साथ दिया, बिना हिचक के उसने अपने पतियों के कष्ट सहे। पतियों को छोड़कर वह अपने पितृगृह में सुख से रह सकती थी, पर उसने इसकी कभी कल्पना ही नहीं की।

5

'द्रौपदी' लिखने में मुझे कुछ कठिनाइयाँ पड़ीं। द्रौपदी का चरित्र महाभारत का प्रधान चरित्र है, उसे संक्षेप में लिखना आसान काम नहीं था। द्रौपदी के जन्म की कथा का मैंने उल्लेख नहीं किया, पर जिन परिस्थितियों में द्रौपदी का लालन-पालन हुआ उसका संकेत मैंने कर दिया है। द्रौपदी की-सी तेजस्विनी स्त्री वस्तु-स्थिति को जानती है, और इस वस्तु-स्थिति की उसके मन पर प्रतिक्रिया भी पड़ती है। उस समय के समाज में नारी को सम्पत्ति समझ कर उसे मानव के अधिकारों से जो वंचित रखा जाता है—उसका स्वयंवर इसका सबसे बड़ा प्रमाण था। स्वयंवर के बाद भी उसे पाँच पतियों की पत्नी बनने पर विवश होना पड़ा।

द्रौपदी सामाजिक व्यवस्था और सामाजिक प्रतिबन्धों पर अपने को न्यौछावर कर देती है। उसके अन्दर विद्रोह और कटुता की भावना मौजूद है, पर अपने संयम से वह इस भावना को दबाती है। इसके बाद मैंने राजसूय के समय वाली द्रौपदी को लिया है। वह अपने पतियों से भिन्न नहीं है, पांडवों का गौरव है, पांडवों का अपमान उसका अपमान है। कुरुकुल ने पांडवों को जो त्रासित किया था द्रौपदी के मन पर उनकी गहरी छाप है। पांडवों ने जो राजवैभव प्राप्त किया था द्रौपदी को उसका दर्प है। दर्प में भरी द्रौपदी का अपने कुल के शत्रुओं के प्रति अन्दर वाली हिंसा और कटुता कौरवों के सामने प्रकट होती है, शत्रु का अपमान करना अधर्म नहीं माना जाता।

द्रौपदी ने सुयोधन का जो अपमान किया था वह सुयोधन के लिए असह्य था। उस द्यूत सभा में ही महाभारत के युद्ध का सूत्रपात हुआ था। द्यूत सभा के दृश्य में मैंने अपने प्रयत्न भर उस युग के अविवेक, छल-कपट और हिंसा-प्रतिहिंसा को प्रदर्शित करने का प्रयत्न किया है। उसी दृश्य में मैंने यह संकेत भी कर दिया है कि युद्ध अनिवार्य था।

मैंने महाभारत के युद्ध का वर्णन नहीं किया है, केवल एक समवेत गान में महाभारत के युद्ध की व्याख्या कर दी है। इसके बाद मैंने अन्तिम सर्ग में द्रौपदी का वास्तविक मूल्यांकन किया है।

अन्तिम सर्ग में मैंने गौण रूप से नियतिवाद का प्रतिपादन किया है—यह मैं मानता हूँ, लेकिन मैं विवश हूँ क्योंकि मैं स्वयं नियतिवादी हूँ। मैं गीता को भी तो नियतिवाद का प्रतिपादन ही मानता हूँ जहाँ कि निराशावाद से भरी अकर्मण्यता के स्थान पर आशावाद-युक्त कर्म मार्ग को नियतिवाद का रूप माना गया है।

प्रथम दृश्य

समवेत गान : युग-युग की हिंसा आज ग्रन्थि निज खोलो,
पशुता की तुम हे भ्रान्त धारणा डोलो;
हे काम-क्रोध हे लोभ मोह मत्सर के
आरक्त हिंस्र इतिहास सत्य तुम बोलो !

हे केशव के निष्काम कर्म,
हे बली पार्थ के छात्र धर्म !
मानापमान की प्रतिहिंसा
बस उस युग का था एक मर्म।

उसके प्रतीक थे भीष्म, द्रोण;
उसका प्रतीक था पांडव कुल,
उसके प्रतीक कौरव विमूढ़
लेकर अपना ऐश्वर्य विपुल;

युग की हिंसा है भारत में परिणीता;
युग की हिंसा में निहित कृष्ण की गीता !

आरक्त नेत्र, अनबद्ध केश—
अधरों पर दर्प-भरी तृष्णा
युग की हिंसा की केन्द्र-बिन्दु,
द्रौपदी पांडवों की कृष्णा !

युग के धूमिल इतिहास ग्रन्थि निज खोलो,
कवि की वाणी में देवि द्रौपदी बोलो !

दूसरा दृश्य

द्रौपदी : मेरे मानस में अभिलाषा यह प्रबल कौन ?
मेरे नयनों में किस छवि की यह ज्वाला है ?
मेरी वाणी में अज्ञात और रुद्ध मौन,
मस्तक पर कैसी यह प्रलय-मेघ-माला है ?

सब कहते रति की सी सुन्दरी सुकोमल मैं !
मैं कहती—शक्ति की अतृप्त तीव्र तृष्णा हूँ !
मेरे चरणों पर पांचाल देश आहत सा—
उसके गौरव की प्रतिशोध रूप कृष्णा हूँ !

रूप और यौवन के भार में पुलक कब है ?
रूप और यौवन के मद में मदमाती मैं;
जीवन में एक जलन, एक प्यास प्राणों में,
गुरुता के असह भार से झुक-झुक जाती मैं !

सखी : देवि, चन्द्र-मुख पर किस चिन्ता का घिरा राहु ?
और अधर कम्पित क्यों ? दृष्टि मूक खोई-सी,
ऐसे शुभ-अवसर पर उमड़ पड़ी बरबस ही
घुटन भरी करुणा क्यों युगों से सँजोई-सी ?

प्रात को स्वयंवर है द्रौपदी कुमारी का
कल नगर हर्षित है, एक परम उत्सव है।
किन्तु सुन्दरी यह पांचाली क्यों विचलित-सी,
उसकी जय-माला में कौन-सा पराभव है ?

द्रौपदी : धौंसे बजते हैं, उठती है, ध्वनि ढोलों की।
और सुन रही हूँ वह अति गम्भीर तुमुल नाद।
दूर-दूर देश से पधारे हैं नृपति वीर,
प्रात को स्वयंवर है, इसकी है मुझे याद।

मैं ही वह स्वयंवरा, जिसकी जयमाला के
आगे झुकने को उत्सुक हैं मस्तक सगर्व !
मैं ही वह स्वयंवरा जिसके विक्रय को ही
पूज्य पिता मेरे ने रचा एक महा-पर्व।

मैं ही वह स्वयंवरा, जो है सम्पत्ति मात्र
जो कि वीरता पर, जो शौर्य पर समर्पित है;
मैं ही वह स्वयंवरा, मूर्ति भावना की, पर
जो है अस्तित्वहीन, जिसे प्रेम वर्जित है !

सखी : महाराज द्रुपद का भयानक हठ मात्र एक !
कहती तो सच हो सखि, व्यंग्य यह स्वयंवर है।
ज्ञान धनुर्विद्या का और प्रेम कृष्णा का—
प्रथम है समर्थ और दूजा अति निर्भर है।

असद-सद, अशिष्ट-शिष्ट, निर्मम या प्रेमवान
लक्ष्य-बेध में है सखि इनकी परिभाषा क्या ?
मृत्यु का प्रतीक हस्त-लाघव औ' कौशल; फिर
त्याग-दया करुणा में मानव की आशा क्या ?

द्रौपदी : त्याग-दया-करुणा ? यह धर्म कायरों का है,
त्याग-दया-करुणा—अधिकार के विरोध रूप !
उसका अस्तित्व जो समर्थ और शासक है,
त्याग-दया-करुणा—ये संस्कृति के अन्ध-कूप !

पूजित है सूर्य अग्नि-पुंज की प्रखरता से
पूजित है इन्द्र वज्र को ही धारण करके;
पूजित है रुद्र मृत्यु जिसके इंगित पर है,
पूजित है विष्णु चक्र में विनाश गति भर के !

पूजित है नाग जो कि विषधर है काल-रूप,
पूजित है गरुड़ जो समर्थ नाग भक्षी है !
पूजित कुरुवंश भीष्म पार्थ औ'सुयोधन से
पूजित है द्रोण क्योंकि कुरुकुल अनुपक्षी है !

सखी : द्रुपदराज द्रोण के बने हैं सखि वैरी क्यों ?
वे तो ब्राह्मण हैं, आचार्य और त्यागी हैं.
ऐसी क्या बात जो कि कटुता है भूपति में ?
धीर-वीर-क्षत्रिय वे, सुख के अनुरागी हैं।

द्रौपदी : कहाँ पिता द्रुपद श्रेष्ठ पांचालों के नरेश ?
कहाँ द्रोण कृष-कुरूप-दीन औ' भिखारी वह ?
आया था बाल-सखा होने के नाते ही
बन करके पिता के विभव का अधिकारी वह !

भूमि-सम्पदा का अधिकारी बस राजवंश !
वैभव-श्री भोग्य उसे, जिसके भुज में बल है !
शास्त्रों का ज्ञानी, अथवा शस्त्रों का ज्ञानी–
जो है ब्राह्मण उसका भिक्षा ही सम्बल है !

माना शस्त्रों में पारंगत है द्रोण, किन्तु
द्रुपद-राज की समता कर सकता किस प्रकार ?
जिसमें ऐश्वर्य और वैभव की लिप्सा हो,
होगा निश्चय ऐसे ब्राह्मण का तिरस्कार !

अपने हठ-धर्म का विरोध था असह्य उसे
बन कर आचार्य गया कुरुकुल का शरणागत !
पिता को किया बन्दी उसने उनके बल से–
द्रुपदराज इस प्रकार अपमानित औ' श्रीहत !

आज भी पिता के उर में वह प्रतिहिंसा है,
अपने अपमान का चुकाना है उन्हें ब्याज !
सम्पूर्ण पति रूप चाहते हैं वे परमवीर
गिरा सके जो कि वैरियों पर प्रतिशोध-गाज !

मेरा अस्तित्व क्रोध-घृणा-वैर का प्रतीक,
मैं वह संज्ञा जिसमें हिंसा का साधन है !
मेरे प्राणों में है प्रज्वलित विनाश ज्वाल,
मेरी प्रत्येक साँस प्रलयंकर क्रन्दन है !

प्रात जो स्वयंवर है, सच मानो उसमें सखि
होगा ऐसी हिंसक कटुता का सूत्रपात।
जिसकी ज्वाला में जल जाएँगे विवेक, धर्म;
भारत के सकल राज कुल होंगे भस्मसात् !

तीसरा दृश्य

चारण : सामने मंच पर द्रुपदराज की कन्या,
पांचाल देश की मान-रूप सुकुमारी ?
आसीन द्रौपदी कर में है जयमाला,
उसको वर सकता गौरव का अधिकारी !

वह राजवंश की श्री-शोभा-मर्यादा की !
साकार शक्ति, अनुरक्ति, भक्ति की !
वह स्वयंवरा, बन कर बैठी मंडप में
साधना-रूप पौरुष के व्रतधारी की !

वह मीन खम्भ पर लक्ष्य कि उसके नीचे
घूमता हुआ है चक्र तनिक रुक-रुक कर,
नीचे भू पर है तैल-पात्र, प्रतिबिम्बित
जिसमें वह चलता चक्र, मीन वह ऊपर !

प्रतिबिम्ब देख कर लक्ष्य साधना होगा,
जो बेध सकेगा मीन प्रथम शर से ही
केवल उसको है प्राप्त द्रौपदी कृष्णा,
वह द्रुपदराज का होगा प्रिय औ, नेही !

द्रौपदी : प्रियपात्र पिता का होगा वह रणपंडित—
पर यही प्रीति है घोर घृणा की जन्या;
प्रेरणा बनेगी वैर और हिंसा की
द्रौपदी कि जो है द्रुपदराज की कन्या !

आगे आए वह वीर, पितृ-हठ पूरा
जो कर सकता औ' सबल और विश्वासी।
जिसके इंगित पर महाप्रलय हो सकते
द्रौपदी बनेगी बरबस उसकी दासी !

वे सब जो मेरे वरण हेतु उत्सुक हैं—
जो देने आए निज कौशल का परिचय
सखि एक-एक कर असफल हैं वे भूपति,
दुर्दान्त लक्ष्य, दुर्दान्त द्रौपदी परिणय !

सखी : इतनी निराश क्यों? यह रवि-सा तेजस्वी
आजानु-बाहु, आरक्त-नेत्र, बलशाली
था देख रहा इस ओर विसुध-खोया-सा
देखते तुम्हारे जिसने दृष्टि झुका ली!

वह कठिन कुलिश सा, वह महान हिम-गिरि सा,
वह है अजेय, वह वीतराग, वह दानी!
पर है उसमें समाज की एक समस्या
जिसके आगे नतमस्तक वह अभिमानी!

वह उठा, मच गई सकल सभा में हलचल;
बढ़ रहा लक्ष्य की ओर, नृपति सब शंकित!
वह वरण करेगा निश्चय तुमको कृष्णा,
उसके मुख पर है विजय भावना अंकित!

चारण : यह द्रुपद-सुता है राजवंश की कन्या
उसको वरने का राजपुरुष अधिकारी!
हे वीर, प्रथम दो तुम निज कुल का परिचय
कितनी सेना, किन शस्त्रों के तुम धारी?

कर्ण : मैं कर्ण और मैं हूँ मनुष्य की संज्ञा
कुल-परम्परा के नहीं लिए मैं बन्धन;
मेरे भुज-दंडों में ही मेरी सेना,
मेरा पौरुष है महाप्रलय का वाहन।

मैं निष्कलंक, मैं निर्भय, अपराजित
मैं सदा धर्म पर दृढ़ जैसे ध्रुवतारा।
मैं कर्ण विश्व में विदित नाम है मेरा
मैं नहीं जानता जात-पाँत की कारा।

द्रौपदी : यह विदित कि तुम हो सूतपुत्र हे दम्भी!
यह विदित कि तुम कुलहीन और अपमानित;
है नहीं तुम्हें अधिकार मुझे वरने का।
द्रौपदी न होगी शूद्रा बनकर लांछित।

तुम तो कुरुकुल के क्रीतदास हो केवल,
जिस कुरुकुल की मैं महानाश की ज्वाला;
जो निज प्रताप से भस्म कर सके कुरुकुल
उसकी ग्रीवा की मैं कृष्णा जयमाला !

चारण : हे सूतपुत्र तुम निज आसन पर बैठो
कुल गोत्र और मर्यादा के तुम बाहर,
स्वीकार द्रौपदी को अविवाहित रहना
पांचाली का है असफल आज स्वयंवर।

सखी : देखो सखि, देखो वहाँ यज्ञ-मंडप में
ये कर्मकांड में पावन और मनस्वी
जो वेदपाठ कर रहे निरन्तर ब्राह्मण
उठ रहा पुरुष है एक वहाँ तेजस्वी !

देखो, सखि देखो, धनुष उठाकर उस पर
वह चढ़ा चुका प्रत्यंचा, जिस पर शर है।
वह तैल-पात्र पर झुका लक्ष्य लेने को
ऊपर को उसका बाण, लक्ष्य ऊपर है !

मच गया सभा मंडप में लो कोलाहल,
गिर पड़ा विद्ध वह लक्ष्य टूट कर भू पर।
ले लो अपने हाथों में तुम जयमाला
उस ओर बढ़ रहा है वह विजयी सत्वर !

द्रौपदी : पतिरूप मिला है मुझको एक भिखारी
कुल गोत्र और मर्यादा से जो मंडित,
सखि अमिट हाय रे यहाँ भाग्य की रेखा
मेरा सारा अभिमान हो चुका खंडित !

आहत है मेरा मान और मन आहत,
आहत मेरा नारीत्व और कोमलता
लो अर्पित हूँ मैं यहाँ नियति के हाथों
आहत बाघिन-सी लेकर अपनी कटुता !

चौथा दृश्य

अर्जुन : ये मणि-मुक्ता, वस्त्राभूषण, सम्पदा
शोभा देते देवि राजकुल को सदा;
हम ब्राह्मण हैं, कर में भिक्षा पात्र है
संचय में विश्वास हमारा गुण नहीं !

वल्कल-वसना और त्याग की मूर्ति बन
जीवन यापन करना होगा नियम से,
जीवन एक दुरूह साधना है यहाँ,
और साधना ही जीवन की शक्ति है !

थकी हुई हो, शिथिल गात, गीले नयन
कुम्हलाई हो कठिन मार्ग की धूप से,
लो दिखलाई देने लगी कुटीर वह–
धैर्य धरो, अब यह यात्रा का अन्त है !

द्रौपदी : मैं कहती–यह यात्रा का प्रारंभ है !
यह अरण्य अज्ञात, मार्ग अज्ञात है।
और एक अज्ञात दिशा को बह रही
जीवन-धारा जो अज्ञात स्वयं यहाँ !

मैं नारी हूँ कोमल मेरा अंग पर,
प्राणों में है कुलिश समान कठोरता;
अथक नियति गति अथक हृदय की है व्यथा
अथक सहन की शक्ति, अथक है प्रेरणा !

धैर्य ? आर्य मैं असह धैर्य की मूर्ति हूँ,
और पिता के प्रण की पावनता परम,
मैं अर्पित हूँ आर्य तुम्हारे शौर्य पर
नारी का दासीत्व सदा से धर्म है।

अर्जुन : माता खोलो द्वार, और देखो तनिक
कितनी सुन्दर भिक्षा लाए आज हम,
पुलक उठोगी उसे देख कर हर्ष से–
देवि, तुम्हारे हित हैं हम आतुर खड़े।

कुन्ती : पारायण व्रत है प्रिय पुत्रों, और मैं
पाठ कर रही, मेरा आशीर्वाद है!
जो भिक्षा लाए उसको सम भाव से
तुम पाँचों भ्राता आपस में बाँट लो!

युधिष्ठिर : माता! माता! यह तुमने क्या कह दिया?
बाहर आओ, अर्जुन को आशीष दो,
वर लाये वह पांचाली को शौर्य से—
पुत्र-वधू का निज गृह में स्वागत करो!

कुन्ती : पांचाली! क्या द्रुपद-सुता कृष्णा अरे,
नहीं राजवैभव से स्वागत कर सकी।
इस कुटिया में ही स्वागत है हे शुभे!
पांडव कुल की श्री शोभा बन कर फलो।

द्रौपदी : देवि राजमहिषी, समर्थ—कुन्ती! तुम्हें
द्रुपद-सुता के शत-शत नमित प्रणाम हैं!
यह मेरा सौभाग्य—मुझे आशीष दो
श्री चरणों पर वधू द्रौपदी प्रणत है।

कुन्ती : पुत्र-वधू को कुन्ती का आशीष है,
किन्तु कर चुकी अनजाने अन्याय मैं—
पाँच पांडवों की तुमको निधि कह चुकी
पाँच पांडवों का तुम पर अधिकार है।

अनजाने अधिकार उन्हें मैं दे चुकी
लेना या कि छोड़ना उनके हाथ में।
भीम-युधिष्ठिर-नकुल और सहदेव तुम
चुप क्यों हो? तज सकते हो अधिकार निज?

युधिष्ठिर : प्रथम ज्येष्ठ का हो विवाह, क्रम से इसी
छोटे भ्राता वरण करें—ऐसी प्रथा
अपने कुल की रही देवि! यह विदित है,
परम्परा में भी मानव का धर्म है।

अनजाने अधिकार हमें तुमने दिया,
ले सकती हो उसे हमें स्वीकार है।
वरण किया केवल कृष्णा को पार्थ ने
और पार्थ ही भोगें उसको, न्याय यह !

द्रौपदी : यह नारी है भोग्य और सम्पत्ति है,
यह नारी है व्यंग्य मात्र अस्तित्व की,
तो ऐसा ही हो; मुझको स्वीकार है--
पाँच पांडवों की पत्नी मैं बनूँगी।

नारी को वर्जित है निज की भावना
वर्जित उसको मान और अपमान है,
वर्जित उसको स्वयं एक अस्तित्व निज
वर्जित उसको स्नेह-प्रेम ममता यहाँ।

प्रतिबन्धों से जकड़ा हुआ शरीर है
प्रतिबन्धों से ग्रसित यहाँ प्रति साँस है
किन्तु प्रकृति है मुक्त, मुक्त यह पवन है
मैं कहती प्रतिबन्ध यहाँ अपवाद है !
धर्मराज, अपवाद प्रकृति के तुम स्वयं
जो कि सत्य की और न्याय की मूर्ति हो,
यह जीवन मिथ्या का प्रतिबिम्ब है
जो समर्थ है अरे उसी का न्याय है !

तुम में केवल न्याय और बल भीम में
कला नकुल में, कौशल है सहदेव में !
तुम चारों अपवाद प्रकृति के हो यहाँ—
एक पार्थ ही यहाँ प्रकृति के सत्य हैं।

पर हम सब को रहना सदा समाज में,
इस समाज की प्रतिबन्धों पर नींव है !
इन प्रतिबन्धों पर अर्पित है द्रौपदी
पाँच पांडवों की पत्नी जो बन चुकी।

प्रेम सत्य है और घृणा भी सत्य है,
हर्ष सत्य है और सत्य है क्रोध भी !
माता, मुझको अपना आशीर्वाद दो
जिससे दृढ़ रह सकूँ सदा मैं धर्म पर।

पाँचवाँ दृश्य

राजसूय – राजसूय – राजसूय – राजयज्ञ !

पांडव कुल है सशक्त, पांडव कुल है समर्थ
कृष्ण की कृपा से है उसे प्राप्त धर्म अर्थ !

आज हैं युधिष्ठिर सम्राट सकल भारत के,
धर्म के स्वरूप और अनुयायी वे सत के !

साम्राज्ञी द्रौपदी सतेज और अति सगर्व;
उसके अभिमान और गुरुता का महापर्व !

पर अपनी हिंसा से ग्रस्त यहाँ विश्व अज्ञ
राजसूय – राजसूय – राजसूय – राजयज्ञ !

मय द्वारा निर्मित वह छलना का राजभवन;
उसमें होगा ऐसी हिंसा का अभिनन्दन,

जिसके फलरूप रक्त सिंचित हो कुरुक्षेत्र !
जिसके फलरूप रुद्र खोलें निज प्रलय नेत्र।

जिसमें है निहित महाभारत का महायज्ञ
राजसूय – राजसूथ – राजसूय – राजयज्ञ !

छठा दृश्य

द्रौपदी : मैं कृष्णा, मैं साम्राज्ञी,
मेरा वैभव अक्षय है !
है ऋद्धि-सिद्धि चरणों पर,
मस्तक पर यहाँ विजय है।

मैं भूल चुकी—क्या दुख है ?
संघर्ष यहाँ पर क्या है ?
मेरे संकेतों पर ही
महिपालों की संज्ञा है।

निस्तेज द्रोण की गुरुता,
मर्माहत आज सुयोधन।
कुरुकुल करने आया है
इन चरणों का अभिनन्दन।

कुरुकुल जिसने अधिकारी
को किया स्वत्व से वंचित,
कुरुकुल जिसने छल बल से
ऐश्वर्य किया है संचित !

कुरुकुल का वही सुयोधन
होकर आया नत मस्तक;
पति भले वारि शीतल हों,
यह कृष्णा तो है पावक !

जलना पावक का गुण है,
गुण उसका सदा जलाना;
उसको मिटना भी होगा
क्रम जिसका यहाँ मिटाना !

आमंत्रित आज सुयोधन
देखे वह मेरा वैभव,
देखे तो कितना कड़ुवा
है तिरस्कार का आसव !

आमंत्रित आज सुयोधन
देखूँ कितना अभिमानी ?
देखूँ कितना गुरुता है ?
देखूँ है कितना पानी ?

मय की छलना से बढ़कर
देखूँ क्या उसका छल है ?
वह व्यंग्य सह सके मेरा—
देखूँ क्या इतना बल है ?

है दर्प भरी हिंसा की
पांचाली एक कहानी,
वह जले कि निज, ईर्ष्या में
वह कायर, वह अज्ञानी।

दासी : साम्राज्ञी ! अतिथि पधारे
करिए इन सब का स्वागत।

सुयोधन : हम सभी आप के देवर—
भाभी के आगे हैं नत !

द्रौपदी : आशीष सुयोधन तुमको,
आशीष सकल कौरव गण !
निज महती आकांक्षा पर,
दृढ़ बढ़े चलो तुम प्रतिक्षण;

तुम हो समर्थ तुम सक्षम,
तुम निज गुरुता को पाओ
निज मर्यादा की रक्षा
करने में मिट-मिट जाओ।

सुयोधन : मैं देवर हूँ, मैं जैसा
भी हूँ हे कृष्णा आर्या !
इन पाँच भाइयों की हो
हे पांचाली तुम भार्या।

आशीष दिया है तुमने
सर-आँखों पर स्वीकृत है
है कहा सत्य ही तुमने
यद्यपि वह सत्य विकृत है !

मेरी आशीष तुम्हें है—
तुम निज कटुता में फूलो,
विग्रह नारी का गुण है—
तुम अपना धर्म न भूलो !

द्रौपदी : हे अतिथि, मुझे भय लगता
गर्जन सुन छूछे घन का;

आओ देखो तो वैभव
तुम मेरे दिव्य भवन का !

यह स्फटिक शिला का प्रांगण
देखो कितना सुन्दर है !
सम्हलो हे अतिथि ! अरे तुम
गिर पड़े कि यह सरवर है !

क्यों व्यग्र हो रहे इतना ?
ले लो अनुभव जीवन का;
टकराया शीश तुम्हारा
यह द्वार नहीं, भ्रम मन का !

क्यों ओठ चबाते हो यों
क्यों फड़काते हो कन्धा
है सत्य कहावत क्या यह
'अन्धे का सुत है अन्धा !'

तुम कुपित, लो चली मैं यह
तुम अपने भ्रम में भूलो,
मैं अपना धर्म न भूली
तुम अपना धर्म न भूलो !

सातवाँ दृश्य

सुयोधन : धूमिल नभ, धूमिल अन्तरिक्ष,
धूमिल मेरा अस्तित्व विफल;
मैं पान कर चुका हूँ हँसकर
उस कृष्णा का अपमान-गरल !

वे राजसूय के अभिनेता,
वे हैं सक्षम वे तेजवान !
वे मान प्रतिष्ठा से मंडित,
वे अजित और वे हैं महान !

वे अजित, विजित है यह कुरुकुल,
है कहाँ भीष्म का तेज़ आज ?
सम्राट बन चुका भारत का
जब पांडव कुल का धर्मराज !

आचार्य द्रोण यह रण विद्या
है व्यर्थ तुम्हारा शस्त्रज्ञान
तुमसे बढ़ कर है पार्थ कुशल
तुमसे है अर्जुन शक्तिवान !

हे कर्ण, तुम्हारा शौर्य विजित,
हैं विजित तुम्हारे कठिन बाण !
मैं अपमानित मैं मर्माहत,
छटपटा रहे हैं विकल प्राण !

द्रौपदी अटल निज घृणा-धर्म
से युक्त और मैं कर्महीन !
पांडव समर्थ पांडव महान,
मुझसे तो है कुरुकुल मलीन !

इतने वीरों की छाया में
है मेरा इतना अधः पात !
हे स्वजनो, मुझको विदा करो।
मुझको करना है आत्मघात !

भीष्म : हे वत्स, व्यर्थ है यह कटुता,
यह पांडु-सुतों का अतुल त्याग
जो नहीं उन्होंने माँगा है,
तुमसे अपना निज उचित भाग !

निज शौर्य और निज पौरुष पर
स्थापित वे उनका विभव राज !
उन पर प्रहार के अर्थ यहाँ
अपकीर्ति भयानक लोकलाज !

शकुनि : हैं विवश पितामह और द्रोण,
है विवश तुम्हारे सखा कर्ण !
वे धर्म-निष्ठ हैं, किन्तु यहाँ
होते धर्मों के विविध वर्ण !

मैं कहता हूँ, है युद्ध व्यर्थ
है धर्म हमारा प्रेम-भाव !
पर हम आर्यों का धर्म द्यूत
जिससे कि युधिष्ठिर को लगाव !

वह मूर्ख युधिष्ठिर जो कि व्यर्थ
ही कहलाता है धर्म-राज
कब उसे द्यूत से अरुचि हुई ?
कब उसे द्यूत है हुआ त्याज ?

मैं शकुनि—कुशल हूँ पाँसों में,
पाँसों पर नाचे राज पाट !
वैरी के साहस, भुज बल की,
केवल छल-बल है एक काट !

सुयोधन : स्वीकार मुझे प्रस्ताव किन्तु
आमंत्रित उनको करे कौन ?
हे मंत्रिराज, हे धीर विदुर !
तुम क्यों हो अति गम्भीर मौन ?

तुम को जाना है इन्द्रप्रस्थ
आवें वे पाँचों अभिमानी;
इस भाँति युद्ध को रोक सकोगे
हे पंडित तुम हे ज्ञानी !

विदुर : यह द्यूत मंत्रणा कपटयुक्त—
हे शकुनि तुम्हें शत-शत प्रणाम !
तुम से मति-भ्रष्ट सुयोधन के
अब पूरित होंगे सकल काम !

मैं जाता हूँ, पर सावधान !
जो है अधर्म वह है विनाश।
दुर्भाग्य गुरुजनों को बाँधे
है हठधर्मी का मोह पाश !

आठवाँ दृश्य

सुयोधन : स्वागत बन्धु युधिष्ठिर, तुम अतिशय महान हो,
तुम वैभव सम्पन्न, पूज्य तुम ज्ञानवान हो !
स्वागत अर्जुन इन्द्र और शिव के समकक्षी,
आज तुम्हारा नहीं शेष है कहीं विपक्षी।

स्वागत सम्पूर्ण मित्र भयानक भीम गदाधर !
त्रस्त असुर गन्धर्व भीत तुम से नर-किन्नर !
नकुल और सहदेव कला में तुम पारंगत,
करता है कुरुवंश तुम्हारा शत-शत स्वागत !

पर स्वागत में मुझे दिख रहा कुछ अभाव है,
पांडव कुल की श्री-शोभा में कुछ दुराव है !
नहीं यहाँ द्रौपदी महारानी पांचाली,
भाभी ने क्यों मुझसे अपनी कृपा हटा ली ?

युधिष्ठिर : साम्राज्ञी ऋतुमती, नहीं, आ सकीं यहाँ पर;
भेजा आशीर्वाद उन्होंने तुम्हें पुलक कर।

अरे शकुनि, तुम यहाँ लिए निज कर में पाँसा !
कपट जाल में क्या तुमने कुरुकुल को फाँसा ?

शकुनि : फँसने में तुम कब पीछे हो मित्र युधिष्ठिर ?
आज द्यूत का पर्व, भाग्य है सब का अस्थिर !
उसी भाग्य का खेल खेलने चले सुयोधन—
उनसे केवल धर्मराज की ही सकती ठन।

युधिष्ठिर : हम दोनों में बाल्यकाल से ठनी रही है
नहीं किसी की जीत किसी ने यहाँ सही है,
किन्तु शौर्य के कठिन खेल में विजय हमारी
दैव हमारे साथ, भाग्य के हम अधिकारी।

सुयोधन : दैव तुम्हारे साथ रहा है अब तक, माना,
किन्तु नियति का अति विचित्र है ताना-बाना,
पाँसे में हैं दक्ष शकुनि, तुम नौसिखिए हो
और भाग्य की एक भ्रान्ति का भार लिए हो।

मैं यह कहता नहीं कि तुम फेंको यह पाँसा
क्या जाने कब भाग्य तुम्हें दे जाये झाँसा !
यह पाँसे का खेल भाग्य का खेल भयानक
यहाँ अभागों के झुक जाते उन्नत मस्तक।

युधिष्ठिर : भाग्य वहाँ है, जहाँ न्याय है, जहाँ धर्म है !
भाग्य वहाँ जहाँ पराक्रम और कर्म है।
आ जाओ तुम शकुनि, नहीं मैं हटने वाला—
फेंको पाँसा, लगी दाँव पर यह मणिमाला।

जीत गया मैं और सुयोधन दाँव लगाओ
स्वर्णराशि औ' रत्नराशि तुम भर-भर लाओ !
यह भी अपना दाँव, हार है आज तुम्हारी
सदा धर्म के और भाग्य के हम अधिकारी।

शकुनि : सावधान हे मूर्ख ! भाग्य पर वश किसका है ?
यह पाँसे का दाँव रिक्त ही निकल गया है।

दाँव फेंकने की आई अब मेरी बारी,
और भाग्य में स्वतः लिख गई हार तुम्हारी।

फेंक रहा मैं दाँव लिए कुरुकुल का वैभव,
और पराजय इस कुरुकुल की निपट असम्भव !
फेंक रहा मैं दाँव, लगा दो जो जीते हो,
लो मैं जीता तुम फिर वैसे ही रीते हो !

युधिष्ठिर : रीते होंगे और, नहीं पांडव कुल रीता;
भाग्य-लक्ष्मी सदा धर्म की है परिणीता !
मेरा सारा कोष दाँव पर लगा हुआ है,
कहो सुयोधन खेल सकोगे यह क्षमता है ?

सुयोधन : मेरी क्षमता ? वह अक्षय है, वह अबाध है !
उसे देखने की यदि तुममें प्रबल साध है
तो मुझको स्वीकार! शकुनि तुम देख रहे क्या ?
हो निर्भय निद्वन्द्व अरे तुम फेंको पाँसा !

लो मैं जीता; सफल द्यूत का मेरा उत्सव।
कुरुकुल में है ऋद्धि सिद्धि कुरुकुल में वैभव।
खेल चुके तुम खेल और कुछ भी है बाकी ?
बन्धु, भाग्य की मार यहाँ है सदा बला की !

युधिष्ठिर : यहाँ भाग्य की गति विचित्र है, मैंने माना
ऊपर-नीचे यही नियति का ताना-बाना।
मेरा सारा राज्य दाँव पर उसको मानो,
फेंको पाँसा शकुनि हार अपनी पहचानो।

शकुनि : लो तुम हारे राज-पाट भी अपना सारा !
भाग्यहीन को कब मिलता है यहाँ सहारा ?
और खेलने का दम हो तो आगे आओ
भ्राताओं का गए राज्य पर दाँव लगाओ।

युधिष्ठिर : राज-पाट जब गया, गया जब सारा वैभव
भ्राताओं के लिए मुक्ति का फिर क्या उत्सव ?

आज भाग्य का खेल खेलना होगा पूरा,
फेंको पाँसा, द्यूत-पर्व क्यों रहे अधूरा ?

शकुनि : फिर हारे ! हो गए दास यह बन्धु तुम्हारे,
देख रहे हो इधर-उधर तुम क्या मन मारे ?
सम्भव इनकी मुक्ति दाँव पर निज को रखकर
धर्मराज, यह खेल भाग्य का बड़ा भयंकर !

युधिष्ठिर : यही भाग्य का खेल यहाँ मानव का जीवन,
इसी भाग्य के रूप यहाँ पर पुलकन क्रन्दन।
देखूँ कितने हीन भाग्य के सजे साज हैं
है मुझको स्वीकार दाँव पर धर्मराज हैं।

शकुनि : यह देखो हे मूढ़ ! हार है कठिन तुम्हारी !
आज सुयोधन बने तुम्हारे हैं अधिकारी !
कुरुकुल गौरव-युक्त, सुयोधन भाग्यवान है;
वह समर्थ है, वह सक्षम है, वह महान है !

युधिष्ठिर : क्या यह सच है ? बने सुयोधन सम्पूर्ण स्वामी !
मैं कैसे बन गया पाप के पथ का गामी ?
अब समाप्त यह खेल; दैव ने जो कुछ चाहा
निज कुबुद्धि से प्रेरित मैंने उसे निबाहा।

सुयोधन : अब भी है कुछ शेष युधिष्ठिर वह कृष्णा है—
उसके बदले तुम पाँचों की मुक्ति यहाँ है।
सब कुछ हारे, उसे आखिरी दाँव लगाओ,
सम्भव है तुम उसके बल पर सब कुछ पाओ।

युधिष्ठिर : सच कहते हो द्रुपद-सुता में मेरा बल है !
उसमें ही हम भाग्यविहीनों का सम्बल है !
तो फिर फेंको दाँव, अन्त ही हो जाने दो,
निज अभाग्य का पांडव कुल को फल पाने दो।

शकुनि : लो कृष्णा भी गई; सुयोधन की वह चेरी !
सुन लो बजती आज विजय की है वह भेरी !

यह कुरुकुल की आन-मान का विजय-पर्व है,
अपमानित है नहीं सुयोधन, वह सगर्व है।

सुयोधन : जाओ दुःशासन कृष्णा को सम्मुख लाओ
इन दासों की शोभा उसको यहाँ दिखाओ।
सहज न आवे तो बल-पूर्वक उसको लाना
था अपना अपमान, मुझे है ब्याज चुकाना।

विदुर : है अनर्थ हो रहा पितामह, इसको रोको,
मत विनाश में तुम कुरुकुल को यों ही झोंको !
बोलो द्रोणाचार्य, अरे क्यों मौन तुम्हारा ?
गुरुजन का समुदाय आज कैसा पथहारा ?

द्रौपदी : छोड़ो मेरे केश नराधम ! अरे सुयोधन
यह पशुता का कांड तुम्हारा ही निर्देशन ?
धर्मराज, हे पार्थ, भीम है हुआ तुम्हें क्या ?
शेष पापियों में अब तक है उनका जीवन !

मैं ऋतुधर्मा और एकवस्त्रा हूँ नारी,
यहाँ सभा में ले आए क्यों अत्याचारी ?
यह क्या ? ये श्रीहीन बिके से पाँचों भ्राता,
और देखना है मुझको क्या अरे विधाता ?

सुयोधन : हे हिंसा की मूर्तिमती प्रतिमा पांचाली !
हार चुके हैं तुम्हें यहाँ पांडव बलशाली।
अब तुम मेरी हुई, जाँघ पर हो आसीना;
निज कटुता का गरल तुम्हें अब होगा पीना।

द्रौपदी : कपट-जाल में पतियों को करके अपने वश,
अरे नराधम, तुझे हो गया इतना साहस !
धर्मराज, तुम मौन विवश-से देख रहे क्या ?
सत्य धर्म व्रत आज हो गया सहसा स्वाहा !

कहाँ आज गांडीव ? पार्थ के मृत्यु-सदृश शर ?
निलज भाव से हँसता है अब तक यह कायर !

इसकी जंघा ! अरे भीम वह गदा कहाँ है ?
अपमानित जो भरी सभा में यह कृष्णा है।

सुयोधन : हे हिंसा की मूर्तिमती प्रतिमा पांचाली !
धर्म तुम्हारा रहा सदा से देना गाली।
देख रहे हो क्या दुःशासन, इस कुलटा के
वस्त्र खींच कर नग्न करो, सब कोई देखे।

द्रौपदी : ठहरो पापी, भीष्म द्रोण कृप विदुर मौन क्यों ?
यह पशुता का कांड, अरे इसको तुम रोको !
हे अन्धे धृतराष्ट्र, अरे कुरुकुल के पातक,
आज बन रहे हो तुम मानवता के घातक।

देव पितर तुम कहाँ ? कहाँ पर न्याय धर्म है ?
दानवता है शौर्य, कलुष ही आज कर्म है।
चलो इन्द्र, इस पाप सभा पर वज्र गिराओ
उठो रुद्र, पापी पृथ्वी पर प्रलय मचाओ।

अरे कहाँ हैं वासुदेव ? हे मेरे भ्राता।
तुम अशरण के शरण, निबल के हो तुम त्राता।
आज बहिन की लाज लुट रही, जल्दी आओ—
अभय-दान का वचन दिया था, उसे निभाओ।

कृष्ण : तुम निर्भय हो बहिन! पितामह यह सब क्या है?
कहो द्रोण आचार्य, धर्म यह निपट नया है !
अरे विदुर, तुम सजल नेत्र श्रीहत मर्माहत,
हे राजन धृतराष्ट्र, यही क्या कुरुकुल का व्रत ?

रुको ! देखते हो तुम मेरा चक्र सुदर्शन,
बन्द करो तुम पशुता का यह नंगा नर्तन।
मानव बिकता नहीं, नहीं वह हारा जाता;
उठो युधिष्ठिर, उठें तुम्हारे ये सब भ्राता !

तुम सब हो स्वच्छन्द, राज्य बस तुमने हारा—
वह भी छल से; पर उसमें था दोष तुम्हारा !

धर्मराज, तुम नीति-कुशल तुम ज्ञानी अतिशय !
द्यूत मोह में किस प्रकार फिर बुद्धि हुई क्षय ?

भीष्म : उचित तुम्हारा कथन सोचता हूँ मैं केशव
सदा घृणित है द्यूत, धर्म का वहाँ पराभव,
द्यूत कपट का केन्द्र और है छल का कौशल
अकर्मण्य का इष्ट कायरों का है सम्बल !

इसे जानकर धर्मराज हैं दोषी निश्चय !
परम्परा अनुसार सुयोधन की ही है जय।
नहीं सुयोधन कपट और छल के हैं दोषी
था सचेत कर दिया युधिष्ठिर को पहले ही।

युधिष्ठिर : है मुझको स्वीकार बुद्धि की आज पराजय,
मैं दोषी हूँ, दंड भोगना मुझको निश्चय।
सावधान कर दिया सुयोधन ने था मुझको
है मुझको स्वीकार सुयोधन का ही निर्णय।

सुयोधन : तो फिर द्वादश वर्ष वास वन में है करना—
एक वर्ष अज्ञात विश्व में तुम्हें विचरना।
तुम पाँचों हो मुक्त, मुक्त कृष्णा कंकाला—
यह कटुता की मूर्ति और हिंसा की ज्वाला !

तपो घृणा में, तपे क्रोध में यह पांडव-कुल,
और आसुरी नृत्य करे पांचाली मंजुल।
जाओ वन की ओर दंड भोगो तुम अपना
पर यदि असफल हुए दासता में तब तपना !

द्रौपदी : है हमको स्वीकार तुम्हारा दंड नराधम।
पर मेरा अपमान याद रखना है अक्षम !
पांचाली की घृणा मृत्यु बन चुकी तुम्हारी,
महायुद्ध की करो अरे तुम सब तैयारी !

रे दुःशासन, खुले केश ये तभी बँधेंगे—
जब ये तेरे उष्ण रक्त से सिंचित होंगे।

भीष्म-द्रोण-कृप-शकुनि-कर्ण ये परम प्रतापी
भू लुंठित हो चुके अभी से ये सब पापी।
पति चलते हैं चलें कुमति का दुष्फल पाने;
मैं चलती हूँ इस कुरुकुल का नाश रचाने !

नवाँ दृश्य

समवेत गान : धरा विसुघ तड़प रही, गगन अनल उगल रहा
कि आज आन मिट रही कि आज दर्प जल रहा !
विनाश की लहर उठी
विरोध का पवन बहा
अहम् लिए घृणा लिए, मनुज अबाध चल रहा !
आज पुरुष क्रुद्ध है,
आज प्रकृति रुद्ध है,
आज कुरुक्षेत्र में
मचा विकट युद्ध है।
हिंसा का घृणा का, मनुष्य-मेध हो रहा
कि मृत्यु है स्वयंवरा कि लक्ष्य-बेध हो रहा !
न शेष भीष्म द्रोण हैं
न शेष वीर कर्ण है,
विनष्ट कुरु सकल यहाँ
विनष्ट क्षात्र वर्ण है।
सिसक रही मनुष्य-हीन रक्त-रंजिता धरा,
घृणा असीम नाश है, कि दर्प है प्रलय भरा।

दसवाँ दृश्य

द्रौपदी : मेरे प्राणों में है रिक्तता असीम और
मेरे नयनों में घिरता आता अन्धकार,
इतना चला कर केवल जान यही पाई हूँ,
मेरा प्रति पग था इस पृथ्वी पर असह भार !

धर्मराज देखते मुझे हो क्यों निर्निमेष ?
मेरा अपराधी अस्तित्व विवश उठा डोल।

ध्वस्त पितृकुल है, पतिकुल है अवलम्ब हीन
कुरुकुल के नाश का चुकाया है कठिन मोल !

आज जब कि लेने चलती हूँ मैं हिम-समाधि,
मेरा मन मुझसे कह उठता है बार-बार।
'हिंसा की, नाश की, मरण की मैं प्रतिमा हूँ !
मेरी प्रत्येक विजय, जीवन की एक हार !'

युधिष्ठिर : जीवन तो पूर्ण, देवि ! जीवन तो शाश्वत है,
जो कि विजित वह अपूर्णता की बस सीमा है।
विद्युत की ज्वाल सा विनाश वेगवान क्षणिक
जो कि सृजन सावन की रिमझिम-सा धीमा है।

सत्य, प्रेम, दया, त्याग, करुणा के अवयव हैं
इनमें अस्तित्व है, सृजन का इनमें क्रम है
जो कि असत, निश्चय ही होना है उसे नष्ट
व्यक्ति एक सावन भर, विवश और संभ्रम है।

अर्जुन : कुरुक्षेत्र में स्वजनों की ममता-वश होकर
मेरे मन ने शस्त्रों से था जब किया द्रोह,
केशव बोले थे तब मुझसे बनकर विराट
'प्रेम दया त्याग और करुणा हैं असत मोह !'

युधिष्ठिर : प्रेम सत्य चेतन है, निर्विकार औ' असीम
असत भेद-भाव युक्त सीमा-मय ममता है !
उर की दुर्बलता अन्याय का समर्थन है
शक्ति दे अशक्त को दया की यह क्षमता है।

अपना अधिकार छोड़ दे जो कायरता-वश
हीन है, नहीं उसमें त्याग का प्रयोजन है !
पाप का विनाश क्रूरता का अपकर्म नहीं।
करुणा तो उत्पीड़ित के प्रति सम्वेदन है !

द्रौपदी : सब कुछ सुनती हूँ, पर मेरे आगे तो है
झुलसी-सी धरती, उजड़े-से ये नगर-ग्राम !

भस्म राजकुल है, वीरों से है रिक्त भूमि
मैं कह उठती हूँ अपने ही से 'त्राहि माम् !'

मेरे अभिमान और मेरी प्रतिहिंसा में
पृथ्वी को विवश पड़ा करना है रक्त-स्नान,
धर्मराज, मुझ पापिष्ठा के कर्मों में था
जीवन के किस कुरूप कुटिल व्यंग्य का विधान ?

युधिष्ठिर : तुम हो निष्पाप, निष्कलंक और दोष-रहित
पावन हो, पूज्य हो, सुयश का तुममें प्रकाश !
तुम तपस्विनी सी निज धर्म पर रहीं अच्युत
पतियों के सुख-दुख को भोगा तुमने सहास !

प्रासादों में अथवा निर्जन वन खंडों में
धैर्य की रही हो तुम अति कठोर अचल मूर्ति !
तुम थीं स्थित केवल पतियों की प्रतिछाया-सी
तुम थीं मानव की मर्यादा की परम पूर्ति !

और यह विनाश ? नहीं मानव का युग, का था
उस युग का जिसमें थे घृणा, दर्प और मान !
धरती से जन्मा धरती में मिटने वाला
मानव कब सक्षम है मानव है कब महान ?

जो चेतन उसका गुण प्रेम, दया और त्याग
सीमा का ज्ञान ही विनय का परिचायक है,
पौरुष के दम्भ में विवेक लुप्त होता जब
मानव बन जाता तब अपना ही घातक है।

'हम कर सकते हैं' यह भावना सदा से ही
मानव को अपने पथ से करती रही भ्रष्ट।
कर्ता तो और देवि मानव केवल निमित्त
जिसको कर्ता रचता कर देता पुनः नष्ट।

निज पर विश्वास, अविश्वास नियति के क्रम में
यह निज तो नश्वर, अविनश्वर है नियति एक,

युग-युग तक मिट-मिट कर ही मानव पाएगा
धर्म और सत्य पर अडिग रहने का विवेक।

दौपदी : सब वह था मेरा अभिमान दर्प भरा अहम्
जो कि ग्लानि से कह-कह उठता था त्राहि माम्
साधन थी नियति की, समर्पित मैं उसको हूँ
नत हूँ, श्री चरणों पर सम्पूर्ण शत-शत प्रणाम !

महाकाल

महाकाल एक रूपक है और वह मेरी कल्पना से प्रेरित है।

महाकाल को मैंने उस असीम का प्रतीक माना है जो शाश्वत है। इस शाश्वत की परिभाषा असम्भव है। वैसे वैज्ञानिकों ने शक्ति की कल्पना गति से की है, और गति को समय या काल में सीमित कर दिया है। प्रत्येक वस्तु की माप समय में निर्धारित है। मैंने भी जिसे हम असीम या ब्रह्म कहते हैं उसकी कल्पना महाकाल में की है। इसी कल्पना को मैंने इस ध्वनि-नाटक में रूपान्तरित किया है।

वेदान्त का कथन है कि यहाँ केवल एक ब्रह्म है। वह बह्म माया को जन्म देता है और माया से यह सृष्टि होती है। लेकिन प्रत्येक तत्त्व ब्रह्म है—ब्रह्म से परे कुछ भी नहीं है। 'अहम् ब्रह्मास्मि' या 'एकमेवा द्वितीयम् ब्रह्म नास्ति'—वेदान्त का यह तथ्य है। वेदान्त का अद्वैतावाद बहुत प्राचीन है। इस अद्वैतवाद से ही शुद्धाद्वैत, विशिष्टाद्वैत एवं द्वैताद्वैत आदि दार्शनिक सिद्धांत विकसित हुए हैं।

आज विज्ञान ने अणु को तोड़कर वेदान्त के अद्वैतवाद को सिद्ध कर दिया है। भौतिक विज्ञान तो यह कहता है कि यह ब्रह्माण्ड केवल शक्ति का एक बहुत बड़ा पुंज है। इस शक्ति-पुंज के दो क्रम हैं जो एक निर्धारित अवधि के साथ होते हैं। एक क्रम है संकुचन और दूसरा क्रम है विस्तारण। जिस समय यह शक्ति-पुंज संकुचित होता है उस समय दबाव से शक्ति अणु में परिवर्तित होती है और कण पदार्थ में परिवर्तित होते हैं। इस प्रकार ग्रहों एवं नक्षत्रों की रचना हो जाती है। एक सीमित अवधि तक यह क्रम चलता रहता है। और उसके बाद विस्तारण का क्रम आरम्भ होता है। उस क्रम में पदार्थ टूटकर कण बनते हैं, कण टूटकर अणु बनते हैं और अणु टूटकर शक्ति में परिवर्तित हो जाते हैं।

इस वैज्ञानिक विचारधारा पर मुझे तो अविश्वास नहीं है। अपने धर्मग्रंथों में बार-बार प्रलय होने और बार-बार सृष्टि होने का उल्लेख है। यही नहीं; प्रत्येक प्रलय और प्रत्येक सृष्टि एक प्रकार ही होती है। यहाँ तक कहा गया है कि जितने राम-कृष्ण आदि अवतार हुए हैं ये सब अवतार न जाने कितनी बार हो चुके हैं और अनन्त काल तक होते रहेंगे।

वैज्ञानिक विचारधारा से मेरा कुछ थोड़ा-सा मतभेद है। जहाँ विज्ञान में केवल शक्ति-पुंज को ही सब-कुछ माना गया है वहाँ महाकाल में मैंने शक्ति-पुंज के साथ चेतना की भी कल्पना की है। यह जो शक्ति-पुंज का संकुचन और विस्तारण है यही चेतना की जागृति और सुषुप्ति के क्रम हैं। महाकाल में शक्ति तत्त्व के साथ चेतना तत्त्व भी है, इस चेतना तत्त्व की जागृति ही सृजन है।

2

महाकाल के प्रथम दृश्य में मैंने महाकाल को अचेतन शक्ति-पुंज के रूप में दिखलाया है। उसी समय महाकाल की चेतना जागृत होती है। यह चेतना महाकाल की शक्ति का आवाहन करके सृजन की प्रेरणा देती है। शक्ति क्रम से आकाश, पवन, पृथ्वी, जल और अग्नि नाम के पंच तत्त्वों में परिवर्तित होकर सृष्टि रचती है। इन पाँच तत्त्वों के सृजन के क्रम में मैंने अपनी ओर से कुछ परिवर्तन कर दिए हैं क्योंकि यह परिवर्तित रूप मेरी कल्पना के अनुरूप थे।

पर केवल तत्त्वों के सृजन से ही सृष्टि सम्पूर्ण नहीं होती क्योंकि यह सृजन निष्प्राण है। यहाँ फिर प्रश्न उठता है कि आखिर प्राण क्या है। वह शक्ति-पुंज से बनता है और फिर शक्ति-पुंज में लय हो जाता है, वह तो प्राण नहीं है क्योंकि उसमें प्रेरणा नहीं है, कर्म नहीं है। प्रेरणा और कर्म चेतना के रूप हैं जिन्हें मैंने शक्ति-पुंज से पृथक् माना है। वह भावना जिससे कर्म की दृष्टि होती है, सक्रिय है—वह प्राण का रूप है। और वह ज्ञान जो भावना को संचालित करता है, वह भी चेतना का गुण है।

इसीलिए भौतिक सृजन जो पंचतत्त्वों के जन्म से होता है निष्प्राण है। यहाँ मैंने कल्पना की है कि इस शक्ति-पुंज के रूपान्तरों में चेतना स्वयं प्रविष्ट होकर प्राण का सृजन करती है और इस प्रकार प्राणवानों में श्रेष्ठतम और अतिविकसित मानव की सृष्टि होती है।

मानव से भी अधिक श्रेष्ठ और विकसित प्राणी की मैं कल्पना नहीं कर सकता क्योंकि उसे मैंने देखा नहीं। कुछ वैज्ञानिकों का यह अनुमान है कि इस ब्रह्माण्ड में कुछ ग्रह हैं जहाँ मानव से भी अधिक विकसित और श्रेष्ठ प्राणी मौजूद हैं लेकिन यह केवल कल्पना या अनुमान है। वे प्राणी कैसे हैं, उनकी जीवनचर्या कैसी है किसी ने यह नहीं देखा। और इसलिए मैंने मानव को ही प्राण का प्रतीक माना है जिसमें शक्ति-पुंज के साथ चेतना का जागृत रूप मिलता है। पर यह जागृत रूप सीमित है और इसलिए नश्वर है। अविनश्वर एक असीम है। असीम जब ससीम का सृजन करता है, उसी समय वह ससीम के विनाश की व्यवस्था भी कर देता है।

चेतना में कुछ विशिष्ट गुणों की मैंने कल्पना की है जो गुण चेतना द्वारा मानव को मिले हैं। ये गुण हैं प्रेम, दया, त्याग, सत्य और ज्ञान। और जहाँ इन गुणों का जन्म मैंने दिखलाया है वहीं इन गुणों की प्रतिक्रिया के रूप में लोभ, मोह, काम, क्रोध और मत्सर का जन्म भी हो गया, मैंने महाकाल के मुख से यह कहला दिया है।

3

चेतन मानव का प्रकृति के साथ अनादिकाल से एक संघर्ष चलता रहा है। अपने ज्ञान और अपनी भावना का गुण लेकर पंचतत्त्व को जन्म लेने वाला मानव पंचतत्त्वों पर शासन करता है। प्रकृति की शक्ति को अपने ज्ञान और अपनी भावना के सहारे

मानव अपने वश में करता आया है।

मानव के पास जहाँ चेतना के गुण हैं वहीं चेतना के इन गुणों की प्रति-क्रियाएँ भी हैं। इसका परिणाम यह हुआ कि प्रत्येक निर्माण में विनाश स्वयं साकार होता गया है। मानव ने प्रकृति से जो शक्ति प्राप्त की है उसका प्रयोग उसने रचना के स्थान पर विनाश के लिए किया है। मानव का संघर्ष केवल प्रकृति के तत्त्वों तक ही सीमित नहीं है, वह संघर्ष क्रिया और प्रतिक्रिया का है, वह संघर्ष मानव का आन्तरिक संघर्ष है।

मानव का जो अहम् है, वह सीमित होने के नाते ध्वंसात्मक अधिक है। प्रत्येक विजय के साथ मानव का अहम् और अधिक बढ़ता है। और अन्त में इतना बढ़ जाता है, यह अहम् इतना अधिक बढ़ जाता है कि वह प्रलय का रूप धारण कर लेता है। चेतना की क्रिया प्रतिक्रिया में परिणत हो जाती है और सब-कुछ नष्ट हो जाता है। उस समय चेतना थक-सी और पराजित-सी महाकाल में लय हो जाती है और एक बार विस्तृत शक्ति-पुंज निष्क्रिय-सा रह जाता है जहाँ चेतना सोई हुई-सी है। चेतना की इस सुषुप्ति का यह रूप ही इस शक्ति-पुंज के प्रसारण का क्रम है।

महाकाल में कुछ लोगों को निराशावाद के दर्शन हो सकते हैं, पर आज की परिस्थितियों को देखते और समझते हुए मैं निराशावाद को अपने से अलग नहीं कर पाया। फिर भी महाकाल में मानव को अपनी सीमाओं और अपनी अक्षमताओं से परिचित कराने का प्रयत्न मैंने किया है। मानव को नष्ट करने वाला मानव ही है।

निरन्तर प्रकृति पर विजय प्राप्त करने वाला मानव, यदि इसे अपना अस्तित्व बनाए रखना है तो इसे अपने अहम् के विकारों से लड़कर उन पर विजय पाना होगा।

महाकाल दर्शन का एक ऐसा रूपक है जो सर्वथा मौलिक है और इसलिए पाठक के लिए क्लिष्ट हो सकता है। पर यह एक काव्य है और कविता होने के नाते इसमें रस का परिपाक है जो इसके सुगम होने में सहायक होगा, कम-से-कम मैं यह आशा करता हूँ।

प्रथम दृश्य

एक गम्भीर गड़गड़ाहट की आवाज। उस आवाज़ के बाद एक प्रशांत संगीत उठता है। इस संगीत की आवाज़ महाकाल की पहली पंक्ति से मिल जाती है।

महाकाल : एकोहम् – एकोहम् – एकोहम् – एकोहम् !
मैं क्या हूँ ? कौन हूँ ? कहाँ हूँ ? क्या मेरा क्रम ?

एक कम्प–आलोड़ित हो उठता अन्तरतम्
एक पुलक–आन्दोलित मेरा विस्तार परम !
पुलक-कम्प आन्दोलन–आलोड़न, सभी स्वयं,
एकोहम् – एकोहम् – एकोहम् – एकोहम् !

चेतना : जागो हे निर्विवाद, जागो हे निर्विकार !
जागो संसृति असीम के तुम व्यापक प्रसार !
जागो तुम हे अनादि, जागो तुम हे अनन्त;
जागो तुम चिर प्रकाश, जागो चिर अन्धकार !

महाकाल : कौन तुम पुलक की अति कोमल मोहकता-सी ?
सम्पूर्ण अस्तित्व की अपरिचित सक्षमता-सी ?
कम्प के मथन की-सी कौन तुम व्यथा-सी हो
मेरे अन्तर की अनजानी उत्सुकता-सी ?

चेतना : तुम प्रशान्ति मौन और मैं अशान्त सिहरन हूँ,
तुम असीम अन्धकार, मैं छवि की स्पन्दन हूँ;
चेतना तुम्हारी मैं, हे समर्थ, हे विशाल !
जागो तुम महाकाल–जागो हे महाकाल !

'जागो हे महाकाल'–यह खिंची तेज़ आवाज़ के साथ गाया जाता है और संगीत धीरे-धीरे गान के साथ क्षीण हो जाता है।

दूसरा दृश्य

एक धीमा पार्श्व-संगीत जो कुछ शक्तिशाली और कुछ कर्कश है। उस पर चेतना की आवाज़ आती है।

चेतना : कौन तीव्र आलोक-पुंज की ज्वाल तुम ?
आदि नहीं है और न जिसका अन्त है,
एक अग्नि का उदधि उबलता बढ़ रहा–
लिए असह उत्ताप और आभा प्रखर !

शक्ति : देवि चेतने, महाकाल की शक्ति में !
तुमने ही तो मेरा आवाहन किया,
आज्ञा दो, प्रस्तुत हूँ सेवा के लिए।

चेतना : शक्ति ! तुम्हीं में प्रलय और निर्माण है,
तुम में ही अभिशाप और कल्याण है;
है यह व्यापक शून्य मौन निस्तब्ध-सा–
इसमें कौतुक-पूर्ण सृष्टि रचना करो !

शक्ति : कैसी हो वह सृष्टि ? देवि आदेश दें !

चेतना : तुम अखण्ड निःसीम तरंगावलि प्रखर,
निज प्रसार को सीमा दो, आकार दो !
लक्ष्यहीन, उद्देश्यहीन अस्तित्व तुम,
अपने ही को सत्ता दो, आधार दो !

पंचतत्त्व में तुम निज को परिणत करो !
प्रथम रचो आकाश-गहन, गम्भीर, गुरु,
जो निर्गुण हो, निराकार, निस्पन्द हो;
वह अपना आधार तत्त्व पहले रचो !

आकाश की रचना को प्रदर्शित करने वाला संगीत और ध्वनि। उसी संगीत के ऊपर आकाश की आवाज़ आती है।

आकाश : मैं असीम आकाश, किन्तु मैं शून्य हूँ;
यहाँ निलय है किन्तु नहीं अस्तित्व है।
यहाँ मृत्यु है, किन्तु यहाँ जीवन नहीं।
मैं निष्क्रिय हूँ, मैं अपूर्ण हूँ, मैं विकल।
प्राण चाहिए, मुझे प्राण का त्राणं दो!

चेतना : शक्ति! दूसरा तत्त्व प्रसारित तुम करो—
जिसमें गति हो, अविकल, अनियंत्रित अथक,
जिसमें जीवन हो, जिसमें संचार हो,
और उसे तुम यहाँ पवन का नाम दो!

पवन की रचना को प्रदर्शित करने वाला संगीत और ध्वनि। उसी संगीत के ऊपर पवन की आवाज़ आती है।

पवन : मैं अविकल संचार, पवन गतिमान मैं,
निराकार मैं, निरवलम्ब, सीमा-रहित।

एक तम गहन, एक रिक्तता—बस यही,
मैं सहमा-सा मैं अशान्त-सा घूमता।
असह भार एकाकीपन का मैं लिए।
मुझमें स्पन्दन नहीं नहीं उच्छ्‌वास है!

चेतना : अन्धकार-मय गगन, पवन सहमा हुआ—
किन्तु नहीं आकार, नहीं आधार है!
स्पन्दन और उच्छ्‌वास यहाँ सम्भव नहीं,
यहाँ नहीं अभिसार, नहीं शृंगार है।

शक्ति! प्रसारित करो पुनः निज को यहाँ,
और बनो पृथ्वी का पावन तत्त्व तुम
दूर कर सके जो कि गगन की रिक्तता,
जिससे टकरा कर मारुत गतिवान हो!

पृथ्वी की रचना प्रदर्शित करने वाला संगीत और ध्वनि। उसी संगीत के ऊपर पृथ्वी की आवाज़ आती है।

पृथ्वी : धरा—लिए आकार और आधार भी
मैं पृथ्वी हूँ; अति कठोर, सीमा-सहित,

ऊँची-नीची, गर्त और पर्वत लिए,
एक शुष्क मरुखण्ड निपट रसहीन मैं,
एक पिपासा से आकुल कण-कण यहाँ !

चेतना : यह सूखी-सी धरा जहाँ कण-कण विकल;
यही विकलता तो जीवन की प्यास है।
ये कठोर गिरि-खण्ड मौन-निस्तब्ध से,
और भूमि का वक्ष फटा-सा जा रहा !

चलो शक्ति ! जल-तत्त्व यहाँ निर्मित करो,
भू की छाती पर सागर लहरा उठे—
हिम-किरीट गिरि-शिखर पहन कर हँस पड़े,
रस में सन कर कण से कण मिल जाएँ ये !

जल की रचना को प्रदर्शित करने वाला संगीत और ध्वनि। उसी संगीत के ऊपर जल की आवाज़ आती है।

जल : मैं अतृप्ति की तृप्ति, तृषा का लास हूँ
मैं जीवन हूँ, मैं जल हूँ, उल्लास हूँ,
मुझसे भू रसमती, पवन बोझिल शिथिल,
मैं अम्बर पर आच्छादित छविजाल हूँ !
किन्तु प्रेरणा, प्राण—इसी से हीन हूँ !

चेतन : महाकाल की शक्ति चलो आगे बढ़ो !
तेज़-पुंज, उज्ज्वल, प्रचण्ड मार्तण्ड में
महाप्राण की अग्नि प्रज्वलित तुम करो !
और बने आलोक-केन्द्र आकाश यह,

तजे तमिस्रा, ग्रहण करे यह नीलिमा !
पवन बने उत्तप्त और स्पन्दन सहित
पृथ्वी में तुम सदा तृषा जागृत करो।
जल में हो प्रेरणा बन सके वाष्प वह !

अग्नि की रचना को प्रदर्शित करने वाला संगीत और ध्वनि। उसी संगीत के ऊपर अग्नि की आवाज़ आती है।

अग्नि : अग्नि, शक्ति का सबसे अन्तिम तत्त्व मैं,
मुझसे ही है प्रलय, सृजन भी है यहाँ !
कोटि-कोटि ये ग्रह-उपग्रह नक्षत्र सब—
मुझसे ही आलोकित है ब्रह्माण्ड यह !

नेपथ्य संगीत—एक हल्के से विराम के साथ। सृष्टि रचना के बाद शक्ति कह उठती है।

शक्ति : नभ पर बिखरे हैं नक्षत्रों के मुक्ता,
है सुरभि-भार से झुक-झुक रहा समीरन;
मंगल-गायन कर रहे अनेकों निर्झर,
उठ पड़े भूमि पर हरे-भरे बन उपवन !

है उषा सुनहली, और रुपहली रजनी
इन रंग-बिरंगे पुष्पों में सम्मोहन;
कलिका में रस का ताप और तन्मयता
भ्रमरों में पागलपन का गुन-गुन-गुंजन !

नभचर, जलचर, थलचर मैंने रच डाले
विद्युत में तड़पन है, सागर में गर्जन !
आकाश, पवन, पृथ्वी, जल, अग्नि, इन्हीं में
मैं महाकाल की शक्ति हुई हूँ सीमित !

हे देवि चेतने, किन्तु कहाँ जीवन है ?
है कहाँ कर्म-गति और कहाँ है जागृति ?

चेतना : मैं कर्म, प्रगति मैं, मैं जीवन, मैं जागृति
चेतना-रहित तुम शक्ति सदैव अधूरी,
मैं प्रकट कर रही हूँ अपनी लीलाएँ,
सम्पूर्ण ही गुण से होगी रचना पूरी !

मैं यहाँ रच रही हूँ सीमित-सा मानव
पर जग में इसको कुछ भी नहीं असम्भव !

चेतना अब आवाहन करती है।

आओ मेरे गुण ज्ञान कि आओ आओ
मानव के मस्तक में सीमित हो जाओ !

आओ मेरे गुण प्रेम कि आगे आओ।
मानव के उर-मन्दिर में तुम बस जाओ!

आओ मेरी भावना कि आगे आओ
तुम रोम-रोम में मानव के भर जाओ!

इस प्रकार मानव का निर्माण करके चेतना कहती है।

चेतना : यह पंचतत्त्व से निर्मित लघुतम मानव
आया है करने पंचतत्त्व पर शासन!
है सूर्य-चन्द्र यह भरे हुए नयनों में,
ब्रह्माण्ड अखिल सीमित इसके चरणों में।

इसके हाथों से सृजन-प्रलय दोनों ही।
इसकी साँसों में हैं शत-शत झंझाएँ,
इसके उर में लहराते अगणित सागर।

इसी समय महाकाल की गम्भीर आवाज़ आती है।

महाकाल : मैं महाकाल, मैं आज हो गया जागृत
आनन्द और मैं सत्य और मैं हूँ चित्!

मैं निर्विकार हूँ, निर्गुण हूँ दोनों ही;
गुण की रचना ही है विकार की रचना,
चेतने, कर्म का मार्ग सदा कंटकमय—
है यहाँ असम्भव प्रतिक्रिया से बचना।

तुमने जब सुन्दर ज्ञान रचा मानव में
तब एक भयानक भ्रम तुमने रच डाला;
तुमने जब पावन प्रेम भरा मानव में
तब घोर घृणा को तुमने उसमें पाला!

जब भक्ति, त्याग, बलिदान, दया या श्रद्धा
इन पूत भावनाओं का अलख जगाया,
तब लोभ, मोह औ' काम, क्रोध, मत्सर को
तुमने अपने अनजाने ही उपजाया!

इस रचना पर हो गर्व भले ही तुमको,
पर जीवन का क्रम यहाँ नितान्त अधूरा;
मैं निलय, निलय है मृत्यु, मृत्यु ही केवल
कर सकती है इस रचना का क्रम पूरा !

मैं महाकाल, मुझमें अपूर्ण यह मानव
होकर लय अपनी मृत्यु सदा पाएगा,
मेरे प्रसार को नाम समय का देकर
यह मानव उसमें ही मिटता जाएगा !

महाकाल की पंक्तियों के साथ संगीत कुछ तीव्र और कठोर हो जाता है। कुछ विराम–और फिर संगीत के ऊपर मानव का स्वर उठता है।

तीसरा दृश्य

मानव : अखिल विश्व का मैं स्वामी हूँ,
मेरी गति उद्दाम, अपरिमित,
मैं समर्थ हूँ, मैं मानव हूँ
मैं अक्षय हूँ मैं हूँ अविजित !

नाप रहा निःसीम गगन मैं
मथ डाले हैं मैंने सागर,
बाँध चुका हूँ मैं विद्युत को
है मेरा अधिकार पवन पर !

मैं मानव हूँ, मैं कर्त्ता हूँ,
मैं निशंक हूँ, मैं हूँ निर्भय–
अरे प्रकृति के कण-कण मिल कर
बोलो सक्षम मानव की जय !

प्रकृति : जय हे मानव, जय हे कर्त्ता
शुद्ध ज्ञान हे, जय हे चेतन !
क्षत-विक्षत असहाय पराजित

प्रकृति कर रही है अभिनन्दन !

किन्तु अहम के अडिग उपासक
यह व्यापक अस्तित्व तुम्हारा,
इससे त्रस्त धरा का प्रति-कण,
इससे त्रस्त गगन है सारा !

तुम रचना में कब समर्थ हो
लोभ-मोह के अविकल साधक ?
तुम जीवन को क्या पहचानो
घृणा क्रोध के तुम आराधक ?

मानव : घृणा, क्रोध औ' लोभ, मोह—हाँ
इनमें ही जीवन की गति है,
इनमें ही प्रेरणा प्राण की
और इन्हीं में निहित नियति है !

मैं अपनी अपूर्णताओं को
अपने शोणित से धोता हूँ;
अपना रक्त-तिलक मस्तक पर
धारण कर विजयी होता हूँ !

प्रकृति : इसी तुम्हारे लाल रक्त से
रँगी हुई पृथ्वी की छाती,
फटी जा रही धरा अभागी
तुमको उपजाती-उपजाती !

मैं हूँ प्रकृति और तुम मानव
प्रकृति लिए वरदान सृजन का,
और नाश की तुम छाया हो
तुममें है अभिशाप हनन का !

तुम तो यहाँ मृत्यु के स्वामी
जय हे मानव, जय हे मानव !
सम्हलो, तुमको ही खा लेगा
छोर 'अहम्' का भीषण दानव !

गोली का विस्फोट—अग्नि की लपटों का स्वर—जल-वृष्टि और तूफ़ान ! इन सबके साथ भयानक चीत्कारें उठती हैं। फिर एक भयानक मौन, और उस मौन को प्रदर्शित करने वाला संगीत। यह करुण-संगीत चल रहा है, उसके ऊपर चेतना की क्षीण आवाज़ आती है।

चेतना : चेतना पराजित मैं और मैं थकित-सी हूँ;
ज्ञान में तमिस्रा क्यों ? आज मैं भ्रमित-सी हूँ,
मेरा अस्तित्व बन गया है अब असह भार,
अस्थिर हैं ग्रह-उपग्रह, अस्थिर है आसमान !

बुझ जाती अग्नि और मिट जाते रज के कण,
अस्थिर है, मैंने जो रचना की थी महान !
अस्थिर है सब कुछ............................

महाकाल : ....बस केवल मैं ही स्थिर हूँ
मेरी निष्क्रियता के स्पन्दन हैं भ्रान्ति-ज्ञान !
चेतने, पराजित हो और अति थकित हो तुम
मुझ में लय हो जाओ, बस यह मेरा विधान !

मुझमें ही रचना है; मुझ में ही है विनाश !
जीवन-सा कोमल मैं और मृत्यु-सा कराल !
एकोहम—एकोहम—एकोहम—महाकाल !